안암골의
줄탁동시
啐啄同時
이야기

현영섭 엮음

고려대 권대봉 교수와 제자들의 교감

박영
story

● 머리말

　남들이 가지 않는 길에 새로운 발걸음을 내딛고 뒤에 올 사람들을 위해 길을 내는 사람을 개척자라고 한다. 개척자의 길은 스스로 방향을 정하면서 가야 하기 때문에 더욱 힘이 든다. 때로는 이해 못하는 사람들의 비난에 직면해야 하고, 스스로에게 엄격해져야 하는 고통도 따른다. 하지만 개척자의 길을 뒤 따르는 사람들이 나타나고, 오솔길이었던 개척자의 길은 어느덧 대로가 되고, 세상을 움직이는 힘이 된다.

　정암(淨巖) 권대봉(權大鳳 Dae-Bong Kwon) 선생님은 한국 인적자원개발과 평생교육의 개척자였다. 1990년대 인적자원개발의 불모지였던 한국에 인적자원개발의 실천과 이론을 도입하고 확산하는 1세대 학자가 권대봉 선생님이었다. 단지 인적자원개발 이론을 도입하였다고 하여 개척자라고 부르기는 어렵다. 인적자원개발의 기틀을 마련하기 위하여 권대봉 선생님은 학술 연구와 기업 및 정책 실천의 양 측면에서 큰 족적을 남겼다. 학술연구에서는 국내 최고의 학술연구단체인 한국인력개발학회 창설, 「HRD연구」창간, 고려대학교 대학원 및 교육대학원의 전공 개설, 인적자원개발 강의 확산 등의 업적이 높게 평가된다. 또한 국내 유수 기업의 인적자원개발 체제 도입, 국가 및 지역인재육성 정책 마련, 마이스터고 등 중등직업교육 정책 활성화, 국책연구기관인 한국직업능력개발원장 역임, 각종 기업 자문 및 컨설팅 등 기업 및 정책 실천에서도 일일이 업적을 나열하기 어럽다.

　권대봉 선생님은 왕성한 활동과 함께 인적자원개발 및 평생교육 분야 후학 양성에도 힘을 아끼지 않았다. 고려대학교 교육학과 학부뿐만 아니라 일반대학원 및 교육대학원의 전공에서도 수많은 후학을 위한 교육과 연구 활동에 매진하였다. 일반대학원에서 36명의 박사와 56명의 석사, 그리고 교육대학원에서 198명의 석사를 배출하였다. 현재 27명이 고려대학교를 비롯한 국내·외 대학의 교수로 활약하고 있으며, 그 중 4명은 미국 미네소타대학교를 비롯한 해외대학에 재직 중이다.

　권대봉 선생님의 정년퇴임을 맞이하여 그동안 선생님으로부터 가르침을 받아온 제자들의 글을 모아 수필집을 발간하게 되었다. 짧게는 2년, 길게는 10년 이상 가르침을 받아온 제자들이 수백 명이지만 시간의 길이와 상관없이 누구나 선생님과의 소중한 추억과 가르침을 마음 속 깊이 간직하고 있었다. 수필집에는 학창 시절의 수업, 대학원 입학 면접, 학위논문 심사, 현업에서의 만남 등 저마다 다른 소재이지만 선생님과의 인연 그리고 인적자원개발과 평생교육의 전문가로서의 변화가 담겨있다. 그리고 74명의 집필진뿐만 아니라, 모든 제자와 후학이 같은 마음으로 수필집 발간을 응원하였고 도와주었다.

　2017년 12월 18일 정년퇴임기념 강연에서 권대봉 선생님은 "오늘이 있기 까지 10%는 본인이 노력한 덕분이지만, 90%는 남이 도와준 덕분이라며" 제자, 후학, 동료에게 고마움을 표시하였다. 우리 제자들 역시 지금의 우리가 있기까지 본인의 노력보다는 선생님과 동문 선후배님의 도움과 지도가 크고 소중하였다. 평상시 선생님은 '자신이 가르치면서 제자들이 배우지만 자신 또한 배운다'는 말씀을 하셨다. 배움에서 스승과 제자는 함께 노력하고 성장한다. 이런 선생님의 뜻을 새기며 수필집을 '안암골의 줄탁동시(啐啄同時) 이야기'로 하였다.

　한솥밥 식구로서 학문공동체를 이루고 이끌어주신 권대봉 선생님께 감사와 존경의 표시로 이 수필집을 드린다. 끝으로 수필집의 글을 모아준 집필진과 수필집 발행을 도와준 박영사 관계자께도 감사드린다.

2018년 2월
제자 및 후학 일동

● 차 례

두 가지 궁금증

강석주(제주 제일고등학교 부장교사)

돌이켜보건대 휴직을 하고 입학한 저의 Employed students 박사과정 생활은 한낱 지역 교사로 그칠 게 뻔한 필자를 좀 더 큰 세상을 볼 수 있게 해주었습니다. 주어진 지면에 맞춰 두 가지를 정리하고자 합니다. 하나는 교수님의 만남 과정과 학과 생활을 추억하는 것, 나머지 하나는 시간이 한참 지났으나 아직도 풀지 못한 궁금증을 지면을 통해서나마 여쭙고자 합니다. 교수님께서 글을 읽으시면 실마리를 주실 것으로 생각합니다.

2001년 8월의 입학에서부터 2017년 2월, 필자 아들의 임용고시 합격을 들으시고는 마치 자신의 손자가 합격한 것 마냥 축하해주신 것까지 지난 16년간의 교수님과의 인연이 주마등처럼 지나갑니다. 2001년 8월 컴퓨터로 수강신청을 해도 되는 것을 몰라, 비행기를 타고 상경하여 수강신청하러 갔다가, 하얀 모시옷에 노르스름한 합죽선을 들고 계신 교수님께 지도학생으로 부탁드려 허락받은 것이 최초의 만남입니다.

돌이켜보건대 교수님의 만남은 저의 교직생활 일탈에서 시작됐습니다. 석사과정(한국교원대 일반대학원 교육학과)을 졸업 후 교직 10년 차의 매너리즘과 당시 교직계에 유행했던 골프나 주식 대신 계속 교육을 선택했다. 원서 해독을 위한 영어공부를 1년 정도 준비한 후 가족도 모르게 입학원서를 냈다. 면접고사 때는 1박 2일 서울 출장이라고 했다. 혹여 불합격을 대비한 방어막이었다. 면접고사 내용은 잘 기억하지 못합니다. 그러나 "최소 주 2일은 공부해야 하는데, 학교 근무에 지장이 없는지?"란 면접 교수의 질문에 "합격하면 휴직하여 학업에 충실하겠습니다."라 답한 것만은 또렷이 기억합니다.

교수님께서 지도하시는 평생·기업교육파트는 독특한 풍토가 있습니다. 출신 대학 차별 없이 학우로서 협력하고 존중하는 풍토입니다. 이것이 부러운지 다른 파트의 교수와 원생들로부터 시기성 발언을 듣기도 했습니다. 특히 교수 한 분은 우리 파트에 대해 터놓고 '삐딱하게' 보셨습니다. 스터디를 중심으로 학업에 충실할 수 있는 풍토이다. 참여하지 않으면 정상적으로 공부할 수 없을 정도로 부담감을 주었습니다. 필자 역시 나름 열심히 하려는 것을 인정받아 참여할 수 있었습니다.

두 가지 궁금증입니다. 먼저, 교수님께서는 우리 파트만 듣는 전공 수업 중 종종 "보물이 들어왔다."고 하셨습니다. 딱히 누구를 지명하지는 않으셨습니다. 그때마다 순간 "그 보물이 누굴까?"하는 의문과 함께 나름 탐색 활동을 해보기도 했습니다. 그 보물로부터 학습 비법이라고 할까 뭔가를 배울 수 있을 것이란 생각에서였습니다. 어떤 때는 박사과정 입학 동기생인 H를, 어떤 때는 박사과정생 N을, 그리고 어떤 때는 석사과정생 B을 지목해 보았습니다. 그리고 아주 가끔 그리고 아주 낮은 가능성으로 '나다'라는 생각도 했습니다. 자만의 의도는 전혀 아닙니다. 단지, 동기부여를 위한 자위적 차원에서. 필자에게 그 효과는 컸다. 학점 취득을 위한 2년 반 동안 수강한 전과정에 걸쳐 단 한 번의 결강도 없이 나름 성실히 공부할 수 있었습니다.

"보물이 들어왔다."
"그 보물이 누굴까?"

지금도 보물 영재에 대한 궁금증은 있습니다. 그러나 이 글을 쓰면서 그 의문을 새롭게 해석해 보았습니다. 특정인을 지목하지 않고 '보물이 들어왔다'는 말씀은 수업에 참여한 모두에게 자존감과 가능성을 높이려는 의미 있는 격려문으로 생각합니다. 필자 역시 이 글을 끝내자마자 수업에 바로 적용하고자 합니다. 아마도 교수님은 나의 후배들에게도 계속하여 그 말씀을 하셨을 것이며, 오늘도 하고 계시리라 믿습니다.

나머지 하나는 필자의 생각이 한낱 기우였기를 바라는 궁금증입니다. 2007년 겨울방학 때로 기억합니다. 저는 교수님께 큰 실례를 범했다. 지금도 그때를 생각하면 몸 둘 바를 모르겠습니다. 지금도 그렇지만 당시의 제주도는 휴가철 성수기 때 괜찮은 콘도 예약이 무척 어렵습니다. 2007년 겨울방학 중, 교수님은 제주도 가족여행에 따른 콘도 예약을 처음 부탁하셨습니다. 그때는 졸업 후라 잘 지도해주신 은공에 보답하려고 필자의 학비를 대준 학부모, 즉 내자와 함께 콘도 예약을 비롯해 스승님 맞을 준비에 최선을 다했습니다. 물론 그 당시 김영란법은 없었습니다. 그런데 필자가 고3 진학지도 유공교사로 해외연수를 가게 됐습니다. 일정을 보니 교수님 가족여행 기간과 겹쳤습니다. 교수님께는 해외연수 사정을 말씀드리지 않고, 아내에게만 부탁하고 다녀왔습니다. 돌아와 보니 문제가 발생했습니다. 콘도를 알선해준 동료 교사가 '투숙을 취소했다고'했다. 급히 교수님께 전화를 드려 상황을 여쭈었습니다. 갑작스러운 일정 발생으로 가족여행을 미뤘다고 하셨습니다. 필자는 지금도 그 말씀이 사실인 것으로 믿고 싶습니다.

그러나 수화기를 내려놓은 후 '애써 웃으며 저를 감싸려는 분위기'를 느꼈습니다. 그 순간 '아차!'하는 탄성을 내질렀다. 콘도 예약 과정에서 필자가 한 콘도 대금 지불이 마음에 걸렸다. 이미 졸업하였고 직무관계 또한 거리가 있는 제자가 순수한 마음으로 모시려 한 것인데도 교수님은 용납을 하지 않으신 것입니다. 특하나 가족이 함께하는 여행이라 더욱 그러하셨을 것입니다. 그때 차라리 '쓸데없는 사족 달기'라 역정을 내셨으면 지금까지 속앓이 하지 않아도 될 터인데. 주변에서 콘도 예약이란 말만 들어도 그때가 생각나 마음이 편치 못합니다.

정암(淨巖)께서 정년퇴임을 맞이하셨다. 100세 시대, 4차 산업혁명 시대에 정년퇴임의 의미는 새로 정의되어야 합니다. 정년퇴임이란 조직의 규칙에서 벗어나 자율적이고 유연한 일 수행을 통한 사회 기여, 그리고 평생교육 참여가 한층 자유로운 인생 이모작의 출발점이라 생각합니다. 일강(日岡)님의 이모작 출발점은 평소 강조하신 논어(論語)의 공(恭)·관(寬)·신(信)·민(敏)·혜(惠)를 실천하는 인(仁) 리더십을 토대로 동문수학(同門修學)한 학습조직인 휴먼웨어 연구회 퍼실리테이터 역할이라 감히 말씀드립니다. 끝으로 일강(日岡)님 가정의 안녕과 발전을 기원합니다.

"보물이 뉴굴까"

누구나
다 할 수 있다네

권기범(Texas A&M-Commerce대학교 조교수)

#1. 학부 4학년 1학기였던 2005년 봄, 권대봉 교수님의 기업 교육론(영강)을 수강했습니다. 교생 실습을 다녀와야 해서 교수님을 뵐 날이 많지 않았고 당시에는 영어가 두렵던 시절이었기에 수업 맨 뒷줄 잘 안 보이는 곳에 숨어서 교수님의 시선을 피하려고 부단히 노력했었습니다.

매번 조마조마 했던 한 학기 동안의 강의가 끝났고 권 교수님께서는 학생들에게 함께 저녁 식사를 하자고 제안해 주셨습니다. 졸업이 얼마 남지 않았던 저는 원래 계획 했던 대학원 진학이 개인적인 사정상 어려워지면서 진로 설정에 곤란을 느끼던 상황이었습니다. 당시에는 HRD를 전공해야겠다는 생각도 없었고 뒤늦게 취업을 해야 했기에 HRD를 전공하신 교수님과의 식사가 도움이 되지 않을까 하는 막연한 생각에 유정 식당으로 향했습니다. 저녁 식사를 하며 이런저런 이야기를 함께 나누다 용기를 내어 교수님께 질문을 드렸습니다.

"교수님 저도 학문의 길을 가고 싶은데
지금은 여러 사정으로 취업을 해야 할 것 같습니다.
저도 언젠가는 유학을 갈 수 있을까요?
교수님께서도 기업에서 근무하시다가
유학을 다녀오셨다고 들었습니다."

"포기하지 않고 잘 찾다 보면 언젠가 기회가 생길 걸세. 누구나 다 할 수 있다네."

#2. 그 해 말, 저는 LG 전자에 입사해서 HRD 담당자로 경력을 시작하게 되었습니다. 제가 일했던 사업부는 마케팅 업무를 총괄하는 부서였고 제 일은 매번 시시각각 변화하는 경영 전략에 맞추어서 사업의 문제들을 해결해야 하는 일이었습니다. 제가 수행했던 업무들은 다른 HRD 업무를 하는 선배들이나 동기들과는 사뭇 다른 그것이었습니다. 그 어디에서도 유사한 사례를 찾기 어려웠고 참고할 수 있는 자료도 거의 없었습니다. 매번 제게 주어지는 업무들을 새로 정의하고 Intervention을 디자인하는데 많은 어려움을 겪었습니다.

그러던 어느 날, 우연히 제 방을 정리하다가 수업 교재로 쓰였던 권대봉 교수님의 "인적자원개발의 개념 변천과 이론에 대한 종합적 고찰"을 다시 열어보게 되었습니다. 교재를 천천히 정독하면서 저는 a series of "A-ha" moments를 경험하게 되었습니다. 어떻게 HRD 이론들이 intervention을 디자인 할 때 도움을 줄 수 있는지, 내가 디자인 한 intervention들을 HRD를 전공하지 않은 사람들에게 어떻게 효과적으로 설명할 수 있는지, 그리고 intervention을 통해 성취한 것들을 어떻게 평가할 수 있는지를 HRD 이론들은 이야기 하고 있었습니다. 교수님 눈에 뛰지 않기 위해 숨으려 했던, 제가 흘려버린 2005년 봄날의 수업에 적극적으로 참여하지 않았던 것을 뒤늦게 후회했습니다. 그리고 얼마 지나지 않아 대학원 석사 과정에 진학하게 됩니다.

#3. 대학원이 리서치를 하는 곳이라는 것을 알게 된 것은 1학기 수업이 막바지에 달할 때쯤이었습니다. 통계 교재들은 외계어처럼 보였고 도서관 한 켠에 앉아 차분히 논문들을 읽기에는 제 엉덩이가 너무 가벼웠습니다. 이십대 후반 저는 젊었고 당시 몰아쳤던 MBA 진학과 벤처 창업이라는 바람에 몸을 싣게 되었습니다. 무언가 일확천금이 제 손에 잡힐 것

같았습니다. 대학원에서의 한 학기를 마치고 저는 미련 없이 학교를 떠났습니다.

 한바탕 젊은 날의 열기가 식어갈 무렵 저는 다시 학교로 돌아왔습니다. 그토록 무언가를 찾기 위해 천하를 주유 했는데 그 모든 것들이 실상은 제 호주머니 안에 있었다는 사실을 뒤늦게 알게 되었습니다. 돌아온 탕아를 권 교수님과 휴먼웨어 동문들은 다시금 따뜻하게 맞이해 주셨습니다.

 #4. 석사 학위를 무사히 마치고, 교수님의 추천으로 유학을 와서 박사 학위를 받고, 또 지금은 미국에서 학생들을 가르치고 있습니다. 기약도 없고 정처 없었던 지난 몇 년 동안의 삶은 제가 감당하기에는 버거운 끝이 없는 어려움의 연속이었습니다. 말도 안 되는 영어로 국제 학회에서 처음 발표를 하고, 온갖 무지함으로 가득 찬 졸고들을 저널에 제출하고 또 게재 불가를 받고, 혈혈단신 세상의 끝에 있을 법한 캠퍼스를 찾아가 인터뷰를 할 때면 어김없이 온갖 두려움들이 영혼을 잠식했습니다. 그리고 그럴 때면 항상 되뇌곤 했습니다.

"누구나 다 할 수 있다네, 누구나 다 할 수 있다네."

 항상 좌충우돌 이었던 제 삶은 권 교수님께서 한 세대를 앞서 가신 학자로서의 발자취와 그리고 어리석은 제자의 부족함을 인내해 주셨던 교육자로서의 그늘에 의지해 왔습니다. 그 옛날 권 교수님처럼, 저도 누군가에게는 삶의 전환점이 될 수 있는 선생이 될 수 있기를 그리고 언젠가는 교수님께 표현할 길 없는 이 마음 속 감사함을 갚을 수 있기를 기원합니다.

"권대봉 교수님, 그동안 가르침과 관심에 감사드립니다. 항상 건강하십시오!"

HRD는 미래를 만드는 일이다

권대봉(고려대학교 교수)

사람들은 자기의 미래를 궁금해 하지만, 자기의 미래는 자기가 만든다는 사실을 간과하고 있는 경우가 많다. 그렇지만 자기의 미래는 자기 혼자서 만들 수 없는 것이 인생이다. 나 이외의 우주만물과 더불어 만들기 때문에 오늘의 나를 만든 것은 "나의 덕분 1%"와 "다른 사람과 자연의 덕분 99%"로 이루어진다고 옛 선비들은 강조했다.

인생이란 무엇인가? 나의 천명을 찾아 실천하여 천지간의 인간과 만물을 이롭게 하도록 하늘과 땅이 인간에게 준 시간과 공간을 활용하는 것이 인생일 것이라고 나름대로 정의해본다. 나의 미래는 내가 만들고, 너의 미래는 네가 만들지만, 너와 내가 만나서 함께 만드는 것이 우리의 인생이 아니겠는가? 그래서 우리를 구성하는 타인을 언제 어디서 어떻게 만나느냐에 따라 인생행로는 달라진다.

나의 인생행로가 바뀌는 계기는 진공청소기를 고치러 오라고 한 사람을 만난 덕분이었다. 대학 졸업 후 요르단(Jordan) 왕국 암만의 해외건설 현장에서 일할 때 고장 난 진공청소기를 어깨에 둘러메고 뜨거운 열기로 가득 찬 다운타운을 걸어가면서 내가 다녔던 회사의 사훈인 "일하자. 더욱 일하자. 한없이 일하자. 조국과 민족을 위하여!"의 의미를 되새겨보았다. 진공청소기를 고치는 일은 나 아닌 다른 사람도 할 수 있다는 생각이 들자 다른 사람이 아닌 나만이 할 수 있는 일을 찾기 위해 도미유학을 결심했다.

"나의 미래는 내가 만든다."는 생각으로 미시간주립대학 대학원에 진학했다. 그곳에서 HRD를 배우고 가르치다가 귀국하여 기업－정부－학교－지역공동체의 성과 향상을 위한 HRD를 연구하고 컨설팅 할 때에는 해당 조직구성원의 삶의 질과 아울러 고객의 삶의 질을 높일 수 있는 HRD를 고심했다. 국책연구기관인 한국직업능력개발원(KRIVET)에서 일할 때에는 국가 차원의 HRD 정책으로 교육과 일자리와 복지를 연계해보려고 고심했다. 기관장 임기를 마치고 복직하여 학교의 겸임허가를 받아 세계은행(IBRD) 컨설턴트로 외국정부를 컨설팅 할 때에는 한국 입장에서 외국을 보고, 외국 입장에서 한국을 보는 역지사지(易地思之)의 HRD정책을 고심했다.

기업이나 정부의 HRD를 컨설팅 할 때 그들이 원하는 미래의 기업, 그들이 원하는 미래의 국가가 어떤 것인지에 초점을 두었다. 아쉽게도 그들은 미래 기회의 창출보다 현재 문제의 해결에 골몰하고 있었다.

가정의 미래는 가족이 만들고, 기업의 미래는 기업구성원이 만들며, 국가의 미래는 입법·사법·행정부의 공무원은 물론 언론인과 국민이 함께 만든다. 그렇지만 친척과 친지, 이웃과 지역사회, 다른 기업과 다른 국가가 우리 가정과 우리 회사와 우리나라 국민 삶에 영향을 미친다. 오는 11월에 미국 대통령 선거에서 누가 대통령이 되는지에 따라 한국을 비롯한 여러 국가들이 크게 영향을 받을 이치와 같다.

가정도 지역사회도 기업도 국가도 모두 사람으로 구성되어 있다. HRD는 사람의 문제를 다루는 일이다. 사람은 천지만물과 더불어 살기 때문에 사람의 문제를 연구할 때는 천지만물을 함께 살펴야 한다.

지금 한 도의 행정책임을 맡은 도지사(道知事)를 조선시대에는 왜 관찰사(觀察使)라고 칭했는지 숙고해볼 필요가 있다. 백성들의 삶을 보고(觀) 살피는(察) 일을 하는 사명을 받은 관리가 관찰사이다. 백성들의 삶을 보고 살펴야 정책이 나온다. 민생 현장을 보고 살피는 데 초점을 두어야 그들이 필요로 하는 정책을 수립하고 집행할 수 있다.

예를 들어, 저출산(低出産)현상을 타개하려면 우선 결혼과 출산을 기피하는 미혼여성들의 목소리를 듣고 그들의 삶을 관찰하고, 나아가 기혼여성들의 출산과 육아의 어려움이 무엇인지도 살펴야 문제해결의 실마리를 찾을 수 있을 것이다. 지역의 특성을 살려 지역을 발전시키려면 지역의 목소리를 듣고 지역의 민생현장을 탐방하여 그들의 삶을 살피고 보아야 지역인적자원을 개발할 수 있는 열쇠를 찾을 수 있을 것이다. 뿐만 아니라 4차 산업혁명이 진행되고 있는 세계시장도 함께 살펴야 할 것이다.

HRD는 우리의 미래를 우리가 함께 만드는 일이다. 우리나라의 미래를 만드는 HRD 정책연구는 우리국민의 목소리를 귀담아 경청하고 우리국민의 삶을 면밀히 관찰하는 데에 초점을 두어야 하지만, 우리나라를 둘러싼 주변국과 우리와 거래를 하는 세계 각국의 사정도 함께 살펴야, 우리국민을 제대로 돌보고 우리국민을 잘 섬기는 정책을 만들 수 있을 것이다.

출처: 고려대 HRD정책연구소 뉴스레터 Vol.1. 2016년 7월

김두연(BCI 대표, 아주대 겸임교수)

권대봉 교수님과 처음 인연을 맺은 해는 1996년 봄학기이다.

당시 대한민국은 문민정부 4년째를 맞이하여 정치적, 사회적, 경제적으로 격변기에 있었다. 아울러 내가 몸담고 있던 기업체 HRD부문도 많은 변화를 겪고 있었다. 기존의 행동훈련 위주에서 토론 중심 교육으로 패러다임이 바뀌었고 ISD, SDL, PBL 등의 새로운 교육방법론이 기업교육 현장에서 활발하게 적용되던 때였다.

나는 당시 HRD부문 10년차 근무자로서 실무와 이론을 접목하고 싶은 열망에 휩싸여 있었다. 해외대학에서 짧게 맛본 ISD Process를 지속적으로 공부하고 싶었으나 국내 대학에는 마땅한 전공이 없어 아쉬움이 컸다. 마침 그때 고려대학교에서 권대봉 교수님이 기업교육전공을 신설했다는 반가운 소식이 들려왔다. 교수님의 가르침을 받으면서 업무현장에서 목말랐던 이론적 배경에 대해 동기생들과 열띤 토론을 하던 때가 참으로 행복한 기억으로 남아 있다.

20여명의 동기생들이 대부분 기업체 HRD부문에 근무하고 있었기 때문에 수업내용을 이해하는 데에는 별 어려움이 없었다. 오히려 가장 큰 애로사항은 출석이었다. 내가 근무하던 회사에서 학교까지 오려면 2시간이 걸렸고 수업에 늦지 않으려면 오후 4시반경에는 출발해야 했지만 업무는 쉽사리 끝나지 않았다.

한 번은 갑작스런 회의소집으로 부득이하게 출석할 수 없었던 입장에서 어렵게 사정을 설명하는 내게 "입장 이해한다. 다만, 휴학은 하지 마라."고 안심시켜 주셨다. 이 한 말씀에 한 번도 휴학하지 않고 석사과정을 마칠 수 있었다. 당신이 기업체에서 근무할 때 몇 차례 휴학을 하면서 공부한 경험이 있었기 때문에 학생들의 처지를 잘 이해할 수 있었던 것 같다.

졸업 후 10여년이 지난 어느 날 모처럼 후배들이 주관하는 '한마음 대행진'에 참가하였는데, "1기 선배가 모임에 참석하기가 쉽지 않다."면서 공개적으로 격려를 해주셨다. 또한 뒤늦게 박사학위를 받고 졸작인 졸업논문을 보내드렸더니, 손수 전화를 하셔서 "사업하느라 바쁜 와중에 수고 많았다."면서 진심으로 축하해주셨다. 이렇듯 내가 기억하는 교수님은 학문에는 엄격하지만 관계에서는 편안하고, 비평에는 날카롭지만 비판에는 허용적인 분이셨다.

교수님을 뵌 지 어느덧 21년이 흘러갔고 아쉽게 정년퇴직을 맞이하셨다. 학문적 역량이나 후학들에 대한 애정 등을 감안하면 다소 이르다는 느낌을 금할 길 없지만, 연배에 관계없이 언제나 청년의 몸과 마음으로 후학들을 이끌어주실 것을 믿어 의심치 않는다.

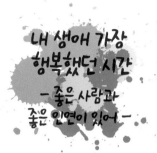

내 생애 가장
행복했던 시간
─ 좋은 사람과
좋은 인연이 있어 ─

김세용(육군 대령)

　'휴먼웨어' 식구들과 인연을 맺은 지도 벌써 16년여의 시간이 되었다. 시간의 빠름을 새삼 실감하게 되는 것 같다. 내가 대학원 생활을 했던 지난 2001년부터 2003년까지 2년 동안의 시간은 아마 내 인생에서 가장 행복했던, 잊지 못할 시간이 아니었나 생각된다. 무엇보다 권대봉 교수님을 만난 것은 내게 큰 행운이었고 좋은 사람들과 좋은 因緣이 있어서 더욱 행복했던 순간들로 기억된다. 돌이켜보면 풋풋했던 尉官장교 시절, 대학원 입학 때까지 10여 년을 군복만 입고 군대생활만 해온 나에게 민간인들과의 대학원 생활은 참 신선하기도 했지만 모든 것들이 낯설고 힘들기도 했던 또 다른 새로운 경험이었던 것 같다. 나의 군 생활에 있어서 터닝포인트가 되었던 때도 아마 그때가 아니었나 싶다.

　2000년 9월, 軍에서 교육학 분야 위탁교육생으로 선발이 된 나는 여기저기 대학원을 알아보던 중 1년 먼저 위탁교육생으로 수학 중이던 동기생의 소개로 고려대를 찾게 되었고, 평생의 스승이자 恩人으로 모시고 있는 권대봉 교수님을 만나게 되었다. 교수님 같은 분을 만난 것을 보면 나는 참 운이 좋았던 것 같다. 처음 교수님을 찾아가 면담을 한 기억이 지금도 생생하다. "교육학이라는 학문 분야에 대해서 아는 것도 없고 야전에서 군 생활만 하다 보니 모든 것이 부족하지만 뽑아만 주신다면 잘 할 수 있습니다."라는 내 얘기를 교수님은 경청해주셨고 믿어주셨다. 이어 "단, 전공시험은 그렇다고 치더라도 영어시험은 어쩔 수가 없으니 잘 봐야한다."는 교수님 말씀에 두 달 가깝게 모교인 육군사관학교 도서관에서 단기속성이지만 정말 열심히 영어공부를 했었던 것 같다. 결국 나는 영어 시험에 근근이 합격을 했고, 많이 부족한 나를 교수님은 지도학생으로 받아주셨다.

돌이켜보면 당시 '대학원 입학'이라는 것은 다시 軍으로의 복귀 여부가 결정되기 때문에 내게는 정말 절박한 과업이었고, 그렇기 때문에 입학 이후 그 기쁨은 더 컸던 것 같다. 물론 굳을 때로 굳은 머리로 대학원 생활에 적응해나가는 것은 쉽지 않았다. 종일 책상에 앉아서 공부하는 것 자체가 내게는 새로운 도전이었다. 또한 주에 한 번 원서로 진행하던 학우들과의 스타디도 참 어려웠고, 과목별로 매번 제출해야 하는 리포트 역시 당시 컴맹이었던 나에겐 정말 큰 스트레스였다. 그러나 압권은 역시 논문이었다. 당시엔 학문적 배경도, 통계처리 능력도, 컴퓨터 문서편집 실력도 없던 터라서 정말로 많은 고민과 스트레스로 나날을 보냈던 기억들이 아직도 생생하다. 그럼에도 불구하고 늘 세심하고 자상하게 지도를 해주셨던 권대봉 교수님과 나를 돕는 데 시간과 노력을 아끼지 않았던 학우들이 있었기에 학위논문과 함께 2년이라는 대학원 생활을 무사하게 마칠 수 있었던 것 같다. 돌이켜보면 모든 것들에, 그리고 모든 이들에게 감사하는 마음뿐이다.

나는 대학원 졸업 이후 줄곧 육군의 장교인사와 관련된 분야에서 근무했다. 중령 시절엔 교육학(HRD) 전공이 고려되어 육군본부 인사참모부 인재개발부서로 보직을 받아 육군의 위탁교육과 전문인력 및 미래 인재 육성 관련 업무를 하였고, 그 보직에서 대령으로 진급하게 되었다. 지난 대학원에서의 배움이 많은 영향을 준 것 같다. 지금 나는 울산 방호를 담당하고 있는 지역 책임 연대장 임무를 수행하고 있다. 이 자리에 오기까지 나에게는 정말 쉽지 않은 여정의 연속이었고 아마 교수님의 가르침이 없었다면 정말 어려웠을 것이라고 생각한다. 내가 이 자리까지 올 수 있었던 것은 교수님의 애정 어린 지도와 가르침이 있었기에 가능했을 것이다.

지난 대학원 생활을 생각해보면 누구하나 고맙지 않은 사람들이 없는 것 같다.

나는 살아가면서 '관계'의 중요성을 많이 느낀다. 우리는 살아가면서 참 많은 관계를 하고 있다. 그러면서도 좋은 관계를 한다는 것은 말처럼 쉽지는 않은 것 같다. 우리 스스로 '지금 내가 주변 사람들과 관계를 잘 하고 있는 것인가?'를 한 번쯤은 돌아보고 부족하다고 생각되는 것은 끊임없이 노력을 해야 좋은 관계가 이어질 것이다. 누구에게나 '인연'은 정말 소중한 것 같다. 우리 인생이 그리 길지 않기 때문에 그 인연은 더욱 더 소중한 것인지도 모른다. 영국의 시인이자 평론가 사무엘 존슨은 "짧은 인생은 시간의 낭비에 의해서 더욱 짧아진다."라고 했다. 짧은 인생, 우리의 인연을 소중하게 생각하며 우리에게 주어진 시간 동안 좋은 관계를 이어나갔으면 좋겠다.

흔히 '名將 밑에 弱卒 없다'라고 한다. 훌륭하신 권대봉 교수님의 지도 아래 많은 학우들이 여러 방면에서 자기 역할을 잘 하고 있는 것 같다. '줄탁동시(啐啄同時)'라는 말이 있다. 이는 병아리 부화시기가 되면 알 안에서 병아리가 껍질을 깨려고 알을 두드리는 소리 '줄(啐)'에, 때를 놓치지 않고 밖에서 어미닭이 알을 두드리는 소리 '탁(啄)', 그리고 줄과 탁이 동시에 일어나야 한 생명은 온전히 탄생한다는 뜻의 '동시(同時)'라는 말이 합쳐져서 이루어진 단어다. 바라건대 교수님과 우리 휴먼웨어 식구들 모두 같은 생각으로 서로 힘을 모아 화합·단결함으로써 '하나 된 휴먼웨어 가족'을 만들어 갔으면 한다. 나는 개인적으로 '~답다'란 표현을 아주 좋아한다. '휴먼웨어 가족답게' 우리 휴먼웨어 가족의 상징성(Imagination)을 창출하고, 앞으로도 가족처럼 화합·단결하는 분위기를 만들어 가는 휴먼웨어 가족이기를 진정으로 원하고 각자 맡은 바 역할을 다 함으로써 보다 나은 품격 있는 휴먼웨어 모임과 인연을 만들어가기를 기대해본다.

김세훈(Assistant Professor, University of Minnesota)

권대봉 교수님을 처음 뵈었던 건 제가 교육학과 1학년 신입생이던 1996년입니다. 여러 교수님들에게 똑같이 느꼈듯이 당시 권대봉 교수님은 저에게는 다가가기 어려운 크고 높은 존재였습니다. 그러다 1학년 2학기에 교수님 수업을 들으면서 상당히 신선한 충격을 받았습니다. 토론활동, 조별 프로젝트 및 발표, 현장 중심의 예시들, 그리고 교수님과의 많은 대화는 짧은 대학수업 경험 중 다른 수업에서는 느껴보지 못한 새로운 학습 경험이었습니다. 그때부터 권대봉 교수님에 대한 좋은 인상이 생겼고, 가능하면 많은 수업을 교수님께 들어야겠다는 생각을 했습니다. 물론 처음으로 A+ 학점을 받은 점도 크게 작용했죠. 교수님과 인연을 쌓아왔던 지난 21년을 돌아보면 여러 가지 크고 작은 추억들 중에서, 두 개의 에피소드가 가장 먼저 머리에 떠오릅니다.

권대봉 교수님으로부터 첫 수업을 듣고 1년 뒤인 1997년 2학기에 교수님으로부터 성인교육방법론이라는 두 번째 수업을 듣게 되었습니다. '성인교육'이라는 분야를 처음 접했지만, 역시 학생 중심의 학습활동 위주로 진행되는 수업은 흥미로웠습니다. 하지만, 학기 초에 가졌던 기대와 순조로운 출발은 이내 정반대의 경험으로 이어졌습니다. 당시 수업에서 2인 1조로 성인교육 관련된 주제를 하나씩 고르고 실제로 시연하는 프로젝트가 있었습니다. 저는 동급생인 여학우과 함께 어떤 주제를 고를까 고민하던 중, 성인 대상의 성교육 워크숍을 하는게 어떻겠냐는 제안에 흔쾌히 동의를 했고, 계획을 짜기 시작했습니다. 여러 성인교육에 필요한 방법들을 고려하여 준비를 하는데, 학습자의 직접적인 활동이 중요하기에, 저희 팀은 올바른 피임방법을 주제로 정하고 콘돔을 학습자들에게 나눠주기로 했습니다. 지금이야 이런 주제가 크게 부담이 되지 않겠지만, 20년 전 상황을 돌이켜보면 용감하면서도 무모한 생각이었죠.

저는 콘돔을 사기 위해 정대 후문 대학약국에 찾아왔는데, 물론 제 팀 메이트와 같이 가면 오해 받을까봐 혼자 갔었죠. 하지만 물건을 사는데만 세 시간이 더 걸렸습니다. 약국 앞에서 서성이며 '약국에 다른 사람 있을 때 어떻게 콘돔을 달라고 하지?', '혹시 아는 사람이 갑자기 들어오면 어떡하지', '약사가 왜 필요하냐고 물어보면 뭐라고 설명하지?', '혹시 투명봉투에 담아주면 부끄러우니 따로 가방을 들고 와야 하나' 등의 생각이 무한루프 되던 중 손님이 없는 찰라 재빨리 들어가서 콘돔을 달라고 했습니다. 누가 묻지도 않았는데 이게 수업 과제에 사용하는 거고 제가 사용하는 건 절대 아니라는 설명도 빼놓지 않았죠. 약사가 제품들을 보여주며 어떤 걸로 몇 통 필요하냐고 했을 때, 저는 다급하게 "골고루 섞어서 20통 주세요."라고 말했습니다. 수강생이 40명이었으니 두 명당 한 개씩 나눠주면 되겠다 생각하거죠.

다음날 수업 발표 때 준비한 내용을 잘 설명하고 콘돔을 학생들에게 나눠주는데, 한 통에 20개나 들어있는걸 그제서야 알게 되었죠. 결국 구매한 20통 중에서 1통만 사용하고 19통, 즉 380개의 콘돔이 남게 되었습니다. 기숙사에서 지내는 여자친구도 없는 20살 청년에게는 전혀 쓸모없는 물건이었죠. 유통기한도 그리 길지 않아서 언제일지 알 수 없는 제 결혼 때까지 방한 켠에 계속 둘 수도 없었지요. 그래서 저는 강의실 내에서 교수님만 기혼자니 교수님이 제일 필요할거라 생각하고, 발표를 마친 뒤 순수한 마음으로 교수님께 큰소리로 남은 콘돔을 쓰시라며 정중하게 드렸습니다. 그때, 교수님께서 난처한 표정과 함께 "난 됐네."라고 하시며 교실을 나서시는데, 옆에 있던 복학생 형들이 제 행동이 무례했다고 이야기하더군요. 전 그제서야 제 행동이 정서에 맞지 않았다는 걸 깨닫게 되었죠. 소심한 성격이었던 저는 그때부터 권대봉 교수님을 어려워하게 되었습니다. 혹여라도 교수님께 찍히지 않았을까 걱정하면서 군휴학 포함 5년간 교수님 수업을 피했습니다. 학부 마지막 학기인 2002년 2학기에 권대봉 교수님 수업 수강신청을 할 때에도 무척 걱정을 했었고, 첫 수업 때 교수님 눈치를 많이 봤던 기억이 아직도 남아있습니다. 교수님께서 혹시 그때 일을 기억하시는지 궁금하네요. 그때 그 많은 콘돔을 어떻게 했냐구요? 아는 선배들에게 나눠주려고 열심히 노력했지만 결국 아무도 안 가져가서 방에 보관하다 이듬해 이사하는 중에 사라졌답니다. 누가 가져갔다면 다행일텐데 말이죠.

두 번째 에피소드는 제가 대학원 4학기였던 2004년으로 거슬러 올라갑니다. 당시 저는 취업과 유학 등 진로문제도 고민이 많았죠. 확실한 답이 없는 것을 알면서도 사람들을 만나면 늘 고민을 이야기하고 그들의 조언을 듣곤 했습니다. 그러던 중, 안암교육학회 동계학술대회가 강릉에 있는 고대 연수원에서 열렸고 저는 대학원 조교였었기에 교수님들과 함께 준비를 도맡아했습니다. 평소에 사람들 만나는 걸 좋아하는 저는 여러 선배들을 한 자리에 볼 수 있겠다는 생각에 마음이 들떠 있었죠. 학술대회 일정을 마치고 진행된 뒤풀이는 밤새 계속되었고, 저는 겨울바다, 반가운 사람들, 맛있는 음식과 술, 제가 바라는 모든게 갖춰진 자리에서 정말 기분 좋게 즐겼습니다.

새벽 다섯 시 경, 한창 취해있을 때, 인생진로에 대한 고민이 갑자기 엄습해 왔습니다. 그래서 이번 기회에 제가 존경하는 권대봉 교수님께 상담을 받기로 마음을 먹었죠. 그래서 교수님 방을 물어물어 알아낸 후 다짜고짜 찾아갔습니다. 가는 길에 치약을 찾아 복도를 서성이던 박모 선배를 만났고 선배는 교수님께 치약을 얻겠다며 저와 함께 갔습니다. 비틀비틀거리며 방을 찾은 뒤 주저 없이 노크를 했습니다. 교수님께서는 '다행히' 이미 일어나게셨고, 문을 열어주시고 반갑게 저희들을 맞아주셨습니다. 저는 다짜고짜 찾아온 연유를 말씀드리고 방바닥에 앉아서 주저리주저리 이야기를 하기 시작했습니다. 치약을 얻은 박모 선배도 옆자리에 앉아서

"골고루 섞어서 20통 주세요"

제 이야기를 같이 들었죠. 정확히 무엇을 어떻게 이야기했는지 그리고 교수님께서 무엇을 말씀해 주셨는지 기억은 안 나지만, 상담을 받고나니 마음이 후련해지고 안심이 되는 느낌이 들었습니다. 그래서 저는 교수님께 감사하다는 말씀을 몇 번이나 드리고 방을 나섰습니다.

그날 아침, 짧게나마 새우잠을 청한 뒤 해장을 하고 나니 정신이 돌아왔습니다. 어렴풋한 기억에 권대봉 교수님 방에 찾아가 이야기를 나눈게 떠올랐습니다. 그래서 박모 선배에게 무슨 일이 있었는지, 혹시 실수를 한 게 있는지 여쭤보았습니다. 선배는 한참 웃더니 큰 실수는 안했는데, 교수님께서 좀 난감해 하셨을 거라고 하셨습니다. 새벽 다섯 시에 상담하겠다고 갑자기 방에 찾아간 건 차치하고도, 제가 했던 말을 거의 정확하게 똑같이 20분씩 세 번 반복해서 교수님께 이야기했다고 하더군요. 두 번 반복할 때에는 그러려니 할 수 있을텐데, 세 번째 반복할 땐 얼마나 황당하셨을까 하는 생각이 들더군요. 그렇다고 술주정하는 제자의 말을 중간에 끊지도 못하시고 이야기를 다 들어주시고 같은 조언을 해주셨다고 전해 들었습니다. 얼마나 낯이 뜨거웠던지 그 날 교수님께 얼굴을 제대로 들지 못했습니다. 돌아오는 길에 교수님께 죄송했다고 사과를 드리는데 교수님께서는 껄껄 웃으시며 괜찮다고 하셨습니다. 교수에게 술주정하는 제자도 거의 없겠지만, 제자 술주정을 다 받아주는 교수가 세상에 얼마나 있을까 하는 생각을 하며 다시금 교수님께 감사한 마음을 표하고 싶습니다.

이 외에도 기억에 남는 에피소드가 많은데, 나중에 교수님과 식사를 하며 혹은 차를 같이 하며 추억하면 좋겠다는 생각이 듭니다. 멀리 미국에 있어 교수님 정년 퇴임식에 함께 하지 못해 안타깝습니다. 대신 여름에 한국 들어갈 때 마다 찾아뵙고 문안 인사드리겠습니다. 교수님의 인생 제2막에서도 지금까지 늘 그러셨듯이 제자들의 롤모델이 되어 주실 거라 믿어 의심치 않습니다.

**"항상 평안하고 행복하시길 기원합니다.
감사합니다."**

기억에 남는 일화

김영석(한국교원대학교 교육학과 교수)

권대봉 교수님께서 퇴임을 하신다니 어느덧 세월이 이렇게 빨리 흘렀나 새삼 놀랍기만 하다. 교수님을 처음 뵌 것이 1996년 2학기였다. 교수님의 첫 인상은 유난히 다른 교수님들 보다 핸섬하시고 더욱이 젊기까지 하신 '멋진' 교수님이셨다. 이 글을 쓰려고 하니 지난 20년간 교수님과 학교 안과 밖에서 있었던 많은 추억들이 떠오른다. 그 중 내 인생에 큰 영향을 미친 일화 두 가지만 추려서 부족한 글 솜씨이지만 몇 자 적어보려 한다.

난 개인적으로 성격이 진취적이고 창의적이지 못해서 새로운 분야에 대한 도전정신이 떨어진다. 그런 나이기에 늘 새로운 것을 시도하고, "proactive" 한 삶의 태도를 가져야 한다는 교수님의 말씀은 늘 나에게 큰 도전이 되었다.

석사과정 중에 어느 한 수업시간이었다. 수업 중에 교수님께서 '미래사회 의 변화를 예측해라, 미래사회에 필요한 것들에 대해 공부하도록 해라. 남 이 하지 않는 것을 찾아야 한다'라는 귀한 도전을 학생들에게 주셨다. 그 수업을 마치고 마침 막역하게 지내던 석사 동기 한 명과 캠퍼스를 지나 하교를 하였다. 동기와 걸어가면서 이런저런 이야기 끝에 '그렇다면 나는 앞으로 어떤 분야의 공부를 해야 할까? 미래사회에 노인교육 분야의 연구 가 필요하지 않을까'하고 나의 생각을 정리해보았다. 그 당시는 2000년대 초반이라 지금과 같이 우리사회에서 고령사회 문제가 큰 화두가 되지 않았 을 때였다. 그래서 당시에 나는 노인교육 분야의 필요성에 대해 스스로 확신을 하지 못하고 있었다. 그러나 교수님의 이러한 도전적 메시지와 격려 그리고 주변에 일어났던 다른 사건들이 합쳐져 결국 나는 박사과정에 가서 노인교육분야를 공부하기로 마음을 먹었다. 지금 생각해보면 그 당시나 지금이나 늘 미래를 바라보는 권대봉 교수님의 혜안(慧眼)은 늘 존경스럽다.

다음으로 정확한 학술대회명이 정확히 기억나지 않지만, 어렴풋하게나마 교육학과의 정체성에 관해서 고려대학교 교육학과에서 개최한 교내 학술대회가 열렸다. 내 기억이 맞다면 당시 나는 석사과정 중에 있었고, 교육학과 대여섯 분의 교수님께서 차례로 본인들이 전공하는 분야가 왜 중요하며, 앞으로 어떤 방향으로 발전을 해야 하다고 발표를 하셨다. 권대봉 교수님께서는 평생교육학은 다른 교육학의 모든 분야를 아울러 평생교육학 안에 교육과정, 교육심리, 교육평가 분야 등이 새롭게 정립되고 연구가 필요하다는 주장을 너무나 분명한 어조로 말씀하셨다. 지금 보면 부끄러운 생각이지만, 그 당시 나는 평생교육학은 교육학의 변방에 위치하며, 평생교육학의 범위를 크게 그리고 있지 못했다. 그러나 그 자리에서 권대봉 교수님의 그 발표를 들으며, 평생교육학의 새로운 위상을 깨닫고, 평생교육학을 공부하고 있다는 사실이 새삼 자랑스럽게 느껴졌다.

정든 캠퍼스를 뒤로 하고 퇴임을 곧 앞둔 교수님께 다시 한 번 수업과 삶을 통해 제 삶에 늘 귀한 도전과 격려를 아껴주시지 않으셨음에 깊이 감사 드립니다. 퇴임은 끝이 아닌 새로운 시작임을 믿으며, 늘 건강과 기쁨이 교수님과 가정에 넘쳐나시길 이 글을 빌어 기도드립니다.

Proactive

김윤희(아시아나항공 프리미엄서비스센터장)

　직장생활 10년차에 접어들며, 공부와 재충전의 필요성을 느낌과 동시에 누구나 그렇듯이 학창시절 공부의 소중함을 다시 떠올리게 되었습니다. 그러나 부족함을 채워가려는 용기로 시작한 공부는 기대보다도 잘 따라갈 있을까 하는 걱정이 먼저 앞섰습니다.

　면접에서 교수님을 뵙고, 그 나지막한 음색과 따뜻한 미소, 그 조용한 카리스마에 끌려 다시 설렐 거 같지 않았던 마음이 두근거렸고, 그렇게 마음이 움직이고 힘든지 모르고, 무식함을 드러내는데도 주저하지 않으며 그렇게 시작할 수 있었습니다.

　그 시간들 속에 교수님과 동기, 선후배들을 만날 수 있어서 그분들을 통해 배우고, 끌어주고, 함께여서, 그 길을 즐겁게 갈 수 있었고, 무엇보다 교수님은 기업 경험을 하시고 학계에 들어오신 분이라 직장인들의 애환과 사정을 너무 잘 이해해주셔서, 학업의 스승이기에 앞서 제게 인생의 스승이셨습니다.

　교수님은 제게 참으로 '따뜻한 말 한마디' 같은 분이셨습니다(따뜻한 말 한마디는 때론 한 사람의 인생을 바꾸기도 하지요). 그 따뜻한 말 한마디로 내 서른의 삶을 치열하게 살 수 있는 용기를 얻었고, 닮고 싶은 교수님을 바라보는 시선으로 방향을 얻었습니다. 다른 사람의 눈으로 나를 바라보지 않고, 다른 사람의 마음에 나를 맞추지 않고, 오롯이 나만을 위한 시간들을 통해, 오히려 다른 사람들과 '함께', '더불어' 가야함을 배울 수 있는 선물 같은 시간이었습니다.

"교수님이
내 교수님이셔서
정말 감사하고
행복했습니다!"

　　교수님은 지식을, 방법을 알게 하기 전에 먼저 저희의 '마음을 얻으셨습니다'. 수업시간에 교수님을 통해 처음 접한 '휴먼웨어'가 처음엔 생소한 개념이었지만 휴먼웨어는 책을 통해서 가 아니라 교수님을 통해서 더 잘 알게 되었습니다. 교수님께서 말씀하신 휴먼웨어 업그레이드 횡단스킬인 호기심과 관용, 그리고 자신감과 문제해결기술은 바로 저희들이 교수님께 가장 본받고 싶어 하는 부분이었습니다.

　　용기는 새로운 것을 시작할 때 필요한 것인 줄 알았는데, 교수님을 떠나보내는 용기를 내야 할 시간입니다. 이제는 같이 북한산에 올라, 올라갈 때 못 본 그 꽃을, 같이 내려가며 보고 웃음 지을 날을 기대합니다.

따봉!

김은주((주) 창조게릴라 대표이사)

교수님을 처음 뵌 건 1999년 한국인력개발학회에서다. 그때 권대봉 교수님을 처음 뵙고 떠오른 건 이름에서 연상되는 대봉 감이었다. 그리고 어느덧 이십년 가까운 세월이 흘렀다. 그런데 지금도 나는 교수님을 떠올리면 맛있는 대봉 감이 떠오른다. 그 이유는 교수님은 참 대봉 감과 비슷한 점이 많기 때문이다.

나는 학교 다닐 때부터 지금까지 교수님 사랑을 많이 받은 제자이다. 물론 다른 제자들도 각자 자신이 사랑을 가장 많이 받았다고 생각할 수도 있겠지만, 나의 주관적 기준에서는 그렇다.

#1. 대봉은 달다.

대봉 감이 흔히 쉽게 먹을 수 없는 감이듯이 학교 다닐 때 학생들에게 교수님은 신화와 같은 거대한 존재였기에 모두들 교수님을 어려워했다. 한 번은 전공 수업에 대해 학생들의 평가를 설문조사 하고 과에 대한 건의사항을 수렴하고도 누구나 선뜻 나서지 못할 때, 어쩔 수 없이 내가 고양이 목에 방울을 다는 심정으로 학생들을 대표해 교수님을 찾아뵈었다. 설문 결과와 내 설명을 조용히 다 들으신 교수님은 최대한 반영하겠다고 말씀하셨고 다음 학기에 우리가 요구하는 대부분의 사항이 반영되었다. 학교를 졸업한 이후에도 나는 종종 교수님께 후배들이 말씀드리기 어려운 부탁도 드리고 불만도 얘기했는데 한 번도 왜 그런 말을 하느냐고 야단맞은 기억은 없다. 학생들을 생각하시는 교수님의 마음은 쥐 앞의 고양이가 아니라, 오히려 제 새끼 털은 다 예쁘다고 하는 고슴도치에 가까웠다.

석사 논문을 쓸 때 나는 국어학의 화용론과 기업교육을 접목하여 질적 논문을 썼는데 내 논문심사를 맡으신 교수님께서는 교학과에 연락하여 국어과의 우리나라 화용론의 최고권위자인 박영순 교수님과 다른 한분의 타 전공 교수님을 심사위원으로 초대해주셨다. 심사과정에서 교수님은 매우 자랑스러워하셨고 그리고 나는 박영순 교수님께서 추천해 주셔서 졸업할 때 기업교육전공 최초로 우수논문상을 받을 수 있게 되었다. 논문상을 받게 되었을 때 교수님은 처음으로 입을 여셨다. "김 대표 나는 처음에 자네 논문이 될까 싶었는데, 헛헛헛" 이런 교수님의 제자 사랑은 단지 나에게 뿐만은 아니다. 지금도 늘 입만 여시면 제자들 자랑을 하시니 묵직한 그 사랑이 잘 익은 대봉만큼이나 달다.

#2. 대봉은 크다.

대봉 감은 다른 감에 비해 월등히 크다. 그래서 하나만 먹어도 배가 부르다. 마찬가지로 교수님도 늘 새로움을 추구하는 넉넉한 그릇이었다. 2000학번인 우리가 학교 다닐 당시에는 전 학년 학생을 전부 해도 열 명이 조금 넘었기에 대부분의 전공 수업을 원형으로 빙 둘러 앉아서 했다. 교수님께서 가르치시던 수업 '퍼포먼스 컨설팅'은 학생들이 돌아가며 한 챕터씩을 번역하고 자료를 나눠주고 발표를 하는 형식이었다. 지금도 그렇지만 그 당시에도 나는 문서 작성에는 아주 소질이 없었던 터였다. 내노라 하는 기업교육 선수들의 요약문 속에 삐뚤빼뚤 줄도 잘 맞지 않는 나의 리포트는 참으로 내놓기 민망한 수준이었다. 더구나 준비한 사람이 강의식으로 발표하는 형식을 깨고 나는 진행과 질문만하고 다른 모든 사람들이 답하게 하는 수업 형식을 취했다. 어떤 선배는 신입생이 선배들까지 동원하고 자신은 아무것도 하지 않는 듯한 나의 태도에, 어쩔 수 없이 대답은 하면서도 불쾌감마저 표시했다. 그런데 교수님께서는 수업을 마치신후 한마디 하셨다. "이번 학기 수업은 김은주가 제일 잘했다." 이렇게 교수님은 디테일보다 큰 틀을 중요하게 생각하셨다.

교수님의 이런 가치관은 내가 사업을 하는데도 영향을 미쳤다. 교수님께서는 한 번은 내게 말씀을 해주셨다. "김 대표, 대표는 컨셉을 제시하는 사람이다." 교수님의 그 말씀이 사업을 하는 나에게는 아주 큰 지표로 가슴에 남아 있다.

생각하면 교수님은 늘 나의 지지자셨고 많은 기회를 주셨다. 특히, 여름 겨울에 열리는 기업교육 전공 한마음 워크숍에서 온갖 퍼포먼스로 군기를 잡고 후배들을 괴롭히는(?) 공연을 십오년 가까이 할 수 있었던 것도 교수님께서 넉넉한 마음으로 지켜봐주신 덕인 것을 잘 안다. 대봉 감처럼 큰 공간 속에는 유연함이 있다.

#3. 까치밥 대봉

기업교육 신우회는 해마다 스승의 날이면 권대봉 교수님과 식사자리를 마련한다. 2015년 스승의 날은 교수님께서 한국장학재단의 멘토링 제도의 멘토로 함께하게 된 대학생들과 함께 식사를 하게 되었는데, 그날을 계기로 우리 회사에서 한 달에 한 번씩 교수님과 신우회와 대학생들이 그해 연말까지 모임을 갖고 의미 있는 시간을 가질 수 있었다. 그때 멘티인 학생들을 뽑을 때 교수님은 서울의 학생들보다 지방에 있는 학생들에게 기회를 주고 싶어서 광주 대구 등 지방대 학생들이 대부분인 그룹이 형성되었다. 이렇게 교수님은 보이지 않는 곳을 늘 살피시고 기회가 적은 곳에 새로운 기회를 주고 싶어 하셨다. 마치 비싼 대봉이 저 높은 곳에 기꺼이 까치밥으로 남는 것처럼 말이다.

#4. 대봉은 비싸다.

대봉 감이 비싼 이유는 크고 달고 맛있고 영양가 있고 희소가치가 있어서다. 권대봉 교수님도 대봉 감처럼 모두가 존경하는 이유가 있고, 일상적으로 가까이 뵙기에는 격이 높으신 분이다. 하지만 감사하게도 나는 그런 교수님을 가까이서 자주 뵐 수 있는 행운이 있었다. 그리고 그 행운이 앞으로도 계속되기를 바란다. 그리고 천방지축 부족한 제자를 지금까지 품어 주신 교수님께 진심을 담아 감사드린다.

그리고 엄지손가락을 크게 치켜들며 소리 지른다.

산이 그곳에 있어서

김익철(경영학 박사/하카리더십코리아 대표)

여름이 깊어가던 날 장충동 공원길로 휘적휘적 길을 음미하며 걸어오는 신사가 보인다. 서두름도 느림도 없는 걸음 속에 허세가 없다. 손을 번쩍 드시며 미소를 보내는 신사는 권대봉 교수님이시다. "자네들 일찍 왔구먼." 변함없이 절제가 몸에 스민 카리스마는 세월이 가도 녹이 슬지 않는다. 교수님의 머리카락 속으로 흰머리가 살포시 보인다. 저분도 저렇게 세월을 비켜가지 못하시는구나. 벌써 퇴임이 내일이라니 당신을 바라보는 제자들의 눈빛에 아쉬움이 가득하다.

권 교수님과 인연을 맺은지가 어제 같은데 그 제자들도 나이가 들고 세월의 강을 함께 흘러가고 있다. 세상에서 가장 큰 복중의 하나가 좋은 스승을 만나는 것이다. 유명한 산악인 조지 말로리는 "왜 에베레스트를 오르는가요?"라는 질문에 "산이 그곳에 있어서."라고 하였다. 내게 있어서 왜 굳이 고대 기업교육을 택했냐고 묻는다면 누가 뭐래도 그 시대 기업교육의 선구자인 "권대봉 교수님이 그곳에 계셔서요."라고 답할 수밖에 없다. 교육이 교육의 혼을 놓친 시대 교육자의 자부심, 철학을 놓치지 않으려는 교수님의 모습은 세월이 흘러서 생각해보니 참으로 위대한 선택이었다는 것을 보여주신다.

교수님은 후학들에게 다음과 같은 3가지의 본을 귀감으로 보여주셨다.

첫째, 보수적인 교육의 패러다임의 벽을 넘어 새로운 가치에 대한 도전이라는 선구자의 본을 보여주셨다. 아는 분은 아신다. 기업교육의 패러다임을 한국에 접목하려고 하셨을 때 교육의 영역을 일정부분에서 정의하고 그 세계 속에서 자신들의 보신 영역을 지키려는 보이지 않는 벽들이 존재하였다 것을. 만일 그때 적당히 한국사회와 타협을 했더라면 지금과 같은 기업교육의 역사는 존재하지 않을 것이다. 당신은 행동으로 말씀하신다. 교육은 가치를 추구하는 외로운 길이라고, 그 외로운 길을 사랑하라고.

둘째, 교육자가 갖춰야할 언행의 본을 보여주셨다. 교육이 장사수단이 되고 교육의 학문이 교육적 자질이 없는 학문기술자들에 의해서 오염되는 시대, 어느 시간에도 자신의 지위나 권위를 이용하여 함부로 언행을 하시는 것을 우리는 본적이 없다. 작은 힘을 가져도 함부로 그 힘을 휘두르는 시대에 스스로 교육자로서의 품성에 대한 깊은 이해와 실천은 교육의 목적이 무엇이고 교육자의 성품이 무엇인지를 당신은 언행으로서 본이 되어 주셨다. 교수님은 말없이 말씀을 하신다.

> "이보게나, 교육자가 솔선수범하지 않고서
> 어찌 교육이라는 말을 담고 사시는가?"

셋째, 스스로 자기 계발의 경로가 무엇인지 본을 보여주셨다. 기업의 현장에서 경험을 경험하시고 그 경험을 바탕으로 학문의 세계에 접근하여 가장 이상적인 문무겸전형 자기계발의 모습을 후대들에게 몸소 보여주셨다. 경험이 없는 관념, 경험이 없는 이론은 죽은 이론임을 당신은 아시기에 현장과 학문의 두 가지 경로를 통한 자기계발의 스토리는 누구나 당신의 권위를 인정 할 수밖에 없는 귀감이 되어 주셨다. 교수님은 조용히 메시지를 던지신다.

> "생각에 머물지 말게, 경험 속에서 살아있는 교육을 찾아보시게나."

이제 당신께서 교단을 떠나시지만 당신이 개척하신 한국 HRD의 선구자적 거봉으로서의 위상은 영원히 우리와 함께 할 것이고 당신이 보여주신 본을 제자들이 닮아가려고 하는 한 우리 또한 그분의 영원한 제자로서 함께 이 길을 걸어가게 될 것이다. 당신이 그곳에 있어서 우리는 그곳을 갔었습니다. 항상 건강하시고 그 당당함, 안동 양반의 품격을 영원히 우리 곁에서 보여주시길 바랄뿐입니다.

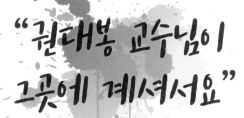

"권대봉 교수님이
그곳에 계셔서요"

늘 감사

김자원(인천 마전중학교 교사)

　스승과 제자의 인연은 부모와 자식의 인연 못지않게 깊다는 것을 대학 재학시절 한국교육사 강의를 들으며 우연히 알게 되었습니다. 권대봉 교수님과의 특별한 인연은 제 인생을 더욱 빛나고 가치 있게 만들어주는 너무 소중한 시간이었습니다. '용기 있는 자만이 기회를 얻는다'는 옛말처럼 그저 고려대학교 학부생에 지나지 않았던 저는 권대봉 교수님께 선뜻 주례를 부탁드렸고, 너무도 흔쾌히 주례를 수락해주셔서 얼마나 감사했는지 모릅니다. 대신 권대봉 교수님께서는 저희 부부에게 숙제 하나를 내주셨습니다. 다음에 만날 때까지 양가 부모님의 성함과 배우자의 이름을 한자로 쓸 수 있도록 숙지하고 교수님께서 내시는 시험에 통과해야 한다고 말씀하셨습니다. 처음에는 장난으로 하신 말씀이겠거니 하며 웃으면서 집으로 돌아왔는데, 막상 남편과 함께 양가 부모님의 성함을 한자로 한자 한자 써내려보니 교수님께서 과연 어떤 의도로 이런 과제를 내주셨는지 깨달을 수 있었습니다. 저희를 지금까지 낳아주시고 길러주셨던 부모님의 한없는 사랑을 다시 한 번 가슴에 새길 수 있었고, 이제 부부로서 새로운 출발을 하는 저희 역시 멋진 부모로 성장해야 함을 깨달았습니다. 그만큼 부부의 연을 맺고 산다는 것이 얼마나 값진 일이고 책임감 있는 일인지를 천천히 숙고할 수 있는 계기가 된, 매우 의미 있는 숙제가 아니었나 하는 생각이 듭니다. 결혼 당일 다들 바쁘고 정신없다고 하지만, 그때 교수님께서 해주신 주례는 평생을 마음에 새기고 있을 만큼 매우 인상적이었습니다. 저도 여러 번 결혼식을 다녀보았지만 권대봉 교수님께서 해주신 주레만큼 따뜻하고 좋은 말씀은 아직 만나지 못한 것 같습니다. 다시 한 번 감사드립니다.

　여러 번 권대봉 교수님을 찾아뵈며 교육에 관한 좋은 말씀도 많이 듣고 재미있는 일상에 관한 여러 이야기를 나누며 교수님과 더욱 친밀해지는 듯한 느낌이 들었습니다. 그 전에는 '교수님'하면 너무 어렵고 권위적인 존재로만 생각했었는데, 제가 직접 만난 권대봉 교수님은 대단한 권위를 갖고 있으심에도 불구하고 늘 친근하고 따뜻하게 품어주시는 그야말로 참 스승이었습니다. 저 역시 중학교에 재직하며 매해 많은 제자들을 만나지만, '교수님께서는 얼마나 더 많은 제자들을 두셨을까?'라고 생각하면 정말 교수님이 정말 위대해보이기도 하고, 한편으로는 '찾아오는 제자들의 이름을 일일이 기억하는 것도 너무 벅차시겠구나!'하는 동질감 아닌 동질감을 느끼기도 합니다. 그럼에도 불구하고 찾아오는 모든 제자 및 손님들을 따뜻하게 맞아주시고 함께 시간을 보내시는 모습을 보며, 저 역시 많은 것을 배우고 느끼며 갑니다. 특히 교사로서 가장 와 닿았던 말씀 중 하나는 교수님께서 매 강의를 들어가시기 전 어떤 강의를 어떤 마음으로 전달하면 좋을지 늘 고민하고, 강의하는 것 자체를 소중히 여긴다는 말씀이었습니다. 그 후 저도 수업에 임하는 자세가 달라졌습니다. 제가 수업하는 이 자리가 얼마나 감사하고 값진 자리인지 다시 한 번 생각할 수 있었고, 학생들에게 보다 재미있고 좋은 수업을 전달해야겠다는 생각에 교재연구도 더 많이 하는 능동적인 교사가 되었습니다. 교수님께서 해주시는 지나가는 말씀 하나하나가 늘 가슴에 남고, 힘들 때마다 자신을 돌아보고 채찍질할 수 있는 좋은 기회가 되고 있습니다.

　교수님께서는 지금까지 많은 후학을 양성하시고 오랜 기간 재직하셨던 고려대학교를 마지막으로, 앞으로 사회에 보탬이 되는 더 많은 좋은 일에 쓰임을 받으신다고 들었습니다. 늘 교수님의 앞날에 건강과 행운이 가득하길 바라며, 교수님의 제자였던 것에 감사드리고 좋은 말씀 가슴에 새기고 살겠습니다. 지금까지 너무 수고 많으셨고, 앞으로도 늘 행복하시길 바랍니다.

내 인생
최고의 스승

김재현(호산대학교 교수/부총장/특성화사업단장)

　권대봉 선생님에게는 교수님보다는 선생님이라는 단어가 익숙하다. 교수라는 직책보다 인생의 스승이시기 때문이다. 선생님을 알게 된 건 10여년 전이다. 대학원 준비를 하고 있던 나에게 선생님은 HRD라는 학문을 소개해 주셨고, 학문의 매력성보다는 선생님의 인자하심과 온화한 미소에 이끌려 대학원 석사과정에 입학하였다.

　대학 졸업 후 4년의 회사근무를 그만두고 다시 대학원 과정에 입학했을 때 처음 만난 선배는 현영섭 선배와 조대연 선배였다. 대학원 생활이 어떤 것인지 전혀 몰랐던 나에게 두 선배는 따스한 조언과 많은 노하우를 전해주셨고, 지금 생각해보면 내가 후배들에게 그런 좋은 선배였을까 반성할 만큼 좋은 분들이시다.

　석사과정 첫 수업 때가 가장 생각이 많이 난다. 영강 수업이었고 선생님께서 training과 OJT에 대해 생각해보고 옆 사람과 얘기하라고 시간을 주셨다. 지금은 미국에서 교수로 근무하는 세훈이가 내 옆에 있었다. 학부 교육학과 출신이 아닌 나는 training이 학문적으로 무엇을 칭하는지도 몰랐고 OJT는 더욱 생소했다. 세훈이의 도움을 받아 나는 간신히 대답을 할 수 있었다. 지금 생각하면 웃음이 나오는 에피소드이지만 그 당시 얼마나 긴장했는지는 아직도 기억이 생생하다.

　한 학기를 지나 선생님 연구조교로 근무할 기회를 얻었다. 연구조교로 근무하며 나는 많은 선후배들 그리고 학과 교수님들과 소통할 수 있는 소중한 시간을 가졌고, 돌이켜보면 가장 열심히 공부했던 시절이었다. 물론 선생님과 같은 공간에서 같이 연구하고 생활하는 것은 긴장감을 주었지만 선생님은 늘 인자하셨고 온화하셨다.

특히 선생님은 사회과학의 다양성을 존중해주시는 열린 마음을 지니신 분이다. 교육에 대해 문외한이었던 나는 수업시간 엉뚱한 답을 하는 경우도 있었다. 하지만 선생님은 부족한 나를 혼내시거나 꾸짖지 않으시고 그 의견이 있을 수도 있음을 존중해주셨다. 이러한 선생님의 인품은 학교에서 학생들을 가르치고 있는 나에게 항상 역할모델이다.

석사과정을 지나 박사과정에 입학을 하게 되었고, 풀타임 학생이던 나의 생활은 더욱 학교중심으로 전개되었다. 2004년부터 2010년까지 7년의 기간은 내 인생 최고의 기간이라 자부한다. 자랑스러운 모교에서 훌륭한 선생님과 선후배들에게 무엇과도 바꿀 수 없는 인생의 지혜를 배울 수 있었다. 특히 선생님께서 보여주신 소탈하고 너그러운 삶의 태도는 내 인생을 살아가는 소중한 나침반이다.

이 글을 쓰면서 그 시절을 떠올려본다. 조금 더 열심히 공부할 걸 하는 아쉬움도 들고, 선생님께서 정년퇴임을 하신다는 시간의 무상함도 든다. 선생님 연구실, 지금은 없어진 사범대학 별관, 교실보다 더 값진 선후배들과의 술자리와 휴먼웨어엠티 등 가슴 찌릿한 그 시절이 떠오른다.

그리고 나는 선생님을 떠올리며 내 자신을 반성한다. 내가 가르치는 학생들이 나를 그렇게 생각할 것인가? 내 인생의 나침반 역할을 해주신 선생님, 또 내가 하고 있는 일의 가치를 찾게 해주신 감사한 선생님. 영원히 내 마음 속에는 최고의 선생님 으로 간직될 것이다.

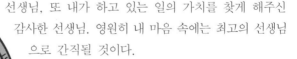

4가지 일화

김정주(고려대학교 세종캠퍼스 교수)

#1. "아이 데리고 와서 수업받으라." (2007년 10월)

인생을 돌아보면 참으로 선택의 연속이었다. 무엇인가를 선택해야만 하는 순간들이 많았던 것 같고 어찌 보면 그러한 선택이 가능했던 것이 행복한 삶이었다. 대학 졸업 후 직장생활, 미국 뉴욕에서 석사학위를 마치고 다시 한국으로 돌아와 권대봉 선생님 밑에서 박사 과정을 시작하기로 했던 선택, 참으로 행복한 순간이자 동시에 긴 여정의 시작이었다.

박사과정을 시작하니 같이 하는 학생들이 모두 생기발랄하고 젊음 그 자체로 예쁜 학생들이었다. 미국 석사과정 때에는 일하면서 또는 직장생활 하다가 들어온 나와 비슷하게 나이 든 사람들이 많았다. 수업시간에 아이를 데리고 와 옆에 앉혀 놓고 수업을 하거나 늦은 저녁을 샌드위치로 대신하면서 수업을 듣는 사람들이 익숙하였다. 막상 박사과정에 들어오니 그런 것들은 전혀 허용되지 않는 듯한 경직되고 엄숙한 분위기의 수업들이었다. 그 중 나에게 안도감을 주고 편안한 즐거움을 느끼게 해 주었던 것이 바로 선생님의 수업이었다. 선생님의 수업은 여느 수업과 달랐다.

실러버스는 있으나 여유로움이 느껴지는 수업이었고, 공간이 있었으나 선생님의 기운으로 꽉 채워지는 듯한 느낌의 교실이었다. 아무런 각본도 없이 진행되는 듯하나 감독의 능숙함에 배우들이 저절로 훌륭한 연극무대를 꾸미는 장면이었다. 그 멋있는 연극에서 나는 훌륭한 감독의 한 마디 한마디에 감동을 받았다.

그 당시에는 막내가 어느 정도 자란 때라 과히 힘들지는 않았지만 선생님은 엄마 학생들에게 힘들면 아이들 데리고 와서 공부하라고 하셨다. 미국에서 많이 보던 모습이었으나 한국에서 상상하기 힘든 이야기였다. 그 말씀에 내가 왜 그리 좋았던지 모르겠다. 선생님의 배려와 이해심이 그 날부터 지금까지도 따뜻하게 느껴진다.

#2. "나는 이 옷이 제일 편하고 좋더라." (2011년 2월)

미국 워싱턴 D.C.에서 2년 지내는 동안 선생님이 국제기구 World Bank 초청으로 D.C.를 방문하셨다. World Bank의 HR포럼에서 회의 및 특강하시고 Montgomery college 기관 방문 등이 일정으로 잡혀 있었다.

주말이 끼여 있어 선생님과 함께 Luray Cavern Great Falls를 방문한 후 잠깐 쇼핑몰에 들러 선생님이 우비 하나를 구입하셨다. 아주 평범한 검은색 비옷이었다. 그 후 나는 비올 때 마다 선생님이 그 우비를 입으시는 모습을 벌써 몇 년째 보고 있다.

그래서 여쭈면 그 우비가 제일 가볍고 편하고 그래서 좋다고 하신다. 비오는 날이면 항상 손잡이 달린 검은 우산에 무심코 걸치신 우비가 왜 그리 가슴에 오래 남는지 모르겠다. 집에 잠깐 들르셨을 때 양고기를 맛있게 드시던 그 모습처럼 모든 것을 소중하게 여기시고 오래 간직하시는 모습이 아직까지 훈훈하게 남는다.

#.3 '허허허!!!' (2014년 11월)

2014년 서울에서 Asia Chapter of AHRD가 개최되었다. 당시 나는 삼성생명 교육팀에서 근무하던 중으로 보험설계사들을 위한 역량개발모델로 발표가 예정되어 있었고 선생님은 key note speaker로 참여하셨다. 다양한 국적의 학자, 실천가들이 모였고 여기에 HRD의 학문적, 실천적 대가이신 선생님은 그 누구도 근접하지 못할 포스를 보이시면서 무대에 오르셨다.

선생님이 유창한 영어로 인사를 하시면서 등장하셨다. 청중은 이러한 HRD 대가의 어떤 한 마디도 빼놓지 않으려는 생각으로 노트 테이킹을 준비하면서 무대에 집중하고 있었다. 선생님은 나지막한 목소리로 말씀하셨다.

"There are three Korean students applying for the scholarship of the university. The admission office decided to give only one. The two other students who had been rejected asked why. The admission office said, you are living in either castle or palace but the other one lives on the hill. It turned out the decision had been made based on their home address. Those two students lived in Lotte caste and Samsung Palace while the other in Hyundai Hillstate"

선생님이 자주 하시던 농담이었다. 이것을 영어로 외국인들에게 그렇게 찐하게 전달하실 줄이야. 아마 청중의 반은 웃었고 나머지 반은 어찌해야 할지 모르는 표정을 짓다가 서로에게 확인을 한 후 웃기 시작했다. 선생님의 영어식 아이스 브레이킹이었다.

선생님은 농담을 잘 하신다. 그것도 낮은 목소리로 점잖게 하신다. 그리고 허허 하고 웃으신다. 그 모습이 시골의 할아버지 같기도 하고 다른 한편으로 아무도 흉내내지 못할 여유로움으로 비처지기도 한다. 그런 모습이 선생님에게 묘하게 잘 어울리신다. 가벼운 농담을 하셔도 전혀 가볍지 않게 느껴지는 선생님의 아우라가 좋다.

#4. "기사아저씨, KBS 방송국 잠깐 들렀다 갑시다." (2016년 2월)

아시아 4개국 대학원생을 초청하여 고려대 교육학과 대학원생들과 함께 하는 AELC(Asia Education Leader Course)를 진행한 적이 있었다. 나는 선생님과 비교교육학 수업을 공동으로 진행하게 되어 열심히 ppt를 만들며 강의 준비를 하였다. 그러는 나와 달리 선생님은 어느 때와 같이 '그냥 자유롭게 하면 되지' 하고 웃으시기만 하셨다. 선생님의 마음속에는 어느 나라가 어떻다는 강의와 지식 전달보다 각국에서 온 아시아 학생들간의 교류, 그 속에 느끼길 바라는 한국의 정, 비교를 통해 배우는 비교교육학의 묘미를 학생들 스스로 느끼길 바라신 듯 보였다.

그렇게 수업을 진행되었다. 학생들은 서로 소개를 하고 팀을 짜는 활동을 하면서 서로 가까워졌고 선생님의 일어, 중국어, 영어로 농담과 진담을 넘나드는 이야기 덕분에 훈훈한 수업이 계속되었다.

우리나라 교육의 실제를 보여주는 계획으로 하루 일정을 잡았다. 학생들은 기업(한국전력) 인력개발원과 마이스터고등학교, 한국교육개발원 등을 탐방하면서 관심 있고 흥미롭게 참여하였다. 모든 일정을 마치고 학교로 돌아오던 길에 어떤 학생이 한국 문화와 스타에 대한 이야기를 하기 시작했고 그러자 많은 학생들이 한국 방송국에 가보고 싶다는 얘기가 나왔다. 아시아권 학생들이다 보니 K-pop과 한국 드라마를 좋아했고 그래서 나눌 이야기들이 많아 보였다. 그 말이 나오자 선생님은 그때부터 어디론가 바쁘게 전화하기 시작하셨다.

다행히 방송국 일정이 가능하여 새로운 탐방일정을 가지게 되었고 모든 학생들과 버스 기사아저씨의 흔쾌한(?) 동의를 얻어 방송국으로 버스를 돌렸다. KBS 방송현장을 보면서 학생들의 환호성은 계속 되었고 찰칵찰칵 사진 찍는 소리가 여기저기서 들렸다. 한국의 문화를 보고 느끼는 학습의 장이었으며 관심사를 함께 나누는 교류의 장이었다. 선생님은 먼 곳에서 온 학생들에게 한국의 것을 하나라도 더 보여주고 경험하게끔 도와주고 싶으셨던 것 같다. 그것이 바로 스승으로서 할 일이고 즐거움이라 느끼고 계셨다.

"선생님! 항상 아끼고 가르침 주셔서 감사드립니다.
환한 웃음으로 반겨주시는 선생님의 모습 오래 오래 뵙고 싶습니다.
건강하세요."

아버지

김종윤(고려대학교 BK21PLUS 아시아에듀허브사업단 연구교수)

교수님을 생각할 때면 언제나 제 아버지가 떠오릅니다.

교수님을 처음 뵌 건 2010년 박사과정 입학하기 전 신년 저녁 식사자리에서였습니다. 아버지 돌아가시고 5년이 지난 때였죠. 처음 뵙는 분들만 가득했던 그 자리에서 교수님이 제게 건네주신 따뜻한 말 한 마디는 학교생활을 시작하는데 큰 힘이 되었습니다. 그때부터 아버지에게서 느꼈던 든든함을 교수님에게서 찾았던 것 같습니다.

제가 학교 다닐 때는 교수님이 직업능력개발원의 원장으로 재직 중이실 때라 교수님 수업은 하나밖에 듣지 못했습니다. 각 나라의 직업교육에 대해서 배우는 수업이었는데 매 시간마다 수업시간에 느낀 바나 배운 점을 그림으로 표현하는 과제가 있었습니다. 초등학생 그림 실력인 저는 처음에는 제가 그리고 싶은 내용의 내용을 프린트해서 오려 붙이는 방법을 사용했습니다. 나중에는 조금 용기 내어 못 그리는 그림이지만 도전해보았죠. 초등학생 아이 숙제 봐주시듯이 그림 숙제 옆에서 챙겨주시는 교수님의 모습에서 저는 아버지의 모습을 보았나 봅니다.

회사 생활하면서 정신없이 준비하느라 결혼 전에 제대로 찾아뵙지도 못했는데 제 결혼식에 참석해 주셨을 때는 뭐라 표현할 수 없을 정도로 감사한 마음과 죄송한 마음이 한가득이었습니다. 아버지가 안 계시는 제 결혼식에 교수님이 계셔서 제 결혼식의 한 부분이 채워지는 것을 느꼈고, 그래서 고마움이 더욱 커졌던 것 같습니다.

박사과정을 하면서 결혼하고, 아이를 가지고, 아이를 낳고, 키우는 동안 교수님은 항상 따뜻하게 제 상황과 아이에 대해 물어봐주셨습니다. 재학 중인 많은 학생들이 있고, 그 학생들에 대해 잘 모르시는게 당연한데도 교수님은 항상 아이에 대해 기억해 주시고 좋은 이야기를 전해주셨습니다. 교수님을 뵐 때마다 아이에 대해 물어봐주시는 모습에서도 아버지의 따스함을 느꼈나 봅니다.

박사논문을 작성하면서 교수님이 제 논문 주제에 대해 관심 가져 주시고, 흥미를 보여주시며 논문 진행에 동기부여해주실 때도 옆에서 열심히 살라고 격려해주셨던 아버지가 생각났습니다. 논문 작성 중 더 보완해야 하는 부분에 있어서는 그래도 칭찬을 먼저 해주시면서, 더 노력할 수 있도록 격려를 아끼지 않으셨습니다. 논문 작업 중 제 능력이 너무나 하찮고, 제 작업이 너무나 서툴게 느껴질 때 교수님의 격려는 다시 힘을 낼 수 있게 하는 계기가 되었습니다.

부모님께 그러하듯 저는 교수님께 받기만 하고 제대로 보답해 드린 게 하나도 없습니다. 이 또한 열심히 연구하고, 강의하고, 가정 잘 꾸리며 하루하루 열심히 살아가는 것이 교수님께 제가 보여드릴 수 있는 부분이라 생각합니다. 지금의 죄송한 마음 열심히 생활하고, 제 자리에서 최선을 다하는 것으로 조금씩 조금씩 갚도록 하겠습니다. 항상 건강하시고 행복하세요!

영원한
HRD 소고봉

김주희(제이월드그룹 대표)

　오랜만에 한국 폰을 켜고 교수님의 정년퇴임 소식을 알게 되었다. 세월의 흐름 속에서도 결코 바랄 수 없는 기억의 시간이 거꾸로 흘러 빠른 속도로 교수님과 수업하던 기교과의 시간들로 돌아간다. 업무를 마치고 학교 가는 길이 늘 설레었고 밤늦은 줄 모르고 수업 후 후문 밖 식당과 2층 카페에 둘러앉아 소리 내 웃고 떠들던 그때의 우리들이 떠올랐다. "지금처럼 공부했으면 벌써 다 하버드 갔을 거야"라며 힘든 서로를 격려했던 시간들이다.

　권대봉 교수님을 만난 것은 1997년이었다. 아시아나항공 1기 승무원으로 근무하다 회사를 떠난 후 유럽여행전문가로 3년을 여행하며 지내던 중 우연한 기회에 금호인력개발원 연수원에서 다시 서비스교육을 전담하게 되었다. 비행과 여행에서 만난 수많은 사람들의 스토리가 쌓여 할 말이 많던 당시의 나는 기고만장했고 두려움을 전혀 모르고 강의했던 시기였다. 그러나 몇 년이 지나지 않아 경험만으로는 전체를 엮어낼 수 없음에 답답함과 갈증을 느끼게 되었다. 그 당시 연수원에서는 자문교수님을 모시고 교육담당자와 정례회의를 했었다. 권대봉 교수님은 젊었고 지적인 매력이 넘쳤으며 그리고 관대함을 갖고 계셨다. 나는 용기를 내어 어떻게 하면 지금 하는 일들을 이론과 경험으로 균형 있게 전달할 수 있는지 여쭤보았다. 교수님은 그런 고민을 해소할 수 있는 기업교육 석사과정이 있음을 알려주셨고 늦지 않았으니 공부해 보는 것이 어떻겠냐고 물었다.

나는 기혼이었고 아이는 어렸으며 결혼과 육아와 일을 병행하는 과정에서 다시 공부까지 해야 한다는 것이 쉽지 않았다. 연수원은 용인의 아시아나 컨트리클럽에 함께 있었는데 그곳에서 서울 안암동으로 업무 후 공부를 하러 오갈 수 있을 지 걱정스러웠다. 그런데 그날 이후 교수님의 이야기가 머리에서 떠나지 않았다. 그러던 어느 날 남편이 내가 고민하는 것을 알고 당시에 유행하던 이탈리아 소형차를 닮은 연비가 좋은 예쁜 경차를 선물해주며 원하면 다시 공부를 시작하라고 말해주었다.

결심을 하고 지원해 필기시험과 면접을 거쳐 드디어 고려대학교 교육대학원 9기 2000학번 신입생이 되었다. 조그만 꼬마자동차를 타고 오랜만에 신입생이 되어 다시 학교에 가는 길이 그렇게 즐거울 수가 없었다. HRD 교육담당자 비슷한 일을 하는 사람들과 아무런 제약 없이 일과 놀이의 경계를 모르고 웃고 떠들다 보면 시간이 너무 빨리 지나갔다. 정보를 넘어선 지혜와 산 경험의 선물보따리를 가득 안고 집에 돌아올 때면 새벽 1~2시에 귀가하는 일이 허다했다. 칭얼대던 아이를 들쳐 없고 졸음을 참으며 책을 읽고 리포트를 썼고 장학생이 된 학기가 있었다. 너무 좋아서 액자에 넣어 거실에 대문짝만하게 붙여두었다. 바쁜 와중에 둘째가 생겨 만삭이 되었고 운전석에 배가 닿았다. 무모하게 보이던 시간이 흘러 2학기 개학을 했을 때는 출산 후 두 아이의 엄마가 되어 학교에 갔다. 전혀 지치지도 힘들지도 않았다. 왜냐하면 그때의 교수님은 날마다 경이로웠다. 우리가 책을 나누어 밤을 새워 쪽 대본을 분석하듯 Performance Consulting을 꿰맞추어 발표하고 나면, 몇 마디의 말과 몇 개의 그림만으로도 우리의 생각을 깨끗하게 정리해 주셨다. 참 신기한 경험이었다. 하루 종일 머리를 싸매고 생각해도 몰랐던 문제들을 학교에 가져오면 수업을 듣던 중에 머리가 맑아지며 생각들이 정리 되곤 했다. 난 집에 돌아오면 남편에게 언제나 같은 말을 했다. "정말 권 교수님을 닮고 싶어. 어떻게 그렇게 복잡한 것을 깔끔하고 쉽게 정리할 수 있을까? 너무 신기해 정말 신기해."라고 말하곤 했다.

내 주변에는 오히려 단순한 것을 복잡하게 해 놓은 사람들 투성이였다. 그렇지만 일 속에서 모르거나 해결 안 되는 문제는 다시 학교로 가져갔다. 그곳에는 평가하거나 비판하는 사람들 없이 함께 궁리해 주는 친절한 동기들이 있었고 해답을 찾을 수 있게 길잡이를 해주는 교수님이 계셨다. 나는 항상 교수님을 닮고 싶었다. 실타래처럼 복잡한 것을 단순하게 할 수 있는 그런 사람이 되고 싶어졌고 그렇게 되기 위해 최선을 다했다. 교수님이 이야기 해주셨던 체력. 지력. 사회력을 나의 신조처럼 생각했다. 부족함 없이 골든 트라이앵글인 삼박자를 갖추기 위해 노력하던 중 서비스강사의 지평을 넘어 컨설팅 회사에 마스터트레이너로 스카우트되었고 3년을 다수의 국내외 글로벌 기업들과 일할 경험을 갖게 되었다. 이후 나는 당시의 헤드헌터에게 주목 받는 조건들을 갖추게 되었고 기업교육 전공 석사학위를 갖은 교육 전문가로서 현대오일뱅크 최초로 유리천장을 깬 여성으로 입사하여 8년을 근무하게 되었다. 두려움 속에서 고민하다 자문을 구하면 언제든지 흔쾌히 시간을 내어 주셨고 3년만에 최초 여성 상무로 승진하게 되었을 때, 진심으로 기뻐하시며 "자네가 자랑스럽네." 라고 말씀 해 주실 때는 나도 모르게 울컥 감동이 되었다.

언젠가 교수님 생신에 동기들과 함께 학교근처에서 맛난 식사를 하며 교수님께 어울릴만한 넥타이를 선물해 드린 적이 있었다. HRD 잡지나 강연에서 자주 그 넥타이를 매고 웃고 계신 사진을 보면 너무 기분이 좋았다. 언제나 든든히 내 뒤에 계신 교수님과 한솥밥 지식으로 무장하고 교육 현장에 풀뿌리처럼 흩어져 각자의 지식과 경험으로 뿌리내리는 동기들을 생각하면 힘이 되었다. 지금 나는 한국과 미국을 오가며 일하는 오너경영자이자 비즈니스코치이다. 한계와 틀을 벗어버리고 싶어 했던 제자에게 어떻게 하면 그 교육훈련의 한계를 넘어 새로운 지평을 향해 갈 수 있는지 정확하게 새로운 프레임을 제시해 주고 나침반 역할을 해 주셨기에 오늘의 내가 되어 있다고 생각한다. 권대봉 교수님은 내 삶의 가장 크고 견고한 울타리다.

권 교수님의 제자로 공부하던 때 등에 업고 책을 읽으며 키웠던 첫째는 용인외고를 거쳐 올 6월 UC Berkeley를 졸업하게 된다. 학기 중에 태어난 둘째는 올해 미국의 Beckman High school을 졸업하고 대학진학 예정이다. 배움의 즐거움이 가장 좋은 태교와 자녀교육이 되었던 것 같다. 미국에서 여러 해 살다 보니 다양한 사람들을 만나게 되는데 이곳에서 만나는 시니어들은 90세와 95세가 되어도 기타와 오르간을 연주하고 자연의 아름다움과 진지한 여가를 즐긴다. 골프 수영과 건강한 음식 좋은 파티와 모임을 유지해 나간다. 한국은 생존과 변화 위기와 기회 속 스피드가 요구되는 가운데 은퇴마저도 너무 빨리 준비 없이 맞게 되는 것 같다.

나의 스승 정암(淨巖) 권대봉 교수님의 인생이 가장 그 분 다운 모습으로 새롭고 멋지게 펼쳐지고 또 다른 불을 지펴 Reignite 하실 것을 설렘 속에 기대하고 응원하며 제자에게 비친 은사의 모습을 부족한 글에 담아본다.

내 인생의 멘토

김준희(미국 인디애나대학-퍼듀대학 테크날로지 리더십&커뮤니케이션 교수)

2017년 현재 미국에서 생활한지 어느덧 8년차에 접어들고 있다. 권대봉 교수님께서 은퇴하신다는 소식을 타국에서 접하면서 그동안 내가 권 교수님으로부터 받은 은혜와 가르침을 되새겨보는 시간을 가져본다. 수많은 가르침이 주마등처럼 스쳐지나가지만 그중에서도 생생하게 기억되면서 내 인생에 커다란 영향을 미친 일화는 여섯 가지 정도로 요약될 수 있을 듯하다.

#.1 내 기억은 대략 20년 전으로 거슬러 올라간다. 권 교수님은 90년대 후반 내가 학부생으로서 교육학을 공부할 때 강의중심이던 학과에 체험학습, 역할극, 토론, 발표 등 그 당시 새로운 교육방법들을 지속적으로 활용하셨던 분이시다. 예컨대, 당시 산업교육 방법론의 교재는 내용 전달을 위한 목적보다는 학습자가 자기주도적으로 학습하고 연구한 결과를 정리하면서 발전시켜 나가는 방식으로 활용되어 나에게는 신선한 충격을 주었던 기억이 생생하다. 그 수업에서 얻은 가르침은 내 교육철학의 근본을 형성하게 되었고, 내가 미국대학에서 학생들을 가르치는 학생중심 교수법의 기본 원리로 자리잡고 있다.

#.2 권 교수님은 학과 프로그램에 HRD 과목들을 도입하시고 현업 인재양성과 컨설팅 분야에서 저명한 분들(신범석, 송영수 교수님)을 초빙하심으로써 기존 학습환경에 새로운 바람을 불어넣으셨던 분이시다. 그 당시 나는 학문과 실제 사이의 괴리에 대해서 많은 고민을 하고 있었고, 내가 전공하

는 학문이 현업에서 인간의 삶에 어떻게 기여할 수 있는지를 명확하게 이해하고 싶었던 시기였다. 권 교수님께서 추구하셨던 현업중심의 학습환경에서 나는 그 학문과 실제 사이의 괴리를 극복할 수 있으리라는 희망을 보았고 이후 HRD를 전공하기 위해 대학원 진학을 결정하게 되었다.

#.3 인간의 삶과 재정적 요인은 불가분의 관계이다. 학문을 추구함에 있어서도 예외가 아니어서 나는 대학원 진학 후 넉넉치 못한 재정형편으로 인해 어려움을 겪고 있었다. 지도교수님이셨던 권 교수님께서는 조교직에 지원할 수 있도록 조언하시고 지원해 주셨고, 나는 박도순 교수님과 이후 홍후조 교수님 연구실에서 일할 수 있는 기회를 얻게 되어 재정적 어려움을 극복하고 학업에 매진할 수 있었다. 무엇보다 감사한 것은 연구조교 임무를 수행하면서 다른 조교들과 네트워크를 형성하고 공동연구나 프로젝트에 참여함으로써 추후 박사과정에서 요구되는 연구능력을 개발할 수 있었다는 점이다.

#.4 네 번째 가르침은 2003년 1학기 석사과정 시기로 거슬러 올라간다. 전역한지 얼마 되지 않았을 때 권 교수님께서 '세상 좀 알고 삽시다'라는 책을 주셨다. 갓 전역한 나를 누군가 채찍질하는 듯한 제목을 가진 의미 깊은 책이었다. 각 분야의 전문가들이 사회, 정치, 경제, 문화, 정보통신, 과학이라는 범주로 2003년을 조망하고 있는 그 책을 읽고 나서 내가 모르고 지내는 것들이 얼마나 많은가 하는 것을 새삼 깨닫고 복학생으로서 위기의식을 갖게 했던 책이다. 그 책을 통해서 권 교수님은 나에게 세상을 알려주신 것이 아니라 내가 '세상을 모르고 살고 있구나'라는 사실을 깨닫게 해주셨다. 또한, 어려운 사회·경제적 상황 속에서 내가 처한 현재 위치에 대한 진지한 성찰을 해보게 되었고, 박사학위 취득을 위해 미국유학을 결심한 계기가 되기도 했다.

#.5 전통적으로 주례는 존경하는 분으로부터 결혼생활에 대한 격려와 조언을 듣는 기회이다. 다섯번째 가르침은 권 교수님의 '대추, 밤, 감' 삼실과 주례사에서 기인한다. 올해로 결혼생활 8년차인 나는 보통의 부부들이 그러하듯 여러 가지 어려운 문제들에 부딪혀왔고 극복해 왔다. 비바람에 시달릴수록 더 꿋꿋하게 세파를 견뎌나가고, 부부간 서로 다름을 인정

하며, 부모님들께 도리를 다하면서, 자식에 대한 가정교육의 의무에 충실하기 위해 노력하고 있다. 쉽지 않고 그래서 반성의 시간도 많지만, 주례사를 통한 권 교수님의 가르침은 행복한 일터와 가정생활을 위한 내 인생의 지침이다. 그렇게 귀중한 주례사 후 식장을 떠나실 때 분주한 상황 속에서 제대로 배웅해드리지 못했던 나의 불찰이 아직도 가슴에 죄송한 마음으로 남아있다.

#.6 마지막으로, 미국유학을 확정하고 출국하기 얼마 전, 직능원 주변 식당에서 점심식사 중 해주셨던 말씀이 아직도 귀에 생생하다. "자네는 잘 할꺼야!" 그 말씀은 때로 힘들고 지치는 5년 동안의 박사과정 동안에 항상 나를 다시 세워주는 든든한 버팀목이었고 채찍질이었다. 그 짧지만 확신에 찬 믿음과 격려는 아직도 내 안에서 에너지가 고갈될 때 재충전하는 역할을 하고 있고 앞으로도 계속 그러할 것이다. 나 역시 내 학생들에게 이렇게 말하기를 아끼지 않는다.

"I believe you will do a great job!"

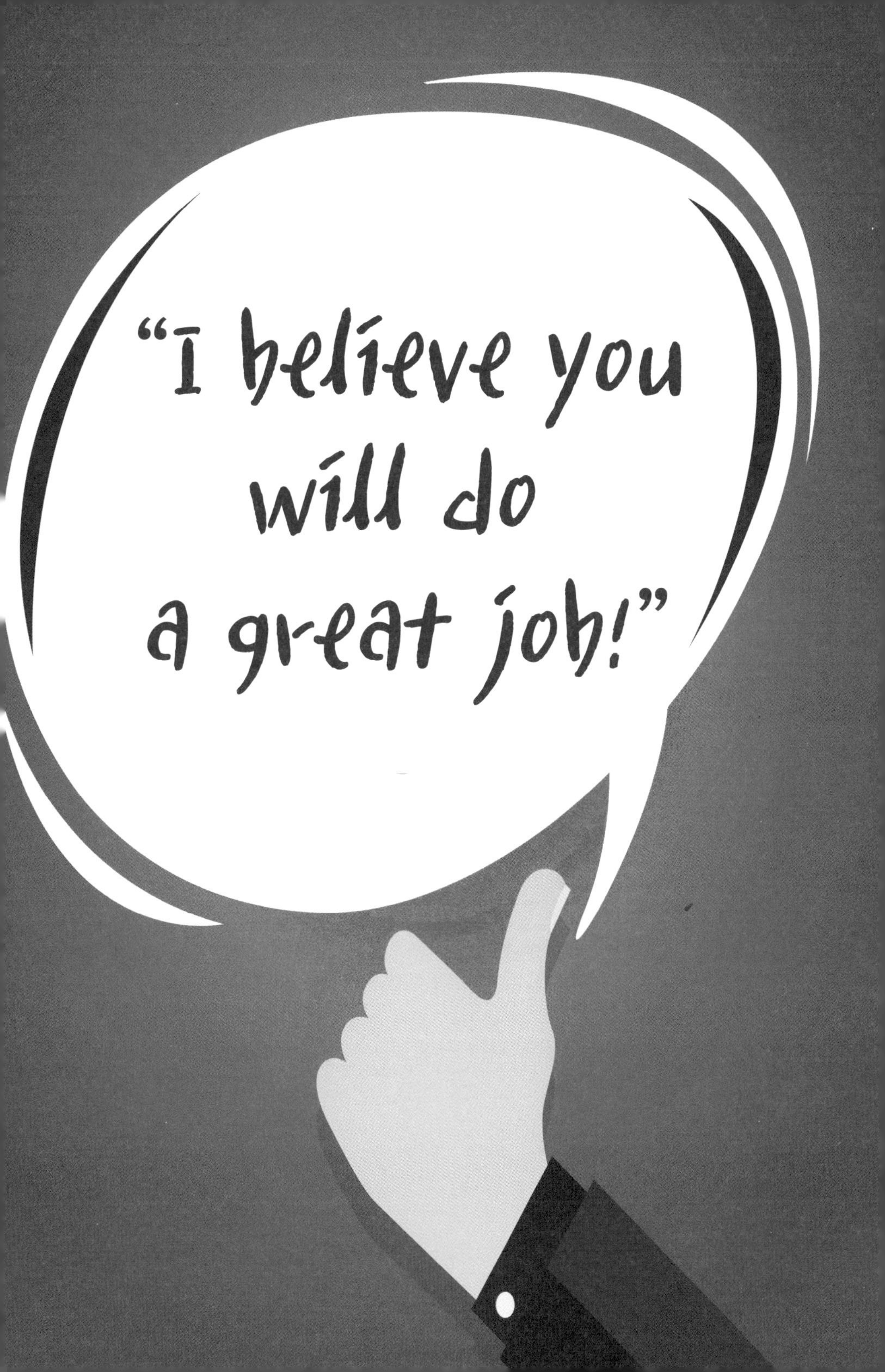
"I believe you will do a great job!"

김지현(러닝팩토리 대표)

#1. 첫번째 인생의 터닝포인트 그곳에 권대봉 교수님이 계셨다.

나는 원래 교육 전공자도 아니고, 교육 담당자도 아니었다. 인터넷 붐을 타고 모든 기업이 인터넷 비즈니스를 할 때 마케팅 담당 과장이었던 나는 얼떨결에 교육사업팀의 수장이 되었다. 그룹 내에 이러닝 시스템을 구축하고, 그룹 내 이러닝을 주관하는 팀이었다. HRD에 대해 전혀 학습되지 않는 나는 고려대 기업교육을 알게 되고, 지원하게 되었는데 그때의 면접관이 권대봉 교수님이셨다. 그때 교수님이 이렇게 질문하셨다.

"자네는 기업교육을 전공하면 무엇에 기여하고 싶고 꿈이 무엇인가"

앗! 꿈이라니, 기여라니 나는 그냥 내 일에 도움이 될까 하여 지원한건데, 교수님의 그 질문은 내 머리와 가슴을 울렸다. 부족하지만 진심을 담은 답변에서 교수님은 가능성을 보신걸까? 그때 합격이라는 선물을 주셨다. 먼 길을 보지 못하고, 회사 생활만 급급하던 내게 HRD 전문가라는 꿈을 가지도록 인사이트를 던지신 것이다. 그래서 나는 HRD전문가로 변신하여 지금도 그 현장에 서있다!!

#2. 두번째 터닝포인트 18년간 다니던 대기업을 뒤로하고 나는 창업을 하게 되었다. 대기업이라는 울타리를 나와 보니 세상은 전쟁터였고, 힘들게 사업을 꾸려가던 어느 날이었다. 권 교수님의 갑작스런 전화 한

통!! 졸업 후 바쁘다는 핑계로 교수님을 찾아뵙지도 못하고, 안부도 못 여쭌 무심한 제자인 내게 "김대표, 오늘이 입춘이야. 추운 겨울이 가고 만물이 새롭게 시작되는 기운으로 사업 잘하시게, 좋은 일 있기를 바라네." 교수님은 모르시겠지만, 나는 그 전화를 받고 혼자 눈물을 삼켰다. 그때 내 마음은 추운 겨울이었고, 세상에 나 혼자인 것만 같은 어려운 시절을 건디어 내고 있었다.

사업한다는 제자가 걱정되셨던 것일까?
그 봄의 좋은 기운을 전해주시고 싶은 마음이셨을까?

나는 해마다 입춘이면 그 생각이 떠올라 미소 짓는다. 그때 내게 좋은 봄의 기운을 주셨던 덕분인지 겨울을 지나, 내 사업도 꽃 봉우리를 피우고 있다. 모든 사랑은 내리 사랑이라고 했던가? 무심한 제자인 나는 입춘에 교수님께 안부를 여쭙지 못했다. 돌아오는 입춘에는 좋은 술 한 병 가지고 이제 새로운 제2의 삶을 준비하시는 교수님의 꿈은 무엇이신지도 듣고 덕담도 들으러 가야겠다.

교수님은 아실까?
본인의 질문 하나가 그리고 전화 한 통이 누군가에는 꿈을, 위로를, 힘을 준다는 것을.
나도 내가 있는 이곳에서 그런 사람이 되고 싶다.
감사합니다. 교수님!!

"김대표,
오늘이 입춘이야.
추운 겨울이 가고 만물이
새롭게 시작되는 기운으로
사업 잘하시게,
좋은 일 있기를 바라네"

김학별(한국교원대학교 교육학과 교수)

대학교 4학년 마지막 학기 때의 일이다. 지금 생각하면 진로에 대해서 참 많은 고민을 해야 했을 나이였고, 많이 불안해했을 법한 시기였던 것 같은데, 지금 생각해보면 그때는 철이 없어서 그랬는지, 진로와 관련해서 큰 고민을 하지 않았던 것 같다. 무엇인가 믿는 구석이 있어서였기 때문은 아니었고, 흔히 하는 말로 그냥 아무 생각이 없었던 것 같다. 그렇게 별 생각이 없던 나는 별 생각 없이 문득, '대학원이나 가볼까'하는 생각을 가지게 되었다. 그때는 우리가 흔히 'IMF가 왔던 시절'이라고 말하던, 그러니까 사회가 대학을 졸업하던 내게 무엇인가 할 수 있는 일을 쉽게 허락하지 않았던 때였다. 대학원 진학도 솔직히 학문에 대한 뚜렷한 계획이나 투철한 의지와 별로 상관없이 현실적으로 택할 수 있는 거의 유일한 대안으로 하게 된 것이다. 그러니까 나의 대학원 진학의 결정은 먼저 공부에 대해서 뜻을 품고 대학원 진학을 결정하는 방식이 아니라, 현실 조건 속에서 떠밀리듯이 대학원 진학을 결정하고, 그 다음에 무엇을 공부할까를 결정하였던 것이다.

그렇게 대학원이나 한 번 가봐야겠다는 생각을 하고, 이제 어느 대학원을 가면 좋을까 알아보기 시작했다. 당시 권대봉 선생님께 듣던 산업교육론 수업을 통해서 ISD모형, 요구분석의 기법, 프로그램 평가의 여러 가지 모형 등에 대해서 공부를 하고 있었는데, 그 내용이 철학이나 심리학과 달리 제법 세련되어 보였고, 또 멋있어 보였다. 그래서 그 내용을 좀 더 깊이 공부해봐야겠다 싶어서 교육공학 전공으로 대학원을 가리라 마음먹었는데, 마침 우리 학교에는 교육공학 전공이 없었다. 그래서 나름대로 교육공학 전공이 유명한 대학을 찾아서 그 대학의 교육공학 전공 대학원 특차모집에 지원하려고 준비하였다.

내가 준비해야 할 여러 가지 서류 중에는 교수 추천서가 있었다. 학부 학생들에게 대학 교수님들은 솔직히 친근하게 찾아뵙기가 쉽지 않은 존재들이다. 그렇지만 당시 권대봉 선생님은 그런 교수님들에 대한 인상과 달리 굉장히 소탈하시고 친근하신 분이셨다. 선생님께서 식사를 하시던 식당에 학부 학생들 ― 나를 포함해서 ― 이 들어와서 밥을 먹는 것을 보시고는 나가실 때 말없이 학생들의 밥값까지 함께 계산해주시던 적이 한두 번이 아니었다. 그런 기억들이 내가 추천서를 부탁드릴 수 있는 분으로 선생님을 떠올리게 한 것 같다. 아무튼 선생님의 연구실에 찾아뵈었을 때 마침 선생님께서는 연구실에서 책과 우편물을 정리하시던 중이셨다. 내가 조심스레 내미는 다른 대학의 교육공학 대학원 전공 입학 추천서 양식을 보시고, 선생님께서는 정리하시던 것들을 갑자기 멈추시고 조금의 주저하심도 없이 정색하시며, "여기 가서 뭐 하려고?" 하셨다. 그래서 내가 생각한 바를 말씀드렸는데, 선생님께서는 교육공학을 전공함으로써 배우는 것들과 당신의 수업에서 다루는 것이 다르다는 것을, 그리고 굳이 다른 대학으로 가서 공부할 때 가질 수 있는 장점과 단점들을 이야기해주셨다. 그러시고는 한마디, 내 삶의 가장 결정적인 한마디를 나지막히 그러나 강하게 말씀하셨다.

"난 추천서를 못써주네. 정히 지원하고 싶으면 다른 분께 알아보게."

20여년이 지난 지금에 와서도 아주 생생히 그때의 선생님 말씀과 그 목소리 색깔을 여전히 기억하는 것을 보면, 당시 나는 선생님의 반응에 적지 않게 놀랐던 것 같다. 그때 나는 선생님에 대해서 학생들의 일상을 다정히 챙겨주시고, 유연한 생각들을 들려주셨고, 또 학생들의 노력을 많이 알아주시는 분이시라고 생각했고, 그렇기 때문에 쉽지 않은 추천서 부탁이지만 흔쾌히 들어주실 것으로 생각했었던 것 같다. 그러나 그 날 연구실에서 선생님의 모습은 그때까지 선생님에 대한 나의 지식으로는 설명하기 어려운 모습이었다.

선생님의 그 단호한 거절 덕분에 나는 내가 계획했던 진로에 문제가 있다는 것을 직감할 수 있었고, 교육공학 전공의 대학원 진학을 포기하였다. 솔직히 말하면 준비할 서류가 빠져서 지원 자체를 하지 못한 것이 맞다. 만약 그때 선생님께서 추천서를 써주셨더라면, 그리고 여러 가지 좋은 이야기를 해주시면서 좀 더 생각해보고 잘 결정해보라는 취지의 조언을 주셨더라면, 아마도, 아니 분명히 나의 성격상 본래 계획했던 그 길을 계속 갔을 것이다. 그리고 내 삶은 지금의 모습과 많이 달라졌을 것이다. 어쩌면 지금의 나는 그 날 정해졌는지도 모르겠다.

당시 선생님의 위치와 닮은 위치에서 진로에 대해서 고민을 하러 나의 연구실 문을 두드리는 학생들을 만난다. 학생들을 만나서 그들에게 해주는 나의 조언은 거의 대부분 모호하기 짝이 없다. "이런 길은 이래서 좋고, 저런 길은 저래서 또 괜찮고" 아마도 이런 모습은 친절하면서도 학생의 이야기를 경청하고 또 그 입장을 배려해주는 좋은 교수처럼 보이려는 나의 욕심 때문인 것 같다. 하지만 그런 욕심 때문에 정작 조언을 통해서 학생들이 얼마나 자신의 진로를 결정하는데 도움을 받는지, 그리고 많은 위로와 희망을 받는지에 대해서는 별로 챙기지 못하는 편이다. 진정으로 좋은 스승이 되기보다, 그저 좋은 교수처럼 보이려는 욕심이 먼저인 내게, 당시 선생님의 모습은 교육이란 무엇인지, 스승이란 어떤 존재인지 가늠해볼 수 있는 이정표로 남아있다. '좋은 것이 좋은 것'이라는 나의 편리한 생각들. 그러나 분명하게, '아닌 것은 아닌 것'이다. 선생님은 그것을 내게 전해주셨다.

"
난 추천서를 못써주네
정히 지원하고 싶으면
다른 분께 알아보게
"

김현진(한국원자력연구원 원자력교육센터 선임연구원)

저와 권대봉 교수님과의 일화는 제가 교육학과에 입학한 시절로 거슬러 올라갑니다. 제가 1996년 본교 교육학과에 입학하기 위한 입시면접에서 면접위원이 총 3분이셨는데 그 중 한분이 권대봉 교수님이셨습니다. 당시 권대봉 교수님은 "우열반에 대해서 어떻게 생각하는가?"라고 질문하셨고, 저는 "과목별 학생의 수준차를 고려한 편성은 찬성하지만, 전체 과목 석차를 바탕으로 한 우열반 편성은 반대합니다."라고 대답했던 기억이 납니다. 그리고 1996년 3월 2일 교수-신입생 대면식에서 권대봉 교수님이 책상 맨 앞에 있던 저를 지목하였던 것이 머릿속에 지워지지 않습니다.

"자네가 그때 우열반에 대해서 대답했던 학생인가요?"

그 후 저와 권대봉 교수님과의 인연은 군 제대 후 1999년 1학기 "사회교육론"을 수강하면서 더 깊어지게 되었습니다. 당시 기말 발표 과제로 '평생교육 또는 기업체 교육 기관을 방문하여 실제로 교육이 어떻게 이루어지는지를 발표하라'라는 것이었습니다. 제가 이것이 가장 기억이 남는 이유로는 다른 교수님들의 기말과제가 문헌 등을 참조하여 교육 현상을 분석하는 것이 주류이던 반면에, 권대봉 교수님은 직접 학생이 '발로 뛰고' '현장에서 느낄 수 있는' 과제를 학생에게 부여해 주셨기 때문입니다. 이러한 권대봉 교수님의 강의 스타일이 기억에 많이 남아 그 후에 권대봉 교수님의 강의가 대부분 "영강"임에도 불구하고 1년에 1~2과목을 수강했던 기억이 남습니다. 비록 학점은 B+, B가 대부분이였지만, 너무나 재미가 있어 동생에게도 추천했던 기억이 남습니다.

특히 제가 취업 준비로 고민하던 3학년 2학기에는 몇몇 기업체(예: 롯데, 삼성CS 아카데미)에 아르바이트 경험을 쌓도록 추천을 해 주셨습니다. 비록 당시 제가 다른 아르바이트를 하던 관계로 교수님의 권고를 정중히 사양하였지만, 교수님과의 대화를 통해 한국 기업체의 인적자원개발 부서에서 수행하는 업무에 대해서 개략적으로 이해를 하였던 것은 큰 수확으로 남습니다.

또한, 제가 석사과정에 입학한 이후 2005년 겨울이 다가오는 계절에 있었던 사건이 가장 기억에 남습니다. 당시 저는 학과조교를 하면서 학과 사무실에 놓여있던 서류정리를 하고 있었는데, 교수님의 젊은 시절의 사진을 발견한 것입니다. 당시까지 제가 보아왔던 모든 교수님의 사진은 학과 홈페이지나 또는 2005년 그 언저리에 촬영한 사진이 대부분이였지만, 제가 본 권대봉 교수님의 사진은 30대 중·후반으로 보이는 사진이었습니다. 사진 속에 보이는 권대봉 교수님은 2:8 가르마를 하시고 웃는 모습으로 정면을 응시하는 사진이었는데, 처음 그 사진을 뵈었을 때에는 정말로 '이게 권대봉 교수님이신가?'라는 생각이 들 정도로 지금과는 매우 다른 모습이었습니다. 당시 같이 조교 업무를 하던 교육행정파트의 김택형 조교가 아니었다면 정말로 그 사진을 그냥 지나칠 뻔 했을 것입니다. 아무튼 제가 어떤 연유에서인지는 모르겠지만 그 사진을 고이 보관하지는 못하였던 것이 지금까지 천추의 한(?)으로 남고 있습니다. 만약 그 사진을 지금까지 보관해 두었다면, 지금 이 수필을 작성하는 이 순간에 교수님께 큰 선물로 드릴 수 있었을 텐데 말입니다.

마지막으로 가장 기억에 남는 모습 중 하나로 제가 근무하고 있는 한국원자력연구원에 강의를 오셨던 기억이 남습니다. 당시 미래창조과학부, 산업자원부, 외교부 등과의 협력을 통해 이집트 고위 관료를 대상으로 2014년 교육과정을 운영하였는데, 이때 '교수기법'과 관련된 교수요원 초청인사로 권대봉 교수님을 모신 것이었습니다. 참고로 '교수기법'에 대한 강의는 이집트 정부 측에서 매우 강력하게 요청하였던 것이였고, 당시 권대봉 교수님의 강의평가 결과가 다른 15명과 비교하여 월등하게 앞서셨던 것이 기억에 남습니다. 다른 과목을 강의하신 교수님들의 강의 평가 결과는 5점 만점에 3점대 초·중반이였지만, 권대봉 교수님은 4점대 초·중반으로 나중에 제가 근무하고 있는 교육센터 내에서도 매우 회자가 되었습니다.

이러한 일화 이외에도 학문적으로 많은 도움을 주신 사항은 매우 많아서 이 지면에 모두 다 적을 수 없을 정도입니다. 석사 논문을 작성할 때 개념을 잡아 주신점이나 박사과정 중의 수업에서 날카로운 질문을 수강하는 학생에게 던져 학생들이 언제나 긴장했던 점 등이 또한 기억에 남습니다. 그리고 겨울에는 언제나 버버리 코트를 입으시고, 학교에 출근했던 모습은 아직까지 기억에 남습니다. 버버리 코트와 함께 모자를 쓰시고 걸어서 집에서 출퇴근 하시던 모습은 소박하지만 멋있는 모습으로 저에게 '어떻게 멋있게 늙을 수 있는가?'라는 해답을 주셨습니다. 버버리 코트의 신사! 아니 버버리 코트의 시인과 같은 모습은 계속 학생들이 교수님을 기억하는 하나의 표상일 것입니다.

우연한 만남에서 운명적 만남을 지나 필연적 만남으로

3월이 지나면 나는 프랑스 파리에 있는 유네스코(UNESCO)에서 근무를 하게 된다. 나는 한국 공무원 일 자리는 잠시 휴직하고, 유네스코에서 Africa 국가를 대상으로 BEAR(Better Education for Africa's Rise) 프로젝트의 한국 측 책임자로 일을 하게 된다. 한국 정부의 해외개발원조(ODA)에 의해 진행되는 사업으로, 아프리카 국가들의 직업교육훈련 시스템을 개선하는 게 목적이다. 교육부 평생직업교육국장을 마지막으로 공직생활에서의 직업교육 경력을 마감했다고 생각했으나, 우연하게 기회를 얻어 나와 권 교수님과의 인연의 시작이었던 직업교육으로 다시 되돌아가게 된다.

공직에서의 나의 경력의 약 2/3는 직업교육, 평생교육 등과 관련되어 있다. 정부출연연구소의 연구원으로, 전문대학 교수로, 그리고 외국 정부에서 책상을 빌려 머무를 때에도 모두 직업교육과 평생교육을 제대로 이해하기 위함이었다. 나와 권 교수님과의 인연이 시작된 박사 과정 공부도 바로 이 직업교육과 평생교육이라는 광장에서였다. 직업교육 공부도 우연하게 시작했고, 또 권 교수님과의 만남도 우연이었다. 다만, 내가 공무원인 상태에서 만났고, 공부도 공무원의 시각에서 시작했기에, 대학을 졸업하고 석사, 박사 과정에 들어온 학생과는 우연하게 시작된 그 만남의 경로가 달랐을 따름이다.

되돌아보면, 나의 직업교육 경력은 우연하게 시작되었다. 교육부에서 교육정보화의 최고 전문가로 평가를 받고 있음에도 불구하고, 남들이 아무도 안 간다고 하는 유네스코 방콕사무소에 근무를 자원하고, 직업교육 훈련분야에서 일을 하겠다고 결정한 것도 우연의 산물이었다. 방콕사무소에 근무했었던 선배가 나의 방에서 함께 근무하게 되면서 나에게 방콕으로 가라고 권고를 했기 때문이다. 직업교육분야에서 일하겠다고 결정한 것도 앞으로 교육분야에서 가장 중요하게 될 분야가 직업교육이라고 막연히 생각했기 때문이지, 나의 미래를 직업교육훈련분야로 경력관리를 하겠다는 큰 생각이 있어서 그런 것도 아니다.

그러다 보니 직업교육을 좀 더 공부하고 싶어 교육부를 휴직하고 한국직업능력개발원에서 연구원으로 일을 하기로 생각하게 되었고, 그곳에서 권 교수님과의 만남이 시작될 수 있었다. 권 교수님과의 만남의 시작은 이처럼 우연하게 시작된 직업교육 공부에서 비롯된 것이다. 어쨌든 연구원으로 생활하면서 다른 연구자들에의 추천을 받아 권 교수님을 알게 되었고, 그 이후에 전문가 협의회 때 몇 차례 모시고 조언을 들은 바 있었다. 고려대를 졸업한 나에게 고려대 교수이신 권 교수님도 모르냐는 힐난도 있었지만 연구를 수행하는 과정에서 우연하게 권 교수님을 알게 된 것이다.

한국직업능력개발원에서의 2년간의 고용휴직을 마치고 교육부에 복귀한 나는 인적자원개발 정책을 담당하게 되었고, 또 우연하게 권 교수님을 만날 수 있었다. 권 교수님께서 정부평가위원으로 제 과제를 평가하시게 되었기 때문이다. 우연이 또 다른 우연으로 이어지는 시점이다. 그때부터 박사과정 입학에 대한 논의를 시작했고, 권 교수님께서 나에게 박사과정을 공부할 수 있는 기회를 주셨다. 권 교수님 역시 직장생활하다고 공부를 시작하셨다는 말씀으로 저의 공부를 격려해주셨고, 우연에서 시작된 나와 권 교수님과의 만남은 사제지간이라는 운명을 맺는 관계로 변화되었다.

학위를 받고 난 이후 난 외국에서 교육훈련을 받을 수 있는 기회를 얻었고, 한국직업능력개발원에서 연구할 때 가장 멋지다고 생각한 호주의 시스템을 공부하기로 결정했다. 권 교수님이 도와주실 수 있다고 기대하고 호주를 선택한 것이 아니다. 단지 호주 시스템이 좋았고, 공부하고 싶었기 때문이었다. 그러나 결국 호주를 가게된 것은 권 교수님의 도움 때문이었다. 권 교수님이 가르쳐 준 호주 브리즈번 Griffith 대학의 권오율 교수님을 통해 나는 호주 퀸즐랜드 주 정부의 교육훈련부에서 자리를 잡을 수 있었기 때문이었다. 2년 동안 정말 열심히 호주의 초중등교육과 직업교육훈련을 공부했고, 나는 대한민국에서 최고의 호주교육 전문가로 성장했다.

한국에 돌아온 이후 나와 권 교수님은 수시로 통화했고, 교육분야 전반에 걸쳐 자주 대화를 나눴다. 사제지간이라는 운명을 넘어 이제는 수시로 소통을 하는 필연적 만남의 관계로 변화되는 시점이다. 권 교수님께서 나에게 의견을 묻고 나는 또 권 교수님의 짤막하지만 매우 의미가 넘치는 글을 읽으면서 깨달음을 얻었다. 권 교수님의 글은 나에게 세상을 이해하는 혜안이 되었다. 나는 권 교수님의 글에서 산봉우리에 올라 발아래 놓인 수많은 봉우리들을 모두 내려다보는 사람만이 가질 수 있는 종합적 판단과 통찰력을 확인하게 되었다. 권 교수님 글 앞에서는 허깨비들의 허튼 소리도, 도깨비들의 못된 장난 짓거리도 모두 부질없는 게 될 따름이었다. 권 교수님 역시 정책에 관련된 고민의 순간에는 나의 생각을 필요로 했다.

이처럼 권 교수님과 나의 만남은 우연으로 시작되어 사제지간이라는 운명적 관계를 넘어 생각을 함께 나누는 필연적 만남의 관계로 성숙되었다. 그렇다. 교수와 제자의 만남은 대부분 나처럼 우연에서 시작되어 사제지간이라는 운명을 넘어 같은 분야에서 함께 공부하는 학자로서 서로에게 배움의 기회를 주는 필연적 만남의 관계로 성숙되어 갈 것이다.

직장 생활하면서 공부에 흥미를 느끼고 공부를 공부한다는 것, 학문한다는 것은 마라톤처럼 힘들고 어려운 일이다. 여러 차례 포기하고 싶은 마음이 생겨나고 주저앉고 싶기도 하다. 그럴 때마다 나는 권 교수님을 떠올렸다. 나에게 어렵게 학위과정의 기회를 주신 권 교수님의 마음을 생각했다. 앞으로도 그럴 것이다. 그 결과 나도 어느 덧 산봉우리 가까이 오른 것 같다. 조만간 오르게 될 봉우리에 오르게 될 것이다. 하지만 더 높은 봉우리가 나타날 것이며, 나는 또 다시 힘을 내서 그 봉우리로 올라갈 것이다. 다가 올 모든 어려움을 이겨낼 것이다. 이러한 과정을 거쳐 나는 고위공무원보다는 학자이며 연구자라는 소리를 듣고 싶다. 나도 직업교육과 평생교육분야에서 권 교수님처럼 봉우리에 올라 세상을 통찰할 수 있는 지혜를 갖고 싶다. 허깨비처럼 허튼 소리를 하지 않고, 도깨비처럼 못된 장난질을 하는 사람이 아니라 통찰과 혜안으로 지혜를 보여줄 수 있는 사람으로 세상에 대해 나의 목소리로 이야기할 수 있는 그런 사람으로 성장하고 싶다. 그 길을 가는 데에 권 교수님께서 나침반처럼 존재하실 것이며, Guru처럼 나의 길을 안내하실 것이다. 그리고 미래의 그 어느 순간, 권 교수님께서 나에게 이제는 하산해도 되고, 더 큰 봉우리에 오를 때가 되었다는 말씀을 해주실 것이다. 교수님의 그런 말씀을 언젠가는 듣고 싶다. 그게 공부하는 제자, 학문하는 제자의 도리일 것이며, 나도 그런 제자가 되고 싶다.

가설과 연구문제의 차이점

김희동(군산간호대학교 교양교직부 교수)

권대봉 선생님과의 인연은 1999년도에 한솔교육에서 인사교육 업무를 담당하면서 시작되었습니다. 그때 저는 신입사원 초보딱지를 막 제거한 새내기였습니다. 제가 재직하고 있던 회사의 Top Management에서는 인사교육시스템에 대한 체계에 대한 요구사항이 있어 잘 알지도 못하는 저와 저의 대리님이 끙끙거리며 분야 전문가에 대한 정보 수집을 하였고 여기저기 수소문하여 권대봉 교수님과 컨택이 되어 인사교육체계수립에 참여해 주신 것을 기억하고 있습니다.

선생님의 첫 이미지는 차가워보였고 카리스마가 있으신 걸로 기억하고 있습니다. 그때 당시 우리 팀은 해결과제를 수행하느라 매우 난감하였는데 그때마다 혜안으로 문제의 터널을 나오게 해주셨습니다. 그 이후 막연하지만 기업 교육인사담당자로써 선생님 수업을 듣고 싶다는 소망을 마음에 둔 채 9년이 흘렀습니다.

2008년도에는 10년 넘게 회사의 인사교육담당자를 하면서 경력관리에 대한 고민과 직장 내 교육가치에 대한 고민을 하였습니다. 그 당시 교육대학원은 일종의 갈등을 해결해보자 하는 마음에 진학을 결심하게 되었습니다. 그리고 권대봉 교수님의 연구실로 전화를 했던 기억이 납니다. 고민은 HRD를 공부하는 것이 적절할 지, 내가 생각하는 교육의 가치를 추구하기 위하여 평생교육을 전공하는 것이 더 적합할지가 고민이 되었습니다.

선생님께서는 친절한 목소리로 기업교육의 특징, 평생교육의 특징과 미래 전망 등 그때 제가 생각하지 못한 많은 판단의 근거를 주셨습니다. 약 20분 동안 통화가 지속되었고 이 전화상담은 제가 평생교육을 전공하기로 한 결정적인 시간이었습니다. 그때 왜 내가 평생교육을 전공해야 하는지, 왜 석·박사 공부를 해야 하는지 가치관 정립이 어느 정도 확고해졌던 계기의 순간이었습니다.

석사과정에 입학하고 나서는 선생님께서는 직업능력개발원장으로 가셨습니다. 안타깝게도 선생님의 수업을 듣지 못했지만 성인교육방법론을 읽으면서 아쉬움을 달랬으며, 종종 교육부 남부호과장님과 직업능력개발원 근처에서 식사를 하면서 담소를 나눴던 기억이 있습니다.

박사과정 시작됨과 동시에 저에게는 암 진단이라는 큰 시련이 다가왔습니다. 그 과정 속에 좌절도 많이 경험하고 치료 후유증으로 인한 여러 가지 심각한 신체적, 정신적 문제가 저를 압박하였습니다. 남편과 가족들은 박사과정을 더 이상 지속하지 않았으면 좋겠다는 설득을 하였지만 나름대로 최선을 다하고 싶은 결심이 서게 되었고, 그 과정 속에 권대봉 교수님께서는 심리적 육체적으로 힘든 인간에 대한 배려와 정신적 위로를 많이 해주셨습니다. 예를 들어 구체적으로 하루에 1시간씩 운동하기, 식습관 등을 본인의 박사과정 시 경험하셨던 당신만의 자기관리법을 알려주시면서 격려를 해주시고 저도 그에 따라서 실천하였더니 육체적 극복 및 정신적 스트레스 관리가 되었습니다. 또 박사과정 중 좋았던 점은 선생님께서 선호하시는 식사의 종류와 제가 환자로써 먹어야 하는 식사의 종류가 거의 일치하여 대학원 모임의 식사자리가 즐거웠습니다(예를 들어 산나물, 채식, 오리고기 등).

박사과정 중 또 다른 기억으로는 김종윤 박사 결혼식 때, 선생님께 종윤샘 아버지 역할을 해주시기를 부탁드렸습니다. 선생님께서는 흔쾌히 딸처럼 김종윤 박사를 배려해주시고 인사해주셨습니다. 선생님의 배려는 주변을 아름답게 만들어 주셨습니다. 선생님의 온화하고 따뜻한 마음을 중심으로 타인에게 배려하는 모습을 보면서 저의 10년 후의 교수의 모습을 그리게 되었습니다.

박사과정 심사 시 연구 문제를 바탕으로 연구결과를 설정하는 과정에서 가설 중심으로 연구결과를 제시하는 과정으로 변경되었을 때 연구실에서 본인의 박사 논문을 보여주시고 가설 중심의 연구결과를 어떻게 제시해야 하는 것인지를 직접 설명해주시면서 공부하라고 본인의 박사논문을 주셨습니다. 아직까지 제가 고의로 반납 안하고 제 연구실 책장에 소중히 간직하고 있습니다.

선생님의 모든 모습을 배우고 다 실천하기에는 아직 미진합니다. 그러나 선생님께서 학생들을 배려하였던 따뜻한 마음, 스타일, 교수방법 등은 평생 기억하고 실천하려고 노력할 것입니다.

"선생님! 사랑합니다."

상수라는
Some을 타다

남기운(서비스에이스 매니저)

파아란 하늘이 유난히도 높고 푸르던 가을의 어느 날, 을왕리에 다녀왔다. 집에서 그리 멀지 않기에 가끔 탁 트인 바다를 보고 싶거나, 아무 생각 없이 바닷바람을 쐬며 생각에 잠기고 싶을 때 혼자서 가끔 들르던 곳이라 편안한 설렘을 가슴에 안고 바닷가에 발을 내딛었다.

아침에 봤던 서해바다의 맑고 고요한 물결들은 중천에 뜬 정오의 태양을 경계로 육지에서 바다로 조금씩 빠져나가기 시작했다. 서서히 드러나는 갯벌과 아직 미처 빠져나가지 못한 물줄기들이 조화를 이루는 경계의 그 순간에 사람들은 하나둘씩 하얀 모래사장에서 탄탄한 갯벌로 발걸음을 옮기며 가을 갯벌의 정취를 만끽하기 시작했다. 불과 몇 시간 전만 하더라도 바다의 일부였던 그 바닥이 순식간에 해변으로 변해가기 시작하자 아이들이 먼저 신발을 벗고 진흙 속에 뛰어들었다. 물고기와 게를 잡고, 조개를 주워가는 그들의 손길과 더불어 아이들의 얼굴에는 어느새 환한 미소가 가득해져갔다. 이윽고 그들은 바다 친구들을 손에 쥐고 멀찌감치 떨어져 지켜보던 엄마 아빠에게 자랑하며 달려간다. 저 멀리 보이는 다른 아이는 갯벌이 신기한지 바닥만 바라보며 아장아장 걸어가다가 자신과 멀리 떨어진 엄마의 모습을 보고는 '으앙'하고 크게 울면서 앞서나간 엄마를 향해 뒤뚱뒤뚱 뛰어간다.

이렇게나 넓은 바닷가에서 아이들이 편안한 마음으로 놀이터삼아 생명체들을 손에 쥐어보며 즐거워하고, 이제는 조금 차가워진 바닷물에 발도 담그며, 진흙탕 속을 첨벙거리며 뛰어다니면서 자연 속에서 살아있음을 더욱 편안하게 느껴볼 수 있는 행동들은 뒤에서 든든하게 지켜보고 계신 부모님에 대한 믿음이자 내 발걸음이 닿는 곳에 계신 부모님의 존재라는 확신이 있기에 가능한 것일 것이다. '존재'라는 의미가 그리도 강렬하고 소중한 이유라는 생각이 들었다.

지난 3년여의 시간동안 'HRD'라는 광활한 해변에서 '권대봉 교수님'이라는 학문의 아버지가 내 등 뒤에서 지켜봐주고 계셨기에 바닷물에서, 갯벌에서 마음껏 뛰놀 수 있었고 그 과정에서 '논문'과 '졸업장'이라는 수확물을 소중하게 가슴에 품고 웃으며 다시 돌아올 수 있던 것이 아닐까 생각한다. 처음 본 물고기가 신기해서 "아빠 이건 뭐에요?"라고 여쭤봤을 때 "망둑어구나, 이렇게 잡으면 된단다."라고 직접 잡아주기도 하시고, 비어있는 줄 알았던 소라 껍데기가 움직이는 것을 보며 "이건 비어있는 껍데기가 왜 움직여요?"라고 여쭀을 때는 "직접 한 번 잡아보렴. 왜 움직이는지 한 번 살펴봐."라고 생각하고 느끼게도 하시는 아버지처럼 HRD라는 넓은 해변에서 우리가 궁금한 점에 대해서도 해답을 주실 뿐 아니라 고찰할 수 있는 기회를 주신 분이 교수님이다. 논문에 대한 걱정을 시작하게 되는 4학기 무렵에 교수님 연구실을 찾아뵈었다. 바쁘신 중에도 반가이 맞아주시고 심지어 맛있는 떡을 함께 먹자고 나눠주셨기에 무거웠던 마음이 부드러운 떡의 촉감처럼 조금은 누그러질 수 있었다.

"교수님 논문 주제는 어떻게 해야 할까요?"
"자네가 원하는 것을 쓰게나, 너무 어렵게 고민할 필요도 없고,
마음속에 있는 것을 이끌어 내면 된다네.
쉽지는 않겠지만 선배들 논문을 보면 조금은 감을 잡을 수 있을게야."

교수님이 주신 수많았던 논문의 제목을 하나씩 살펴보며 '아, 이렇게 주제를 잡으면 되는 구나'라는 생각을 하게 해주셨고, 몇 권 빌려가도 될지 조심스레 여쭀자 "그래, 필요하다면 언제든 와서 빌려가게나, 그리고

제41회 한마음워크숍 3부 캠프파이어

궁금한 것이 생기면 언제든 이야기 하게."라고 해주시며 논문에 대한 막연한 부담감을 덜어내 주셨다. 이렇게 든든한 '존재'로서 우리 곁에 계셨기에 나는 광활한 HRD라는 해변에서 즐거이 뛰놀며 아름답고 의미 있는 추억을 쌓을 수 있었다 생각한다.

이런 생각이 정리될 즈음 을왕리 바다의 수평선 너머로 붉은 저녁노을이 고개를 내밀기 시작했고, 푸른빛과 불그스름한 경계를 표현해준 수평선 끝에 멀지 않게 맞닿아있는 무의도가 머릿속에 떠올랐다. 을왕리 바다의 가을 정취와 맞물려 지난해 늦은 겨울, 무의도에서 지새운 아름다운 밤의 기억이 스쳐 지나갔다. 39기 섬김이 기수로서 한마음 워크숍을 준비하고 운영했던 그 밤, 숨 가쁘게 1, 2부 행사를 마치고 3부 행사를 위해 바닷가 모래사장에 모여 캠프파이어를 진행했다. 바람이 유독 강하게 부는 추운 겨울밤이었지만, 모닥불과 함께 도란도란 둘러 서있는 사람들의 즐거운 분위기속에 조금은 추위가 가셨다. 그 중에 현 교우회장님의 통기타 연주에 맞춰 함께 사람들 모두 겨울밤의 정취가 어우러진 노래를 부르며 한마음 워크숍의 뜻깊은 밤을 기념했다. (오랜 시간 교수님과 함께한 선배님의 이야기에 따르면 이렇게 함께 노래하시던 모습을 처음 보여주셨다고 했다.) 교수님께서는 모닥불의 정취를 바라보고, 함께 노래를 부르시며 '지성'뿐만 아니라 '감성'이 겸비된 '로맨티스트'의 모습을 보여주셨으며 그러한 낭만적인 시간은 모닥불이 꺼지기 전까지 교수님과 함께 오래오래 이어졌다.

교수님은 그러한 낭만적인 모습들을 일상에서도 종종 드러내시곤 했다. HR포럼 종료 후 만찬 자리에서 역사 깊은 이야기를 해주시고, 모두가 잠시 이야기를 되새기는 동안 옆자리에 앉은 내게 갑작스럽게 질문을 하셨다. "자네 결혼 아직 안했었지?"라고 하시기에 그렇다고 이야기 드렸다. 그랬더니 건너편에 앉았던 다른 여성 학우에게 "자네도 아직 결혼 안했지?"라고 하시기에 어떤 것 때문에 그러시냐고 여쭤보자, 교수님께서 "둘이 선남선녀 같은데 다리를 놔주려 했지."라고 하셨다. 순간 분위기는 화기애애해졌고 포럼 이후의 만찬은 더욱 정감 있게 이어질 수 있었다. 또한, 가끔씩 교수님께 안부를 여쭙는 전화나 문자 메시지를 드리면, 반갑게 받아주시며 "고맙네."라며 따뜻한 코멘트를 건네주시는 그 마음이 늘 가슴 한편을 훈훈하게 채워주시곤 했다. 이렇게, 가족적인 따뜻한 분위기를 이어주시는 교수님의 낭만적인 모습이 있기에 우리 교우회의 행사는 지적이면서도 감성적인 모습이 공존 할 수 있는 것은 아닐까.

'평생교육방법론' 강의 시간에 학문적인 이야기를 하실 때에는 방법론적인 것들도 알려주시지만 근본적인 부분을 스스로 깊이 있게 고민하게 함으로써 가슴 깊숙이 새겨지는 메시지를 주시던 모습들도 잊혀 지지 않는다. 사전에 교재의 1개 챕터씩 읽고 요약해온 후에, 서로 이야기하며 나누는 시간을 통해 '나'와 '너'의 다른 이야기들을 공유하고 토론할 수 있는 시간을 주셨고, 관련한 이야기들을 TED 영상을 통해 심도 있게 생각할 수 있도록 이끄셨다. 이러한 것들을 팀 과제를 통해 연결해 나갈 수 있게 해주셨고, 기말고사에서는 이러한 것들은 종합적으로 포장할 수 있는 시간들을 만들어 주심으로 우리의 이야기가 '스스로' 시작해서 '스스로' 끝낼 수 있는 환경을 제공해 주셨다. 마치 고고한 선비가 오랜 시간 벼루에 먹을 갈고, 한껏 짙어진 먹물을 머금은 붓을 통해 자유롭게 글씨를 써 나가고 그림을 그려 나가듯이, 자유롭지만 깊이 있는 인고의 시간을 갖도록 해주셨고 우리 스스로 낙관까지 찍을 수 있게 여백의 미까지 느끼게 해주신 배움의 시간이었다고 생각한다.

교육자로서, 학자로서 대나무처럼 곧고 강직한 모습에 대한 교수님의 모습도 생생하게 마음속에 남아있다. (정확한 자리와 어떤 내용인지는 자세히 생각나지 않지만) 국가 차원의 교육에 대한 대소사를 논하는 권력자들과 함께한 자리에 배석되어 의견을 제시해야 하는, 권력 순위에 따라 눈치를 볼 수밖에 없는 무거운 분위기에서도 당당하게 옳은 것에 대한 찬성과, 옳지 못한 부분에 대한 신념을 당당하게 말씀하셨던 일화는 '강직함'이라고 하는 기업 교육인의 참 모습을 몸소 실천하고 전수해 주시고자 한 것이 아닐까.

든든한 아버지와 같은 존재로서 지성과 감성, 그리고 강직함까지 학문의 현장에서, 일상에서 몸소 알려주신 교수님의 이야기들 중, 2017년 하반기 한마음 워크숍에서의 축사는 이러한 이야기들을 모두 담고 있던 '정수(精髓)'로 내게 다가왔는데 '상수(上手)'와 '하수(下手)'라는 글자에 대한 숨겨진 뜻풀이였다. 글자를 하나씩 나눠서 살펴봤을 때, 사람 밑에서 받들면 상수(上手)가 되어 더욱 올라가게 되고 사람 위에서 군림하면 하수(下手)가 되어 아래로 추락할 수 있다는 암시가 담겨있다는 것이다. 이러한 이야기 속에서 사람 위에 군림하는 '하수(下手)'가 아니라 지성과 감성, 강직함을 겸비함으로써 사람을 받드는 마음을 되새겨서 '상수(上手)'로서, 깊이 있는 향을 지닌 HRD人으로서 현장에서 몸소 실천해야겠다고 스스로 다짐했다. 그것이 '기업교육의 선구자'인 교수님의 의지를 계승하고 실천해 나가는 길이리라 생각한다.

"사람 밑에서 받들면
상수上手가 되어
더욱 올라가게 되고
사람 위에서 군림하면
하수下手가 되어
아래로 추락할 수 있다"

세 가지
키워드로 본
인연

노경란(성신여자대학교 교육학과 교수)

'권대봉 선생님'을 생각하면 떠오르는 키워드로 권대봉 선생님과의 만남에서부터 지금까지의 인연을 말씀드리고자 합니다.

#1. 신선한 충격입니다. 제가 권대봉 선생님의 존함을 처음 듣고 뵙게 된 것은 1992년, 학부수업에서였습니다. 당시 학부 2년생이었던 저에게 있어 교수는 마냥 어려운 존재였습니다. 특정 교수님의 성격 때문이 아니라 교수라는 직업이 주는 경외, 위압감이 거리감을 만들었습니다. 또한 제가 좋은 학습자가 아닌 탓이 크겠지만 대학에서 수강하는 강의란 당연히 긴장감과 지루함이 공존하는 시간으로 견디어야 하는 대상이었습니다. 그런데 어느 날 노란색 셔츠를 입으신 분이 강의를 시작하셨고, 그 분이 바로 권대봉 선생님이셨습니다. 지금이야 편하게 입고 강단에 서시는 교수님들이 많지만 당시에 정장이 아닌 노란색 셔츠는 정말 신선한 충격이었고, 교수법, 학생과의 관계형성, 교육내용 등 모든 면에서 기존과 다른 『권's Style』을 알리는 서막이었습니다. 기존의 강의에서와 같이 교수님의 강의 내용을 수동적으로 듣고 이해하고 노트필기 하는 것이 아니라, 생각하고 토론하고 나의 생각을 전달하기 위한 전략을 구상해본 수업으로서 지금까지도 그 과목이 저에게는 대학에서 수강한 가장 대학 강의다운 강의였다고 생각됩니다.

#2. 열린 생각입니다. 권 선생님과의 인연이 본격적으로 이어진 것은 제가 박사과정에 진학하면서부터 였습니다. 저는 석사과정을 고대 대학원에서 이수하지 않았고 석사학위 취득 후 4년 동안 현장 경험을 쌓기 위하여 컨설팅회사에서 근무했었기 때문에 학부 졸업 후 7년이 지난 시점에 박사과정에 들어왔습니다. 7년의 세월이란 상당하여 모교임에도 불구하고 시설도 낯설고 시스템도 낯설고 정말 모든 것이 낯설었습니다. 무엇보다도 낯설었던 것은 사람이었습니다. 모교였기 때문에 7년이라는 세월이 흘렀지만 아는 선·후배, 동기가 많을 것이라고 저도 모르게 기대했었는데 그 기대는 여지없이 깨졌습니다. 이는 권 선생님의 사람들 대하는 방식과 철학이 반영된 결과라고 생각합니다. 제가 기억하는 한 우리 전공만큼 다양한 전공, 직업, 연령특성을 가진 사람들이 모인 세부전공은 없었습니다. 누구나 고정관념과 편견은 잘못된 것이라는 것은 알지만 인간이기 때문에 고정관념과 편견에서 자유롭지 못한 것이 현실입니다. 학벌, 성적, 직업, 연령 등이 만들어낸 고정관념이 아니라 사람을 보고자 노력하고, 겉으로 보이는 모습이 아니라 내면의 모습, 잠재되어 있는 능력을 찾고자 노력하는 것이 얼마나 소중한 가치인가를 일상생활에서 알려주셨습니다.

#3. 따뜻한 마음입니다. 학생을 가르치고 지도하는 직무를 수행해야 하는 교수에게 있어 학습자에게 따뜻한 마음으로 다가가는 것은 매우 중요한 태도 특성이라고 여겨집니다. 그러나 업무수행과정에서의 독립성, 고도의 전문성, 이에 기초한 특정 분야에서의 우월성, 조직에 속해 있으나 타인의 눈치를 보지 않아도 되는 자율성 등과 같은 교수라는 직업의 특수성으로 인하여 따뜻하게 지지해 주는 교수보다 권위적인 교수가 드물지 않습니다. 사람이란 장점이 있으면 단점도 있고 강점이 있으면 약점도 있음을 이해하시고 단점보다는 장점을, 약점보다는 강점을 찾고자 하시는 평소 선생님의 따뜻한 마음이 책을 통해 배운 그 어떤 지식보다 소중한 가르침으로 남아있습니다.

민정일(고려대 평생교육전공 2017년 졸업생)

분명히 나는 이 수필집을 채우고 있는 다른 이들처럼 이 노교수님과 오래되었거나 혹은 아주 특별한 인연은 아닐 것이다. 그러나 비록 교수님을 오랜 세월 알지 못하였지만 어떤 이는 짧은 기간에도 타인의 삶 속에 '반짝이는' 존재가 되기도 하는 법이다. 때문에 여러 경전들에서도 '성인은 백대(百代)의 스승', '현자가 많음은 세상의 구원', '존경할만한 사람을 존경하는 것은 행복'이라고 말하는 것 아니겠는가? 실제로 나처럼 교수님과 짧은 몇 학기 동안만의 인연이 전부임에도 교수님을 존경하고 사랑하는 제자들이 실로 무수히 많다. "저까짓 게 무어라고 아까운 지면을 할애하나요."라고 말하는 교수님의 비교적 최근의 제자들 모두를 대신하여 이 짧은 글을 감히 기재해본다.

교수님을 만나기 전의 나에 대해 잠시 소개하자면 학부는 교육학을 전공하였지만 캐나다에서 10여년 살다 귀국한 스피치 강사로 딱히 학구적인 교육학도 현장에서 활동하는 교육전문가라도 아닌 어정쩡한 작자였다. 또한 남들 앞에서 말을 잘하고 싶어 말하는 법을 배우러 갔다가 어떻게 하다 보니 그것에 대해 가르치는 직업을 갖게 되었지만 스스로가 무엇을 배우려 하는지도 또 무엇을 가르치고 싶은지도 모른다는 사실에 곧잘 회의감에 빠져들곤 하였다. 그 무렵 무작정 들어간 고려대학교 교육대학원에서 평생교육전공 신입생으로서 권 교수님을 처음 만나 뵙게 되었다.

"교육이 뭐야? 중용(中庸)에서는 하늘이 명한 것이 성(性)이고,
성을 따르는 것이 도(道)이고, 도를 매듭짓는 것을 가르침(敎)이라고 해.
그럼 이곳에 있는 여러분들은 뭐야?
그렇지! 바로 도를 닦는 사람들이야."

대학원 입학을 환영하는 자리에서 교수님은 특유의 사람 좋은 미소를 지으며 말씀하셨다. 어찌나 명쾌한 답변이던지 그 순간 나는 내 인생이 처음으로 무의미하지 않다는 생각을 하였다. 나는 아직 내 천명을 찾아 헤매는 만학도(晚學徒)였지만 큰 틀에서 보면 그 방향을 잘못 잡고 있지는 않은 것이다. 남들보다 늦을지언정 곤란을 겪고 나서도 배우려 하지 않는 곤이불학(困而不學)의 우(愚)를 범하지 마라는 교수님의 충고 또한 내 마음 깊숙하게 보물처럼 자리 잡았다.

먼저 분명한 사실은 교수님 본인이 워낙 탈권위적이고 소탈하신 데다 누구에게나 수십년을 알고지낸 학창시절 은사처럼 친근하게 다가가서서 간과하기 쉽지만 강연 자체만으로도 그는 정말 뛰어난 이야기꾼이라는 것이다. 본래 스피치 쪽에 종사했던 이로서 강단에 서셨을 때의 교수님의 화법은 큰 공부가 되었다. 논란의 여지없이 옳은 소리는 언제나 지루한 법이다. 그럼에도 지극히 옳은 소리만 하시는 교수님의 강연을 경청하게 되는 근저에는 그 동·서양을 막론한 박학다식한 개념적 지식뿐만 아니라 주제마다 꼭 풀어내시는 전 연령대를 아우를 수 있는 경험담이 있다. 단순한 지식 전달을 넘어 지성과 인성을 밝히고 삶의 지혜와 교훈을 제시한다는 것은 상아탑 속에서만 갇혀 지내는 엘리트 출신의 학자나 현장에서 한 우물만 파는 전문가들에겐 불가능한 영역이다. 중동지역에서의 경험과 같은 스스로가 낮은 위치에서 체험과 성찰을 토대로 만든 이야기에는 청중을 사로잡기 충분한 매력이 있다.

그러나 사람이 스스로의 삶에서 직접 보여주는 본보기만큼 덕이 되는

것은 없을 것이다. 교수님은 본인이 줄곧 강조하시는 덕으로 기뻐하는 사람이 가지는 복, 즉 유호덕(攸好德)을 지닌 분이었다. 실제로 평생교육학을 전공하면서 새 학기마다, 크고 작은 행사마다, 그리고 논문발표 등 학교생활에 있어 중요하다고 생각되는 매 순간들마다 삶의 올바른 나침반이 되어주었던 이분의 말씀이 없었던 적이 없었고, 또 도움을 요청할 때마다 혹은 그러기도 전에 먼저 손을 내밀어 주시는 분이셨다. 가령 해외 출장 중에 한 학생의 메일을 받으시고 곧바로 답메일을 보내신 것도 모자라 혹여 제자가 메일을 못 봤을까 잘 터지지도 않는 인터넷전화를 걸어 주신다든가 외국대학원에 진학하려는 학생의 급한 마음을 읽으시고 새벽시간에 몸소 학교 홈페이지를 뒤져 정보를 찾아 주시는 일화 등은 이분의 성품을 잘 드러내준다.

마지막으로 교수님의 행복론을 인용해본다. "행복은 누가 주는 것이 아니고 스스로 노력하여 느껴야 하는 것이다. 학생이 스스로의 존재가치를 인정받고 발휘해야 행복을 느낄 수 있다. 학생이 존재가치를 발휘할 수 있도록 교사가 행복교육 역량을 개발해야 한다. 교사가 교사로서 존재가치를 발휘한다면, 교사가 행복해지는 것은 물론 그로부터 교육을 받는 학생들도 행복해질 수 있다." 교수로서 정년은 마치고 새로운 시작을 앞두신 교수님을 축복하며, 교수님께 행복하라는 덕담은 드릴 필요가 없을 것 같다. 교수님 덕택에 이렇듯 많은 제자들이 행복해하니 어찌 그 스승이 행복하지 않을 수가 있겠는가?

"행복은 누가 주는 것이 아니고
스스로 노력하여 느껴야 하는 것이다.
학생이 스스로의 존재가치를
인정받고 발휘해야 행복을 느낄 수 있다.
학생이 존재가치를 발휘할 수 있도록
교사가 행복교육 역량을 개발해야 한다.
교사가 교사로서 존재가치를 발휘한다면,
교사가 행복해지는 것은 물론
그로부터 교육을 받는 학생들도
행복해질 수 있다."

북극성을 향해 걷다

박경화(휴먼밸류 대표)

"오늘 축사는 짧게 한마디로 마무리하겠습니다.
제가 선창 하면 모두 따라해 주세요."
(모두가 어리둥절 하는 사이)
"빠"
(신기해 하며)
"빠아아~~"
"빠지지 말고"
"삐"
(재밌어 하며)
"삐이이~~"
"삐지지 말고"
"용"
(모두 합창하듯)
"요오용~~"
"용서하며 살자"
"우와~~~~~~~"

말로만 듣던 우리나라 HRD의 대가 권대봉 교수님을 역사와 전통의 고려대학교 기업교육 축제, 한마음 워크숍에서 이렇게 처음 뵈었다.

'축사가 있으시겠습니다.' 하면 의례 뻔한 축사 멘트, 그리고 짐작이 가는 소요 시간. 이 모든 것을 무참히 깨시는 모습에서 그동안 뵈었던 분들과는 차원이 다름을 직감할 수 있었다. 아니나 다를까 지금까지 난 재학생, 기수 대표, 졸업생, 현재 교우회 부회장까지 다양한 모습으로 교수님을 뵈면서 단 한 번도 내 예상대로 흘러간 적이 없었다. 우리가 흔히 갖게 되는

'학자'시라면...

'교수님'이시라면...

그리고 '기업교육'이라면...

이런 고정관념들을 하나씩 깨트리는 모습에서 존경심을 넘어 숙연함까지 갖게 되었다. 내가 그동안 얼마나 속세에 찌들었는지, 얼마나 세상을 타인의 시선으로 살았는지 교수님의 모습에서 내 모습을 반추해 볼 수 있었다.

가장 최근 일부터보면, 내 이름을 세상에 알린 첫 책이 출간되고 감사하게도 2017년 한마음 워크숍에서 저자 강연을 하게 되었다. 보통 논문 발표를 한 뒤 본 행사가 시작되는 기존 형식을 탈피, 첫 시간을 강연으로 시작한다고 해서 1시간 가량 일찍 본 행사가 시작되었다. 자신감 넘치는 나였지만 기라성 같은 선후배님들을 모시는 자리에서 강연은 참으로 부담스러웠다. 하지만 책이 출판되고 곧 저자 강연도 해야 했기에 가족들에게 먼저 첫 선을 보이는 것도 좋다며 스스로를 다독였다. 준비하며 섬기미 기장에게 조심스레 물어보았다.

"저, 교수님은 제 강연 시간에 안 오시겠지요?" 부담스러워하는 나의 의도를 눈치라도 챘는지 밝은 목소리로 "네. 평상시 보다 일찍 시작하기도 하고, 권대봉 교수님께서 7시 정도 오신다고 들었습니다." 정말 다행이었다.

부담스러운 자리는 왜 이리 금세 다가오는지, 그렇게 생애 첫 저자 강연을 사랑하고 존경하지만 부담스럽기도 한 고대 한솥밥 식구들 앞에서 하게 되었다. 부담만 한가득 안고, 행사장인 연수원에 도착했는데 이게 웬일인가! 권대봉 교수님께서 이른 시간에 행사 장소에 미리 와 계시는 것이 아닌가. 당혹스러워 어쩔 줄 모르는 나의 얼굴과는 대비되는 밝은 얼굴로 한마디 건네신다.

"자네가 저자 강연을 한다는데 들어야지."
'아, 갑자기 머리가 하얘지면서
여긴 어디... 나는 누구.... 이제 어찌해야 하나?'

이윽고 강의 시작을 알렸고, 난 무대에 올랐다. 정신을 차려보니, 강의는 막바지를 향해 가고 있었다. 그렇게 하얀 상태로 무엇을 강연했는지 기억도 나지 않는 그 시간이 끝이 났다.

저녁식사 시간, 다시 만나게 된 권대봉 교수님은 나에게 한마디를 건네셨다.

"자네가 자랑스럽네."

생각이나 했을까? 대한민국의 HRD 대가로부터 듣는 칭찬. 순간 울컥하며 벅찬 감동과 그동안의 고생과 노력들이 주마등처럼 지나갔다. 이제 되었다. 그래 나 고생했구나, 잘했구나 싶었다.

그렇게 교수님은 나를 포함한 수많은 제자들에게 용기와 희망을 북돋아 주시고, 묵묵히 기다려 주시는 그런 분이셨다. 다정다감하고 따뜻한 교수님의 20대 대학생 같은 모습도 보여 주셨다.

때는 평생교육사 의무 수업 때 일이다. 성인교육 프로그램 사례발표가 있었다. 주말인 탓에 지쳐 있었던지, 발표자만 열심히 하고 다들 듣는 둥 마는 둥이었다. 이윽고 내 발표순서가 되었다. 나에게 애증과도 같았던 재취업 형태의 외부인력 양성 사례를 주제로 발표했다. 발표하는 내내 나도 모르게 한 사람에게 눈길이 가게 되었다. 바로 권대봉 교수님이셨다. 교수님은 학생들의 발표를 마치 20살 갓 넘긴 대학생의 호기심 어린 눈빛으로 바라보고 계셨다.

이윽고 내 발표가 끝나자 권 교수님은 나에게 한마디를 건네셨다. 순간 뭔가 잘못된 줄 알고 덜컥 걱정스러운 나의 얼굴을 보셨는지 못 보셨는지 "참 좋은 사례네. 그렇게 나이 많은 사람들의 새로운 도전 프로그램을 운영하느라 고생했네. 나중에 기회가 되면 이 주제로 나와 아티클을 써보는 건 어떻겠나?"

'아... 아티클??'

예상치 못한 반응이었다. 하지만 권 교수님 말씀 한마디에 일순간 교육장 분위기가 후끈 달아올랐다. 다른 교육생들도 뒤늦게 관심을 보이기 시작했다. 사실 지금도 진짜 아티클을 쓸 만한 사례인지, 아니면 그냥 교수님께서 동기부여 차원에서 칭찬해 주신 것인지는 알 수 없다. 하지만 교수님은 그런 분이었다. 모든 노력에 박수를 보내시고 용기를 주시고, 대단하다고 치켜세워주셨다. 그래서 재학생, 졸업생, 학교 교직원들까지 모두에게서 사랑받는 분이 바로 권대봉 교수님이셨다.

하지만 반전 모습을 보여 주시며 모두를 당혹케 만드셨던 일도 있었으니, 바로 졸업 논문 때 일이다. 2012년 하반기, 스타강사 김미경 씨 이화여대 졸업논문 표절 파문이 일면서, 급기야 배우 김혜수 씨는 성균관대 졸업 자격을 반납하기에 이르렀다. 그 불똥이 논문 스터디 중인 우리 동기들과 함께 논문을 준비하던 선배님들에게 고스란히 전달되었다.

그런 와중에 뜻밖의 악재가 터졌다. 바로 권대봉 교수님이셨다. 평상시 성품과 모습을 상상한 우리 앞에 출처를 제대로 알지 못하는 오래된 학자들의 이론과 내용은 다 삭제하고 새롭게 쓰라는 불호령이 떨어졌다. 단호하신 권대봉 교수님 앞에서 조대연 교수님은 순한 양처럼 보이기까지 했으니 그때 분위기가 상상이 가고도 남음이다.

그렇게 교수님은 때론 가족처럼 따스하게 보듬어 주셨고, 수많은 가르침과 용기를 북돋아 주셨으며, 학자의 길에선 양보나 타협 없이 정도대로 걷길 원하셨다.

그런 교수님과 함께 학교에서 가르침을 받고, 교수님과 함께 생활할 수 있어서 무한한 영광이자 큰 기쁨이었다. 이제 교수님께서 정년퇴임을 앞두고 계신다.

하지만 우리 모두는 알고 있다. 교수님의 정년퇴임은 그저 학교라는 제도적 울타리에서 벗어나신 것 뿐 대한민국 수많은 인재들을 위해 더 넓은 세상으로 나가시고, 더 위대한 역사를 만드시리란 것을. 보잘것없는 글솜씨로 감히 교수님과의 추억을 더듬어 본 이 시간이 나에겐 그저 감사하고 또 감사할 따름이다. 이 지면을 통해 교수님께 차마 전하지 못했던 말을 드리고 싶다.

권대봉 교수님 사랑합니다. 그리고 존경합니다. 교수님께서 저희를 믿어주신 만큼 저희들도 더 열심히 세상을 향해 더 의미 있는 한걸음 한걸음을 나아가겠습니다. 항상 저희를 지켜봐 주세요. 교수님의 제자로 부끄럽지 않은 아니 자랑스러운 제자로 더 열심히 정진하고 활동하겠습니다.

항상 저희들을 애정으로 이끌어 주셔서 감사합니다. 이제 저희들은 교수님이 가시는 그 위대한 여정을 함께 따라 걷는 수제자가 되겠습니다. 교수님은 저희의 북극성이십니다.

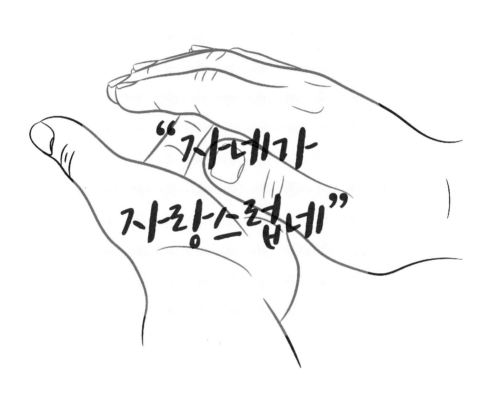

박소연(안양대학교 교육대학 교수)

누구에게나 스승은 그 이름만으로 큰 존재일 것이다. 더구나 가르치는 것을 업으로 하는 사람에게 스승은 학습을 넘어 일과 삶의 전반에 걸쳐 가장 큰 영향을 미치게 된다. 그런 의미에서 권대봉 교수님과의 만남은 내 인생에 가장 큰 행운이다. 교수님을 만나지 않았더라면 과연 내가 지금의 나일 수 있었을까?

교수님과의 첫 인연은 학부 전공수업에서 시작되었다. 영어강의 자체가 생소했던 시절, 잔뜩 겁먹은 우리들에게 수강신청을 한 용기를 칭찬해 주시며 더듬거리는 한 마디 한 마디에 애정 어린 격려를 해주시던 모습이 너무나 생생하다. 학습자들이 주인공이 되는 수업, 모든 새로운 시도가 환영받는 수업, 모두가 더없이 성실하게 준비하게 되는 수업, 교수님의 수업은 내 수업의 원형이 되었고, 지금까지도 강의실에 들어설 때면 다시 한 번 검토해보는 지침이 되고 있다.

돌이켜보면 권대봉 교수님은 내가 인생에서 가장 큰 고민을 하던 순간에 매번 함께 해주셨다. 대학원 진학을 망설이던 나에게 "원래 공부는 부족하고 아쉬운 사람들이 더 잘한다."며 용기를 북돋아주셨고, 어려운 관문을 뚫고 대학원에 합격하자 당사자인 나보다 오히려 더 흥분하시며 기쁨을 감추지 못하셨다. 나는 교수님 덕분에 석사, 박사과정 내내 장학금을 받으며 학비걱정 없이 공부에 전념할 수 있었고, 연구과제며 기업 프로젝트 등 풍요로운 학습 환경에 주위의 시기어린 질투를 사기도 했었다.

또한 권대봉 교수님은 나에게 늘 더 큰 세상을 보고 다양한 경험을 할 수 있도록 기회를 열어 주셨다. 박사과정 중 학과 교환교수로 오셨던 Michael Jacobson 교수님으로부터 RA 요청받은 적이 있는데, 해외유학 경험이 없던 나에게는 더없이 좋은 기회라며 당신의 지도학생인 나를 타 전공 교수님에게 기꺼이 추천해주셨다. 국내에서만 학위과정을 밟아가던 내가 해외 교수에게 인정을 받았다며 자신의 일처럼 뿌듯하고 자랑스러워하시던 모습이 생생하게 기억난다. 직장을 선택할 때에도 내가 선택한 곳이라면 어디라도 믿고 응원해주신 덕분에, 나는 영역을 넘나들며 누구보다 다양한 경험을 할 수 있었다.

권대봉 교수님은 무심한 듯 자상하신 멘토이시다. 논문을 써본 사람은 누구나 공감하듯이, 나에게 박사논문은 만만치 않은 일이었다. 박사과정을 마치고는 다시 HRD 현장으로 복귀했던지라, 일과 육아에 박사논문까지 병행하는 것은 쉽지 않은 일이었다. 현장 자료수집에 애를 먹고 논문 내용은 계속 수정되어 지칠 대로 지쳐있던 어느 날, 교수님께서 나를 연구실로 부르셨다.

"너는 공부가 좋다고 공부를 업으로까지 삼으려는 사람이지 않니?
나중에 연구자가 되든지 교수가 되든지 간에, 네가 갖고 있는 문제의식
하나에만 오롯이 집중하여 연구할 수 있는 기회는 많지 않단다.
네가 궁금해 하던 그 주제에 대해 자료도 실컷 찾고, 실컷 읽고,
또 그걸 네 글로 쓸 수도 있으니 지금이 얼마나 좋으냐?
돌이켜 보면, 나는 박사논문을 쓸 때가 정말 행복했던 것 같다.
부디 너에게도 그랬으면 좋겠다."

교수님께서는 내가 단순히 좋은 논문을 쓰는 것을 넘어서 내가 행복하게 살기를 진심으로 바라신 것이다. 그리고 그런 진심이 통하여 불과 5분 남짓했던 짧은 시간이었지만, 한순간에 내가 박사논문을 대하는 태도, 공부의 의미, 나아가 삶에 대한 마음가짐까지 전환되었다.

최고의 스승이 어떤 사람일까? 모두 자신만의 답을 가지고 있을 것이다. 어떤 사람은 그런 스승을 만나는 행운을 누렸을 것이고 또 어떤 사람은 아쉽게도 그렇지 못했을 것이다. 나에게는 그 누구보다도 권대봉 교수님이 최고의 스승이시며, 교수님을 만나 오랜 시간 가르침을 받을 수 있었기에 큰 행운이 아닐 수 없다. 그리고 교수님을 따라 같은 길을 걷고 있는 나에게 지금도 교수님은 여전히 가장 높은 기준이시면서 동시에 가장 평안한 언덕이 되어주신다.

"너는 공부가 좋다고 공부를 업으로까지
삼으려는 사람이지 않니?
나중에 연구자가 되든지 교수가 되든지 간에,
네가 갖고 있는 문제의식 하나에만 오롯이
집중하여 연구할 수 있는 기회는 많지 않단다.
네가 궁금해 하던 그 주제에 대해 자료도
실컷 찾고, 실컷 읽고,
또 그걸 네 글로 쓸 수도 있으니
지금이 얼마나 좋으냐?
돌이켜 보면, 나는 박사논문을 쓸 때가
정말 행복했던 것 같다.
부디 너에게도 그랬으면 좋겠다."

Learn to live together

박승주((주)B&I컨설팅 대표)

　태어나서 여러 스승을 만났지만, '누군가의 제자가 되고 싶다'는 생각으로 스승의 선택을 받기 위해 노력한 적은 없었다. 그저 주어진 운에 따라, 성적에 따라 스승을 만났고, 그 것이 내가 사는 세상에서는 자연스러운 일이었다.

　그러던 어느 날, 나는 내 생애 처음으로 어떤 스승의 제자가 되고 싶고, 그 분의 가르침을 받고 싶다는 소망을 갖게 되었고, 그것이 바로 내가 30대 중반의 나이에 대학원에 진학한 이유였다. 그리고 지금도 생생한 두 번째 입학 면접에서 나는 이렇게 사정하듯 이야기했었다.

"저 두 번째 응시입니다. 이번에는 꼭 합격해야 합니다."

　그렇게 해서라도 그분의 제자가 되고 싶었던 것이다. 아마 그 분이 가진 명성, 사회적 평가 때문이었을 것이다.

'그 분이 내가 선택한 나의 스승 권대봉 교수님이다.'

　졸업 후 시작한 직장생활, 나는 대기업에 입사하여 우연한 기회에 교육업무를 맡고, 비교적 적성과도 잘 어울리는 것 같아서 교육업무에 나름 자신감을 가지고 일하고 있었다. 나는 나 자신의 성장을 위해서, 한편으로는 좀 더 능력 있고 인정받는 사람이 되기 위해서 직장생활 속에서 학업을 선택하였고, 그 학업을 통해서 더 전문가가 되고 더 큰 일을 잘 할 수 있는 사람이 되기를 원했다. 다시 말하면 나는 대학원 생활을 통해서 내가 성장하고, 출세할 수 있는 기회를 얻기를 바랐던 것 같다.

그렇게 시작한 30대 중반의 대학원 생활, 학업과 병행하는 직장에서의 업무는 언제나 바빴고, 학교를 다니며 교수님과 접촉할 기회는 많지 않았으며, 심지어 퇴근하고 학교 수업에 참석하기조차 버거운 생활이 계속 되었다. 나는 대한민국 HRD 분야에서 일하는 수많은 이들의 존경을 받는 스승을 모시게 되어 감사하고 자랑스러웠으나, 단지 그 분의 '수많은 제자 중 한 명'일 뿐이었다.

그러던 어느 날 교수님께서 '학습'해야 하는 이유를 말씀해주셨는데 그 날 이후 나는 내가 HRD에 종사해야 하는 이유를 바꾸었고, 철학을 만들었고, 나아가 HRD 기업을 창업해야 할 소명을 받게 된 것이다.

그 날 교수님께서는 학습해야 할 이유를 몇 가지 말씀해주셨다.

"Learn to grow, Learn to earn"

이 두 가지 이유는 물론 중요한 의미이지만, 이미 스스로 그렇게 생각하고 있었기 때문에 크게 느껴지지 않았다. 그러나 마지막에 던지신 이한 마디는 10여년의 직장생활과 교육업무를 담당해 오면서 단 한 번도 생각해보지 못했던 것이었다.

"Learn to live together"

함께 살기 위해 학습을 한다. 이미 내가 사는 세상은 배움의 차별화, 배움의 기회에 대한 경쟁이 치열하고 배움을 통해 자신을 계발하여 성장, 그리고 앞서가는 것이 상식인 세상이다. 그런데 함께 살기 위해서 배우고 학습해야 한다니! 이것은 자칫 너무 무책임한 말은 아닌가? 너무 이상적인 생각은 아닐까? 그 날 내 머릿속에는 이런 생각이 가득했었다.

하지만 누군가를 위한 교육을 만들고 서비스를 제공하고, 특정한 분야에 대한 연구, 프로그램 개발 그리고 강의를 하게 되면서 '왜 나의 스승은 그날 그렇게 이야기 하셨을까?'에 대한 의문이 풀려가기 시작했다.

그리고 시간이 지남에 따라 스승의 한마디는 나의 철학이 되고, 나의 소명으로 자리 잡았다. 지금 운영하는 기업의 교육철학인 '배움', '나눔', '즐거움'은 그때 받은 스승의 한마디를 근간으로 만든 것이다.

졸업 후 몇 년이 지나 협상에 대한 책을 쓰게 되어 그 책에 존경하는 스승의 추천사를 받고 싶어서 찾아뵈었을 때도 스승은 역시 추천사에 협상을 배워야 하는 이유를 '공존하기 위하여', '행복해지기 위하여'라고 써 주셨다. 누군가의 것을 빼앗고, 내가 더 가지기 위해서가 아니라 함께 살고, 더불어 행복해지기 위해서 협상을 배워야 하는 것이라고 말씀하신 것이다. 결국 나의 스승 권대봉 교수님의 강의도, 저술도, 생활도 '다 함께 잘 살기 위해서 학습해야 한다'는 철학 속에서 이루어져 왔음이 틀림없다. 단순히 옛날 이야기 속에 존재하거나, 스승은 이래야 한다는 막연한 통념 속의 스승이 아닌 실재 존재하며, 그 삶 속에서 선하고 올바른 영향력을 끊임없이 나누어 주는 스승이신 것이다.

> "배움의 가치를 다르게 만들어주신 나의 스승!
> 교육은 나눔이고 함께 성장하는 것이므로,
> 제공하는 이와 제공받는 이의 성공을 위한 것이어야 함을
> 가르쳐주신 권대봉 교수님!"

누군가에게 나의 스승을 소개할 때 그 분이 이루신 학문적 업적, 사회적 평가보다도 먼저 그렇게 이야기 한다.

졸업 후 대학원 생활을 시작하는 후배들에게 대학원 생활에 대해 당부할 수 있는 기회가 주어졌을 때, 대학원 생활을 통해서 얻은 것 중 첫 번째로 '존경하는 스승'을 이야기 한 것도 배움은 스스로의 성취를 위한 '성장'을 위한 것이기도 하지만, 배움을 통해 내가 속한 사회, 세상 속에서 '어떤 사람이 될 것인가?'의 '성숙'을 위한 것임을 평생 간직할 수 있도록

만드신 분이기 때문이다.

졸업한지 13년이 지났고, 헤아려 보면 지금의 내 나이가 처음 만났을 때의 교수님의 나이와 비슷해졌다. 졸업식에서 함께 찍은 사진 속의 나의 스승은 젊고, 카리스마가 넘치는 모습이시다. 함께 한 15년이 다시 흐르고 두 번 세 번 흐른다고 해도 스승의 가르침은 내 삶 속에서, 내가 만드는 교육 속에서 영원히 함께 하게 될 것이라 다짐해 본다.

박지혜(국민대학교 교육학과 교수)

　1992년 봄 학기 산업교육론 첫 시간. 나는 관악산 자락의 한 강의실에서 열정에 가득 찬 신참내기 젊은 학자 권대봉 선생님을 만나게 되었다. 누구나 그렇겠지만, 그때는 그 만남이 오늘까지 이어지는, 오늘의 나를 만드는 소중한 만남이 될 것이라고 전혀 예상하지 못했다.

　막연하게 행정고시를 보겠다는 생각으로 교육학과에 진학했던 나는 2년의 학교생활을 거치면서 진로에 대해 진지하게 고민하고 있는 3학년생이었고, 그 당시 교육학과 교육과정 안에서 다소 낯설지만 흥미로워 보이는 '산업교육론' 수업을 신청하여 듣게 되었다. 당시 내게 선생님의 수업은 한 주 한 주 기다림을 느끼게 해주는 몇 안 되는 수업 중 하나였다. 일방적으로 학습내용을 전달하고, 학생들은 책상에 앉아 열심히 받아 적는 모습에 익숙했던 나는, 동그랗게 둘러앉아 자유롭게 자신의 생각을 얘기할 수 있는 환경을 만들어 주시고, "옆 사람과 이야기 해보라.""뒷사람과 이야기 해보라."면서 편안한 분위기에서 생각을 공유할 수 있도록 이끌어 주시는 선생님의 수업방식은 내게 '신선한 충격'이었다.

　당시 수업시간에 선생님께서 해 주신 말씀 중 아직도 또렷하게 기억되는 내용이 있다. 선생님께서는 시간강사의 신분으로 내가 다니던 대학에 강의를 나오고 계셨고, 수업시간 전에 도착하시면 강사실을 이용하셨다. 어느 날 강사실에서 수업시간이 되기를 기다리며 차를 끓이는데, 문득 똑같은 물인데 녹차가루를 넣으면 녹차가, 커피가루를 넣으면 커피가 되는 것을 보면서 비슷한 능력과 자질을 가진 사람이라고 하더라도 어떤 개입을 하느냐에 따라 완전히 다른 결과를 초래할 수 있다는 것을 깨닫게 되섰다고 하셨다. 우리가 하고자 하는 교육활동, 인적자원개발활동이 이렇게 다른 결과를 가져올 수 있는 중요한 개입활동이라는 취지의 말씀이셨던 것으로 기억된다. 선생님의 그 말씀은 교육활동에 대해, 인적자원개발을 공부하고 있는 나 자신에 대해 자긍심을 심어주기에 충분한 것이었고, 오늘날까지 나의 교육철학과 신념을 구성하는 기반이 되고 있다.

게다가 교육학을 전공하면 '학교교육'과 관련된 일만 할 수 있다고 생각했던 나는 학교가 아닌 곳에서도 교육학이 활용될 수 있다는 것을 선생님 수업을 통해 알게 되면서 진로고민의 돌파구를 찾은 기분이었다. 두 학기 연속 선생님께서 하시는 수업을 듣고 난 후 나는 기업에 입사하여 인적자원개발부에서 일해보고 싶다는 비교적 뚜렷한 진로계획을 갖게 되었다.

4학년 2학기가 되자 본격적으로 구직활동을 시작하게 되었다. 원서쓰고, 시험보고, 결과를 기다리는 긴장의 연속인 날들이 계속되던 어느 날, 나는 뜻밖의 전화 한통을 받았다. 자신을 쌍용건설의 채용담당 이사라고 밝힌 한 중년의 남성은 나의 자기소개서를 보고 내가 회사의 비전 및 경영방침과 잘 맞는 사람이라는 생각이 들었다며, 분명히 여러 회사에 원서를 냈을 터이니 다른 회사에 합격하더라도 쌍용건설에 꼭 와주었으면 좋겠다는 말을 남겼다. 자기소개서에 선생님과의 인연을 통해 기업의 인적자원개발 활동에 관심을 갖게 된 나의 스토리를 적었는데, 선생님께서 바로 그 회사의 자문역을 맡고 계셨던 것이다. 물론 워낙 호황기였고, 기업에서는 조금이라도 더 나은 인력을 확보하는 것이 경쟁력이라 인식되던 시기였기에 가능한 일이었겠지만, 자기소개서에 선생님과의 인연을 적지 않았다면 일어나기 어려운 일이 아니었을까 짐작한다. 아마도 선생님을 믿었기에 선생님으로부터 영향을 받았다는 나를 믿고 채용하고 싶다는 생각을 하게 되었던 것이 아닐까.

이런 우연과 인연의 연속으로 나는 쌍용건설에 입사하게 되었다. 입사 전에 사회에서 다시 시작된 선생님과의 만남이 반가워 오래간만에 선생님께 전화를 드리고 찾아뵈었는데, 그때 선생님을 찾아뵌 장소가 바로 내가 재직 중인 국민대학교, 그리고 현재 나의 연구실이 위치해 있는 북악

관이다. 선생님께서 내가 다니던 대학에 강의를 나오셨던 그 이듬해에 국민대학교 에 임용되셨기 때문이다. 국민대학교는 북한산 자락에 위치해 있어 공기 좋고 물 좋은, 정말 아름다운 곳이지만, 지정학적으로 워낙 외져 있어 지나가는 것조차도 경험해 보기 힘든 곳이기도 하다. 오랜 시간이 지나 많은 기억이 남아있지는 않지만, 선생님을 만나 뵙기 위해 연구실로 찾아가는 길이 참으로 멀었다는 기억, 대학 건물치고 다소 생뚱맞게 느껴지는 높은 건물이지만 연구실에서 보이는 경치가 참 좋다는 기억, 그리고 오래간만에 뵌 선생님께서 건강하고 편안해 보이신다는 기억을 간직하고 있다.

낯선 곳에서 사회 초년생의 생활을 시작하게 되었지만, 가끔 자문을 위해 회사에 들르시는 선생님은 그 존재만으로도 나의 사회생활 적응에 큰 힘이 되었다. 회사생활 2년이 지나던 시점, 개인적인 사정과 미래에 대한 고민으로 회사에 사표를 내게 되었고, 이와 동시에 대학원 진학을 결정하게 되었다. 그 당시 내게 대학원 진학을 하느냐 마느냐는 많은 고민과 번뇌가 따르는 결정이었다. 왜냐하면 훌륭한 업적과 능력을 가졌다고 생각되는 여자 박사들이 그에 걸맞은 자리를 갖지 못하는 사례를 심심치 않게 볼 수 있었기 때문이다. 하지만 미래의 자리 문제는 접어두고 일단 하고 싶은 공부를 하고 보자는 생각으로 대학원 진학을 어렵게 결심한 내게 어느 대학으로 진학할 것이냐는 상대적으로 쉬운 결정이었다. 몇 년간의 인연으로 선생님은 이미 내 마음속에 지도교수님으로 자리매김하고 계셨기 때문이다. 그 사이 선생님께서 고려대학교로 자리를 옮기신 덕택에 나 또한 고려대학교 대학원과 인연을 맺을 수 있었고 오늘의 내가 있게 되었다.

이 글을 쓰고 있는 지금은 2017년 4월, 선생님과 처음 인연을 맺은 지만 25년이 되는 시점이다. 어느덧 나는 내가 선생님을 처음 뵈었던 그 당시의 선생님보다 훨씬 더 나이를 먹었고, 선생님께서 대학교수로서 가지셨던 첫 직장, 첫 연구실이 있는 곳에서 학생들을 가르치고 또 이 글을 쓰고 있다. 정말 전생을 생각하게 할 만큼 특별한 인연이라 하지 않을 수 없다. 학생들을 가르치면서 나는 조그마한 바람을 갖고 있다. 바로 선생

님께서 그 시절 내게 주셨던 영감과 가르침을 학생들에게 주고 싶다는 것
이다. 학생들이 20년이 훌쩍 넘은 시점에 내가 했던 말을 기억해 주고,
내게 이런 스승이 있었노라고 기억해 줄 수 있다면 비로소 선생님의 자랑
스러운 제자가 될 수 있는 것이 아닐까 생각한다.

인생의 전환점

박혜영(한국교통대학교 항공서비스학과 교수)

나는 대학 졸업 후 회사 생활을 하는 동안에 일반 대학원 풀타임 학생으로 진학하였다. 입학 전에 내가 생각했던 대학원 생활과 실제 내가 겪은 대학원 생활과는 거리가 있었다. 나이 어린 동생들과 연세 지긋한 박사과정 선생님들과 함께 동고동락 하면서 여러 일들이 있었지만 지금에 와서 생각해 보면 석·박사 시절이 내 인생에 있어서 가장 큰 전환점이었다는 것을 요즘 새삼스럽게 느끼게 된다. 30대 초반에 시작한 대학원 학업이 지금까지 나의 삶에 있어서 가장 현명한 선택 중 하나였다고 생각한다.

내 생애 가장 소중한 시기인 대학원 생활에서 은사이신 권대봉 교수님과의 추억을 되새겨본다. 권대봉 교수님, 아니 '선생님'이 이제는 더 익숙한 호칭이 되었다. '자네도 교수이고 나도 교수이니 스승한테는 선생님 호칭을 쓰는 것'이라고 선생님께서 말씀해주셨다. 그 이후론 권대봉 교수님을 뵐 때에는 선생님이라고 반드시 부르고 있다. 그러고 보니, 내가 회사생활을 하는 기간 중에 대학원에 처음 갔을 때 교수님께서 대학원생들을 선생님이라 불렀던 것이 기억난다. 출석을 부르실 때도 누구누구 선생님이라고, 선생님이란 호칭이 나에게는 아주 어색했다. 초중고 시절에 부르던 선생님이란 호칭이 많이 익숙해서일 것이다. 그때 왜 선생님이지? 라는 궁금증은 대학원 생활이 조금 흐른 후에 알게 되었다. 교수님께서는 상대방을 존중한다는 의미로 선생님이라고 부르신 것이었다. 그 당시에 나는 유럽계 회사에 근무하다가 입학해서 그런지 대학원 문화도 이해가 되지 않았고 이름 뒤에 선생님이란 호칭이 붙는 것이 너무 어색했다. 하지만 대학원 생활 몇 학기가 지나고 나서야 나도 다른 사람 이름 뒤에 선생님이라는 호칭을 붙여 부르는 것이 익숙해져 갔다. 지금은 외부에서 처음 보는 사람을 대면할 때에도 선생님이라는 호칭을 사용하고 있다. 이제는 선생님이라는 호칭이 나에게 낯설지 않은 친근한 언어가 되어버렸다.

그리고 선생님께서는 등산을 좋아하셨던 것 같다. 주말 토요일 이른 아침에 선생님과 선후배들과 같이 청계산을 오른 적이 있다. 그날 등산할 때 기억나는 건, 우리 모두가 산 정상에 올라가서 기념사진을 찍고 난 후 얘기를 나누며 산을 내려오는 도중에 누군가가 벌집을 건드렸는지 벌떼가 우리 일행을 쫓아와서 선생님과 우리 모두 아주 열심히 뛰어서 산을 내려왔던 나름 살벌하고 재미있었던 기억이 난다. 그때 산 정상에서 찍은 사진이 어디에 있는지 알 수가 없는데, 찾았으면 좋겠다는 아쉬움이 있다.

또한 우리 대학원 학생들 모임이 있을 때마다 지금도 선생님께서는 누군가부터 시작해서 돌아가면서 모두 자신의 근황을 말하는 걸 시키신다. 남의 얘기를 듣고 있으면 나름 재미있지만 내 차례가 돌아오면 이번엔 뭘 말해야 하나 항상 이런 생각들로 남의 얘기를 주의해서 못들을 때가 있었다. 그런데 동그랗게 둘러앉아서 자신의 근황을 말했던 것은 지금 추억으로 남아 있고 그 당시 얘기를 나누었던 선후배 얼굴들이 생각난다. 그 무엇보다도 얘기를 나누던 맨 마지막 즈음에 선생님께서 항상 마무리 말씀을 해주시는데 그 말씀이 시의적절하고 강력한 임팩트를 가지고 있어서 기억에 남는 경우가 많았다. 내 지도학생들과의 모임이 있으면 나도 선생님처럼 학생들에게 자기 자신의 근황을 돌아가면서 얘기하라고 시킨다.

하지만 인생의 내공이 부족해서 그런지 아직은 마무리 말을 원하는 만큼 하지는 못하고 있다.

내 인생에서 중요한 전환점인 시기에 권대봉 교수님과 함께 했다는 것이 나에게는 큰 행복이었다고 생각한다. 비록 삶의 지혜가 깊지 않더라도 인생이라는 길에서 만난 스승님의 말씀 청출어람의 본 뜻 만은 마음속 깊이 간직하며 하루하루 살아가는 것이 권대봉 교수님께서 제자들에게 바라는 것이라고 생각한다.

변정현(한국고용정보원 고용서비스전략실 연구위원)

#.1 20년 기억의 시작

1998년 3월 사범대학 지하 강의실 신입생 오리엔테이션에서 나는 교수님을 처음 뵈었다. 그 날 교단에 서서 하셨던 말씀이 나는 아직 생생하다. 교육학과에서 공부하고 역량을 키우면 얼마나 다양한 분야로 진출할 수 있는지 꽤 긴 시간 설명하셨다. 갓 입학한 대학생들에게 진로에 대해 시간 들여 설명해 주시는 것이 그때는 얼마나 복 받은 일인지 몰랐다. 청년고용 분야에서 수년간 일하면서 그런 말씀을 해주시는 대학 교수님은 극히 희귀하다는 것을 알았다. 사회인이 된 후에야 그때 교수님이 시작하는 우리들의 인생을 진심으로 응원하고 소중하게 살펴주셨던 것이구나 깨달았다.

#2. 숙제: PPT, 교도소, 남의 돈

내게는 교수님이 내 주신 숙제들이 유난히 기억에 남는다. 그 숙제들은 내 인생에 느낌표 하나씩을 던져주었기 때문이다.

1. 내가 신입생이었던 때에만 해도 컴퓨터와 인터넷이 일반화되지 않아 손글씨로 리포트를 쓰고 수강신청도 전산이 아닌 수기로 했다. 그때 교수님이 제시하신 숙제의 필수 요건은 반드시 PPT로 자료를 작성하여 발표하라는 것이었다. 무거운 빔프로젝터를 빌리고 조악한 발표 자료를 올렸지만 그런 시도와 경험이 익숙해질 수 있게 해주신 것이 떠올려보면 정말 소중한 기회였다. 그리고 '헝그리 정신'이나 '프로페셔널의 조건' 같

은 책들을 읽으라는 숙제를 내주셨다. 그런 숙제들이 하나씩 내게 쌓이고 가르침이 되어 PPT나 홈페이지 디자인을 제대로 해 보고 싶은 마음에 충무로 디자인실에 쫓아가 무작정 방법을 물어보기도 했다.

지금 생각해보면 별 것 아닌 작업들이지만 그 작은 일들을 스스로 갈구하며 쫓아 다니게끔 자극을 주신 분이다. 덕분에 작은 시도들이 나에게 얼마나 소중한 자산인지 배울 수 있었기에, 대학 시절 스무 가지는 족히 넘는 꽤 많은 종류의 아르바이트를 해보았던 것 같다. 다양한 경험을 하면서 다양한 일을 탐색할 수 있었고 다양한 사람을 만나 이러 저러 생각도 할 수 있었다. 또한 일에 따라 단위 시간당 인건비가 왜 다른지도 이해할 수 있었고 경력개발의 필요성도 느꼈다.

2. 교수님 숙제 덕에 교도소도 가봤다. 2학년 즈음이었던 것 같다. 교사 외에 교육학과에서 키운 힘으로 직업을 가진 선배들을 찾아서 인터뷰하고 발표하라는 숙제였다. 난생처음 교도소 철문 안으로 출입하여 교정업무를 하시는 분을 찾아 인터뷰하였다. 그 이후에도 나는 교육행정가, 출판사, 언론, 화학회사나 IT회사, 유통회사, 보험회사 등 민간기업의 HRD담당자, 리서치나 컨설팅 업체의 재직자 등 많은 선배들을 만났고 그들의 경력개발과 관련한 이야기를 들었다. 자연스럽게 나에게 적합한 경력 분야는 무엇인지 탐색할 수 있었던 소중한 시간이다. 재미있게도 교수님이 내주신 숙제를 나는 지금도 하고 있다. 현업을 통해 '전공별 진로가이드'라는 것을 기획하여 대학 등에 개발·보급하기도 하고, 대학에 전공기반 진로취업지도와 관련한 이슈를 던지며 컨설팅하기도 한다.

3. '남의 돈으로 공부하는 방법을 찾아오라'는 숙제도 내주셨다! IMF 사태 이후라 학업을 중단하려는 학생이 많아 이런 과제를 주셨던 것일까 추측해본다. 부모님께 등록금을 지원 받거나 시급 높은 과외를 찾는 것 말고 남의 돈으로 공부할 수 있는 방법을 찾아오라는 것이었다. 장학금이나 일 경험 등 대단하지는 않지만 다양한 방법과 정보를 찾아 공유했던 것 같다. 내 친구는 이때부터 주식 투자를 시작하여 금융권으로 진출했고 나는 조기졸업과 장학금으로 학비는 거의 들이지 않고 아르바이트도 많이 해 저금까지 꽤 하며 졸업했다.

그 숙제는 돌이켜보면 '경력'과 그것을 위한 '진짜 투자나 개발'이 무엇인지에 대해 시각을 전환할 수 있는 기회였다. 시급 높은 과외는 우리의 진로를 위해서는 진짜 투자가 아니었다. 다양한 (진출하고 싶거나 가능성이 있는) 분야에서 아르바이트나 실습 등을 하며 경험을 쌓는 것, 그리고 모자란 시간이지만 관리를 잘 하여 학업 이외의 다양한 것을 소화하기 위해 시도하는 것, 처음에는 내 그릇으로는 절대 안 될 것 같은 일들이 하다 보면 익숙해지는 시점이 생겨서 내 용량을 키우는 성취감을 느끼는 것, 그런 것이 진짜 공부라는 것을 알 수 있게 기회를 주셨다. 휴먼웨어 개발에 대해 강의하시고 실제로는 우리 각자의 휴먼웨어를 개발할 수 있게끔 숙제를 주셨던 것 같다.

#3. 사람

내게 교수님은 소중한 사람들을 만날 수 있는 열쇠가 되어 주셨다. 다양한 일터의 사람들을 직간접적으로 만날 수 있는 고리도 되어 주셨고, 휴먼웨어연구회의 이름으로 소중한 지인들이 된 사람들을 만나게끔 해주셨다. 지금의 배우자가 된 사람과 인연이 될 때에도 계셨고 결혼 주례도 해주셨다. 우리 딸의 이름도 봐주셨다.

꽤 긴 시간인데 교수님께서 사람에게 직접 화 내시는 모습을 본 적이 없다. 대신 마음이 어지러우면 음악을 들으시거나 염불을 외시거나 걸으시거나 별호를 바꾸며 마음을 다잡으시는 모습을 보았다. 사람을 지키고 이끌고 사람들과 함께 하시는 모습을 바라보며 감히 따를 수 없는 많은 것들을 배우고 느꼈다.

나는 마음으로는 무겁고 무겁고 무거운 감사의 마음을 가지고 있지만 표현할 줄 모르는 못난 제자다. 그래도 교수님께서는 늘 제자 건강부터 먼저 살펴봐 주시기에 더 죄송스럽다.

20년 전 신입생 때에 뵈었던 열정적이고 통찰력 있는 그 모습은 지금도 변함이 없으시다. 한없이 먼저 '봄길'을 만들어 주시고 있고 또 그러하시리라 믿는다.

봄 길

정호승

길이 끝나는 곳에서
길이 있다
길이 끝나는 곳에서
길이 되는 사람이 있다

스스로 봄길이 되어
끝없이 걸어가는 사람이 있다

강물이 흐르다가 멈추고
새들이 날아가 돌아오지 않고
하늘과 땅 사이의 모든 꽃잎은 흩어져도
보라

사랑이 끝난 곳에서도
사랑으로 남아 있는 사람이 있다
스스로 사랑이 되어
한없이 봄길을 걸어가는 사람이 있다

서성진(한국장학재단 인사실 과장)

교수님과의 아름다운 일화를 많이 생각해내고 재미있게 구성해서 이야기 하고 싶지만, 사실 제가 대학원에 입학하고 얼마 지나지 않아서 교수님께서 직업능력개발원 원장으로 추대되셔서 직능원에 계셨기 때문에 대학원에서 교수님을 뵙는 일은 거의 없었습니다. 저도 갓 대학원을 입학하고 어리바리 하던 때라 석사, 박사 선배님들도 하늘같이 보이고 교수님께 직접 안부 인사를 드린다거나 하는 일 또한 참으로 어려워 그다지 교수님과의 관계가 깊지는 않았던 것 같습니다. 그때는 지금보다 더욱 정신적으로 유약했고 생각의 깊이가 너무 얕아 무슨 생각을 하는지 뻔히 보이는 질풍노도(?)의 시기를 거치고 있던 저였기에 학문이든 삶이든 가장 큰 어른이신 교수님과 무엇을 '같이' 한다는 것 자체가 어불성설인 시기였다고 할 수 있습니다. 교수님이 연구실에 계실 때에는 들어가는 것이 부끄러워 교수님이 계시지 않을 때에만 찾곤 했던 학생이었습니다. 그래도 누군가 제게 권대봉 교수님은 어떤 분이신지, 어떤 분이셨는지 말해달라고 할 때면 항상 떠오르는 것은 온화한 미소가 그득 담긴 얼굴입니다. 제가 대학원 전공을 선택해서 면담을 하러 갔을 때에도, 첫 전공 모임을 해서 전공 학생들에게 좋은 말씀을 해 주실 때도, 한 학기밖에 못들은 전공수업이지만 그 강의 때에도 교수님은 언제나

얼굴 가득 미소를 가지고 따뜻한 목소리로 얘기를 들려주셨습니다.

그 온화한 미소를 머금은 교수님의 얼굴이 제게 정말 깊이 있게 다가왔던 때가 있었습니다. 저는 석사 마지막 학기를 남겨두고 운이 좋게도 첫 직장을 가지게 되었습니다. 논문을 쓴다는 것이 얼마나 고된 일인지도 알 지 못 한 상태에서 정신없이 돌아가는 사회에 발을 내 딛는 다는 것은 지금 생각해보면 참 무모한 짓이었던 것 같습니다. 일은 일대로 잘 못하고 논문 준비는 그것대로 못하는 어정쩡한 상황에서 둘 중에 하나는 포기해야겠다는 생각까지도 들 만큼 제 스스로에게 부족함을 느끼면서 흘러가는 시간만 안타까워했던 시기였습니다. 그래도 운이 좋아 동기, 선배님들의 도움을 넘칠 만큼 많이 받고 지금 보기에도 참 초라한 석사학위 논문의 초고를 완성하였습니다. 어찌되었건 석사학위 논문심사 일정은 가까워 오고 더 이상 무엇을 해야 할 지 막막해서 논문 초고를 들고 그저 욕을 실컷 먹을 각오로 오랜만에 교수님을 찾아뵈었습니다. 참 많이 모자란 논문을 보시고 무슨 생각이 드셨을지 아직도 궁금하지만 교수님께서는 그저 웃으시면서 일하면서 논문을 쓰는 것이 참 힘들 텐데 고생하고 있다고 격려의 말씀을 아끼지 않으셨습니다. 그 온화한 얼굴과 말씀에 다시 힘을 얻어 부족하지만 열심히 논문을 완성하게 되었습니다. 또한 최종 논문심사 일에도 직업능력개발원 원장실에서 다른 심사위원분들과 엄격하지만 화기애애한(?) 분위기 속에서 고생한 보람을 찾아주시고자 많은 배려를 해 주셨습니다.

석사 과정 시절에는 교수님께서 직능원장으로 가셔서 대학원생들에게 신경을 쓰지 못할 것이라는 오해로 교수님이 원망스러웠던 적도 있었습니다. 하지만 대학원생들의 대소사를 거의 다 알고 계시고 가끔씩 먼저 다가와 주시는 모습, 그리고 정말 교수님의 도움이 필요할 때에 많은 역할을 해 주시는 모습에 왜 주변에서 교수님을 따르고 존경하는지 이해할 수 있었습니다. 이제 교수님이 많은 역할을 하시고 정년퇴임을 하시지만 이것이 끝이 아닌 또 다른 시작이라 생각하면서 앞으로도 교수님과의 인연을 계속 이어가고 싶은 마음뿐입니다.

"권대봉 교수님, 사랑합니다. 그리고 감사합니다."

특별한 수업

서영아(국가평생교육진흥원 국가문해교육센터장)

2017년 화창한 날, 평생교육정책 수업을 위해 모인 학생들은 교수님께 준비한 돗자리를 보이며 조심스레 여쭈었다.

"교수님, 오늘 날씨가 너무 좋아요. 미세먼지도 없는 날입니다"

교수님은 멋쩍은 웃음을 보이시며, 그럼 영상 하나만 보고 밖에서 수업해보자고 하셨다. 오늘 수업 주제와 관련한 영상을 보고 모두 신이 나서 가방을 챙기고 교수님과 함께 학교를 걸으며 좋은 장소를 찾아 나섰다.

그늘이 가득한 잔디를 가리키며 야외수업 장소를 정하고서는 모두 둘러앉았다. 도란도란 둘러 앉아 진행한 수업의 주제는 '미래사회와 교육정책'이었다. 읽어온 수업 자료를 바탕으로 자신의 생각을 그림으로 종이에 담고 교수님과 이야기를 나누는 시간이다. 권대봉 교수님의 수업에 함께 하는 것은 맨날 컴퓨터에 앉아서 업무와 학습을 하는 나에게 많은 생각과 생각을 더하게 하는 시간이다.

우선 읽어온 수업 자료를 정리해보고, 그 내용을 바탕으로 나의 생각을 또 정리하고, 그 생각을 그림으로 표현하고, 그림에 색을 입히고, 또 그 의미를 되새기는 과정을 거치는 수업은 생애 태어나 처음이기 때문이다. '바빠서 죽겠다'는 말을 달고 사는 숨 가쁜 일상을 살아가는 우리 삶에게 생각을 정리하고 다듬는 수업시간은 정말 특별하다.

야외수업을 자청하여 나선 도란도란 앉은 성인 남녀가 교수님 옆에 앉아서 스케치북에 로봇, 컴퓨터 등을 그려가며 이야기를 나누는 모습을 보며 많은 사람들은 교육정책 수업이라 상상이나 할 수 있었을까 싶다.

　수업 중에 교수님께서 종종 은퇴가 얼마 안남아, 나도 고령화 사회에 평생학습에 참여하고 있다고 말씀 주신다. 털털한 웃음과 함께 우리의 그림을 보고, 연구와 정책 경험을 이야기 해주시는 교수님, 그리고 학교 캠퍼스에 자리한 이 모습이 무척 특별하게 여겨진다.

　석사과정에 입학하겠다고 결심하고 학교에 오던 첫날, 교수님과 지하철에서 첫 만남을 가지게 되었다. 지하철을 타고 교수님께서 함께 내려 학교를 거닐며 열심히 하자고 하셨던 따뜻한 교수님의 말씀, 그리고 야외수업의 특별한 수업과 함께 기억에 남는다.

　수업 첫날 함께 거닐던 캠퍼스 그리고 특별한 야외 수업 날의 교수님의 모습이 오랫동안 그리울 것 같다.

서은희(인사혁신처 사무관)

#1. 수염과 엘로드

권 교수님을 그릴 때 가장 강하게 떠오르는 것은, 수염과 엘로드 한 쌍이다. 희끗희끗한 수염과 잘 어울리는 교수님의 너털웃음을 떠올리면, 왠지 모든 걱정들이 하찮은 것처럼 느껴져 괜히 위로를 받게 된다. 교수님은 참 유쾌한 사람이다. 그의 양복 안주머니에는 금색 엘로드 한 쌍이 있는데, 진짜인지 아닌지는 아직도 잘 모르겠지만, 이상하게도 그 엘로드가 만들어내는 묘한 이야기들이 정말 내 미래를 말해주는 것 같아 시간이 흐를수록 놀란다. 언젠가 내 가장 친한 친구와 교수님 연구실에 들른 적이 있다. 친구 결혼식 주례를 부탁드리기 위해서였다. 교수님은 엘로드를 꺼내들고서 나와 내 친구가 함께 영국으로 유학을 가게 될 거라 하셨다. 그때로부터 2년이 지난 지금, 신기하게도 모든 일들이 꼭 그렇게 될 것만 같이 흘러가고 있다. 그게 정말 진짜였을까. 결혼은 언제하게 될지, 아기는 딸일지 아들일지, 내 이야기는 어떻게 전개될지. 엘로드와 수염은 전혀 어울리지가 않는데도 유쾌함과 경외감의 어색한 조화처럼 권 교수님을 잘 표현하는 것 같다.

#2. 졸업 학기, 권 교수님을 만났다.

졸업까지 8년이라는 긴 시간이 걸렸다. 고시생으로서의 삶에 마침표를 찍고 돌아온 대학 강의실, 교수님은 "그릿"에 대해 말씀하셨다. 집념과 끈기로 일구어낸 교수님의 수많은 업적들을 떠올리며 나도 그릿으로 삶을 살겠다 다짐한 것이 엊그젠데, 시간이 참 빠르게 흘렀다. 짧지만 진한, 교수님과의 기억을 소중한 추억으로 간직하고자 한다.

"존경하는 권대봉 교수님,
정년퇴임 진심으로 축하드립니다.
항상 건강하시고, 행복하시길 바랍니다.
교수님 고맙습니다."

짜장면을 먹다

송영선(건국대학교 글로컬캠퍼스 조교수)

少年易老하고 學難成하니
一寸光陰이라도 不可輕이라.
未覺池塘에 春草夢하여
階前梧葉이 已秋聲이라.

소년은 늙기 쉽고 학문은 이루기 어려우니
한 치의 시간이라도 가볍게 여기지 말라.
연못의 봄풀은 꿈에서 깨어나지 않았는데
섬돌 앞의 오동잎이 이미 가을 소리니라.

주자(朱子)의 말이다.

현재의 내가 있기까지 1996년은 중요한 해이다. 주자의 말처럼 나이 들기 전에 배움을 갈망했던 나에게 기회가 주어졌기 때문이다. 대학 입학한 후 10년 만에 다시 석사과정을 밟게 된 것이다. 10년 단위로 석사, 박사 공부를 하겠다는 비전을 달성할 수 있었기에 더욱 기뻤다. 어떤 전공을 선택하는 것이 경력관리에 도움이 될지 고민이 되었다. 그 당시에는 인사조직 전공이 유행이었다. 그러나 고려대학교에서 새롭게 개설한 기업교육 전공을 선택하였고 권대봉 교수님은 면접장에서 처음으로 뵙게 되었다. 모든 것이 낯선 상황에서의 첫 만남이었다.

124

배움은 그 자체가 즐거움이다. 1기생들은 10시에 수업 마치면 거의 빠짐없이 고려대의 상징인 막걸리를 마시면서 배움과 삶을 논하였다. 그때 마셨던 막걸리 그 맛은 지금도 잊을 수 없다. 이 당시에는 HRD 단어가 생소했을 뿐만 아니라 전공하신 교수님들이 거의 없었기 때문에 권대봉 교수님은 독보적인 존재로 자리매김하였다. 오히려 HRD담당자였던 학생들이 정보와 자료를 가지고 와서 수업시간에 서로 공유하고 교수님들께 자료를 드리면 그것을 가지로 학습을 하셔야 했다.

1기생들은 1기생으로서 사명감이 있었다. 1기 선배로서 후배들에게 무엇인가를 남기기 위해 오늘날 '한국인력개발학회'의 전신인 기업교육연구회를 발족하였다. 한국인력개발학회 홈페이지 연혁란에 잘 나타나 있다.

> **1997년 5월 고려대 교육대학원 기업교육 연구회의 태동**과 더불어 수차례 논의 되어오던 바, **1998년 2월 27일** 권대봉 교수, 김연균 이사, 정용진 부장, 김진홍 부장, 김두연 과장, 고동록 컨설턴트, 김주연, 나병선 차장, 윤봉락 차장, 서경민 대리, 송영선 실장, 임승옥 과장, 이호재 과장, 송창호 교사, 장주상, 허명건, 정찬근 과장 등이 모여 **한국 인력 개발 학회를 창립키로 결의** 하여 **창립 준비위원회를 발족** 하고, 송영선 실장과 고동록 컨설턴트를 준비 실무위원으로 위촉함.

기업교육연구회를 태동시킨 것 보다 나에게 더욱 기억에 남는 것은 권대봉 교수님과 함께 먹었던 짜장면이다. 외환위기로 인해 일터인 산업심리연구원이 문을 닫게 되었고, 논문을 쓸 수 있는 정도로 상황이 악화되었다. 다시 '(주)한국블랜차드컨설팅그룹'을 설립하여 'Gung Ho', '칭찬은 고래도 춤추게 한다', 상황대응리더십 등의 프로그램을 설계하고 운영하느라 정신이 없었다. 논문은 늦어지고, 더 늦어지면 학교규정상 다시 과정을 이수해야 했다. 리더십 교육과정을 운영한 데이터를 바탕으로 어렵게 논문을 썼고 학교에 가서 논문표지를 작성해서 제출하려고 했는데 상황이 어렵게 되었다. 표지양식에 맞출 수 없을 정도로 시간이 촉박하게 된 것이다. 당황해 하는 모습을 교수님께서 보시고 직접 논문 표지를 작성해 주셨다. 아래 그림이 교수님께서 작성하신 표지이다. 얼마나 급했는지를 알 수 있다.

제출한 후 교수님과 함께 짜장면을 먹었다. 나는 'HRD' 분야에서 성공한 후 다시 찾아뵙겠다고 말씀드렸다. 교수님께서는 "건투하시게!"라고 응원을 해주셨다. 그 후 키 컨설팅 개인사업자를 내게 되고 HRD의 기업교육 강사가 되었다. 열심히 노력하였고 나름 '잘 팔리는' 강사가 되었다.

옆에 사진은 15주년 한마음 워크숍 때 짜장면 추억을 후배들에게 들려주기 위해 기다리고 있는 장면이다.

5년 후 기업교육 20주년 행사 때 1기 선배로서 축배사를 하였다. 입학할 때보다 더 설렜다. 축배사 할 때 키워드가 '설렘'이었던 것으로 기억한다. 만남의 인연은 지금도 기업교육신우회 모임과 1기 모임에서 계속되고 있다.

30대 공부하여
이젠 50대가 되고 보니
다시 돌아가고픈 아름다운
그때 그 시절이었던 것 같다.
지도해주시고 아껴주셨던
교수님께 감사의 말씀을
전하고 싶다.

"인생의 길잡이로서
감사드리고 축하드립니다."

그리움이
사무쳐 오면

송진휘(이화여대 겸임교수 및 HM Consulting 대표)

헤어짐의 서러움은
새로움을 품었음이니

허전함 속에 아쉬움이 머무름은
행복이 가득했음이라

스승님을 향한 그리움은
인연의 끈이 영원함에서 비롯함이니

삭풍에 봄의 씨앗이 깃들 듯
아쉬움 속 영겁의 인연에 마음이 설렌다.

선생님의 가르침과 함께한 기억은 글로 다 옮길 수 없습니다.
不立文字란 말을 절감하게 됩니다.

강의하다 보면, 문득 선생님을 따라하고 있다는 사실에 늘 놀랍니다.
젊은 사람보다 더 깨어 있으시고, 열린 마음으로 세상을 품으시던 선생님
이 존경스럽습니다. 끝이 없이 새로운 아이디어를 만들어 내시던 지혜로
움을 한결같이 따르고 싶습니다. 언제까지나 강건하게 그 길을 가시면 늘
뒤에 있겠습니다.

늘 저희 곁에 크고 든든한 나무로 남아주소서!
저희는 선생님 그 자체만으로도 한없이 존경하고 사랑합니다.
이제부터는 저희가 그 짐을 함께 지겠습니다.

지식 한 조각보다는 보는 눈을,
가르침보다는 지혜를 내려주신 선생님!
직접 변하게 하지 않고,
변할 수밖에 없는 이유를 깨쳐주신 선생님!
존경을 강요하지 않고,
존경할 수밖에 없게 하신 선생님!
올바름을 가르치지 않고, 참되게 사신 선생님!
교육의 가치를 역설하지 않고,
올곧은 교육자로서의 길을 걸어오신 선생님!
실수와 잘못을 나무라지 않고,
그 짐을 함께 져주신 선생님!
당신의 영광보다는 제자의 성장을 묵묵히 응원하시며
기뻐하신 선생님!

신범석((주)입소 대표이사)

#1. 내가 교수로 나가는 문제

선생님으로부터 지도받으며 입학한지 6년이 되어 박사학위를 받았다. 선생님께서는 당신의 박사 1호 제자가 교수로 나가 학계에서 활동하기를 희망하셨다. 나는 선생님의 희망과는 다르게 교수가 되질 않고 HRD컨설팅 회사를 다녔고, 겸임교수로 사는 것에 만족하며 지내고 있었다. 사실, 나는 나름대로 한국의 HRD와 대학교육을 위해서 하고자 하는 것들이 명확하게 서 있었고 그로인해 대학으로 가지 않았다. 내가 얼마나 안타까우셨는지 다른 수업에 들어가서서 "신범석이 이해가 안 된다. 저렇게 고집센 OO은 처음 본다."는 말씀을 하셨다고 후배한테 전해들은 적도 있다. '아! 선생님께서 그토록 내가 교수되는 걸 바라고 계시구나'하는 것을 간접적으로나마 알게 된 계기가 되었다. 그 후로도 여러 번 교수가 될 것을 권하시곤 하셨다.

선생님께서는 2006년 초 캐나다의 British Columbia대로 1년간 Visiting Professor로 가시게 되었다.● 캐나다로 출국하시기 하루 전 점심시간이 막 지났을 무렵, 선생님께서 전화를 주셨다. "지금 여의도인데 사무실 위치 좀 알려줘." 갑작스럽게 여의도에 있던 우리 사무실을 방문하신단다. 순간 당황하여 전화를 끊고 무슨 일이실까 궁금해 하며 선생님

<hr>

● 2006~2007. Visiting Professor, Centre for Policy Studies in Higher Education & Training, the University of British Columbia.

을 기다리고 있었다. HRD컨설팅회사이다 보니, 직원들도 워낙 유명하신 권대봉 교수님께서 사무실에 직접 오신다고 하니 괜히들 긴장하는 분위기였다. 직원들과도 인사를 나누시고 차를 마시며 3시간 가까이 선생님과 정말이지 속 깊은 이야기들을 나누었다. 그날, 선생님께서는 캐나다로 떠나시기 전 '내가 교수로 나가는 문제'에 대해 결론을 내리시고자 하셨던 것 같다. "자, 왜 교수가 되질 않으려고 하느냐?" "진짜 이유가 뭐냐?" "HRD컨설팅은 보람이 있나?" 등 많은 질문을 하시며 조언을 해주셨다. 이야기가 끝나갈 무렵에, 당시 강원도 모 대학의 경영에 관여하고 있다는 말씀을 드리며, "선생님, 저는 대학과 관련해서는 교수가 아니라 대학경영을 하고 싶습니다."라고 하자, 선생님께서는, "그렇다면 자네한테 이제부터는 대학교수 되라고 안할게."라고 하시며 대학교수 권면을 접으셨다.

그 후 나는 지금껏 20여개 대학의 발전전략 수립, 비전체계 정립, 특성화 등 대학경영 프로젝트를 해오고 있다. 그날 일부러 찾아오셔서 마지막까지 대학교수 되기를 설득하려고 하신 우리 선생님을 생각하면 지금도 눈물이 나려고 한다. 선생님의 깊은 제자사랑을 느낄 수 있었으며, 지금도 감사함을 항상 간직하며 살고 있다.

#2. 직능원 원장시절, 방문을 자제한 제자들의 이심전심

선생님께서는 임기 3년의 직능원 제5대 원장을 하셨다. 나는 선생님께서 원장을 하시기 전인 1998년부터 2007년에 걸쳐서 직능원 박사들과 공동연구를 하거나 회의자문(학습휴가제, 직업능력계좌제, 학생의 진로지도사업 등)을 위해 직능원을 자주 방문하곤 하였다. 2008년 9월 3일 선생님께서 직능원 원장이 되시면서, 나를 포함한 선생님 제자들은 누구랄 것도 없이 직능원 방문을 자제(?)하였다. 조그마한 프로젝트라도 하게 되거나 회의에 참석하게 되면 괜한 말이 나오지 않을까 염려했기 때문이다. 사실이지 선생님께서 직능원장을 안하셨다면 다른 연구프로젝트나 공동연구 등에 꽤나 참여했을지도 모른다. 나를 포함한 제자들은 스스로들 역차별(?)을 선택한 셈이다. 어떻게 보면, 누구도 신경 쓰지 않는데 괜히 걱정했는지도 모를 일이다. 마치 '누구도 처다보지 않는데 부끄러워서 얼굴을 못 들고 다니는 사춘기 청소년처럼' 말이다. 그러다보니, 혹시 선생님을 뵈어야 할 경우가 있으면 밖에서 만나 뵙거나 공적인 경우 일요일에 뵈었다.

결과적으로, 선생님께서 직능원을 퇴임하신 2011년 9월 2일까지 만 3년 동안 제자들로 인한 잡음이 한 건도 없었다. 이는 사실 당연한 것이어야 하고 옳은 일이기도 하다. 그러나 우리 사회는 어떠한가? 주변에 관련된 분이 고위직에라도 오르면 뭐 좀 얻어먹으려고 청탁하고 몰려드는 다른 경우들과 비교하면 귀감이 되는 사례가 아닐 수 없다. 요즘처럼, 시국이 어수선한 즈음에는 더더욱 그렇다. 이 모든 것은 선생님의 평소 가르침에 따른 결과이었다. 선생님께서는 공과 사가 매우 분명하신 분이며, 특히, 자신 또는 자신의 제자들과 관련된 일에 매우 엄격하신 분이다. 이를 아는 제자들이 어떻게 행동했을지는 더 설명할 필요가 없다.

직능원 원장이 되시고 6개월쯤 되신 어느 일요일, 박사논문심사가 있어서 직능원을 오랜만에 방문했었다. 예전, 직능원에 왔을 때 2층의 원장실에 들어간 적이 있는데 그날 본 원장실은 예전의 원장실하고는 위치도 다르고 매우 좁아졌다는 것을 알 수 있었다. 선생님께서는 원래 넓은 원장실을 여직원 휴게실 등 직원편의시설로 양보하시고 그 앞의 작은 방으로 옮기신 것이었다. 선생님은 그런 분이시다. 그날도 2층 소회의실에서 논문심사를 하는데 커피와 녹차를 직접 가져다 주셨다. 선생님은 겉으로만 뵈면 조금은 '권위주의'가 있으신 건 아닌지 하는 오해를 한다는 사람들이 있다. 그러나 선생님은 매우 따뜻하신 분이시며 소탈하시고 매우 민주적인 분이시다. 아무리 나이가 어린 학생도 똑같이 존중해 주신다. 선생님은 인간존중을 몸소 실천하신 교육자이시자 공정하고 청렴한 공직자이셨다.

신영숙(인사혁신처 국장)

교수님을 사제지간으로서 처음 뵌 것은 아니다. 공직생활을 교육부에서 혈기 있게 시작하였는데, 평생교육정책과●로 발령받아 이 분야의 전문가로 교수님을 뵙게 되었다. 1999년경이니 지금으로선 상상하기 힘들지만, 교수님에 대한 기억은 지금 석학의 면모보다는 신진 전문가 그룹의 선구자로서 더 깊은 인상을 간직하고 있다. 볼모지인 평생교육정책에 대해 해박하면서도 이 분야를 주름잡으며 독점하고 계시던 소수 전문가들과 차별화되는 실용적인 조언과 이론적 지원을 해 주서 그야말로 실무를 담당하던 이들에게 큰 신망을 받고 계셨다. 떠오르는 학교 밖 교육의 중요성과 언제 어디서나 누구나 교육받아야 한다는 인식이 공감대를 형성하면서, 이후 평생학습법이 제정되며 업무 범위가 팽창되고 기반도 닦여지던 때였으므로 같이 일을 하는 사람들도 많은 보람을 느낄 수 있었다.

교수님을 다시 뵙게 된 계기는 석사과정 유학을 마치고, 돌고 돌아 2005년 다시 평생학습정책과로 오게 된 때이다. 초창기보다 업무가 궤도에 올라 영역이 확장되어 있었고, 교수님은 굵직굵직한 정책에 빼놓을 수 없는 중요한 멘토로서의 역할을 하고 계셨다.

외람되게 이 얘기를 꺼내는 것은 관련 업무를 한 덕에 교수님께서 평생학습정책 분야에서 활약하신 엄청난 업적을 제자들 중 누구보다 실감나게 알고 있는 증인이 나란 생각이 들어서이다. 교수님은 공허한 이론으

● 그 당시 조직 직제명임.

로 무장되어 학문적 울타리에서만 인정받는 분뿐이 아니셨다. 학문적 지식이 현실에서도 얼마나 유용하게 활용하여 많은 사람들에게 큰 도움을 줄 수 있는지를 알게 해 주신 분이다. 이 분야에서 일을 해 본 사람이라면 누구나 내 의견에 공감하고 교수님의 열정과 업적을 인정할 것이다.

철없던 젊은 시절 박사과정을 밟는다는 것은 나같이 지원해 줄 이도 없고, 조직에서 하루하루 일하는 상황에서 꿈꾸기조차도 너무나 먼 이야기라 생각했지만, 우연한 기회 학업의 끈을 잇고 보니, 개인적으로 공부에 대한 열망이 일어나게 되었다. 그러나 진학하여 그 꿈이 현실로 이렇게 이루어질 줄은 생각도 하지 못했었다. 우연한 기회로 용기를 내게 되었고 떨리는 마음으로 입학시험을 치렀다.

교수님이 제자로 받아주시겠다고 승낙해서 가능한 일이었다. 그 당시 어떻게 부족한 나를 믿어주시고 손을 내밀어 주셨는지, 지금 생각해봐도 몸둘바를 모르겠고 감사함을 느낀다. 교수님의 배려로 가슴속 깊숙이 넣어두었던 학업의 기회를 갖게 된 것이다.

1991년 본교를 졸업하고, 무려 15년만에 다시 재입학을 했으니, 설레기도 하고 그야말로 모든 것이 새로웠다. 눈부시게 변모한 학교 캠퍼스가 어리둥절하기만 하고 낯설기도 했다. 교수님께 인사를 드리러 갔었는데 이런 심정을 아셨는지 교수님께서 환영의 의미로 직접 인촌기념관을 안내해주셨던 기억이 너무나 또렷하다. 어찌 보면 평범한 그날의 하루가 10여년이 지난 지금도 너무나 또렷한데, 드디어 스승과 제자로서 교수님과의 인연이 시작되었다고 느낀 감회가 각인된 날이기 때문인 듯하다.

박사과정은 녹록치 않았다. 코스 과정동안 나의 직장경력도 요동을 거듭하여 적응하느라 눈코뜰새 없었고, 아내로, 엄마로, 자식으로 해야 할 많은 역할들을 감당하기에도 벅찼다. 부푼 꿈을 안고 같이 입학한 직장동료들 중 이런저런 스트레스 상황을 감당하지 못해 박사 과정을 제대로 마무리하지 못한 이들도 꽤 많다. 나는 이들보다 너 나은 여건이 아닌데도 끝까지 과정을 이수하고 학위까지 받았다는 것이 믿기지 않는다. 다 하늘이 돕고 운이 많이 작용한 결과이지만, 무엇보다도 직장을 다니면서 공부하는 제자들의 고충을 이해해 주시고 수시로 격려해주신던 교수님의 믿음이 큰 자극이 되었다. 교수님은 종종 직장생활을 하셨던 일, 뒤늦게 학업을 하셨던 당신의 인생들을 제자들에게 말씀해 주시곤 하셨는데, 이런 말씀들이 나같이 고달픈 늦깎이 학생에게는 많은 위로가 되었다.

평생을 살면서 사람은 가족 외에 자신의 상황을 진정으로 공감해주고 게다가 도와주는 사람을 만나기란 쉽지 않은 일일 것이다. 일과 학업을 병행하는 동안 어려운 일이 생겨 교수님께 상의를 드리면, 항상 처지를 이해해 주시고 합리적인 해결책을 모색해주시려 애써 주셨다. 지금도 많은 인연을 이런저런 이유로 만나게 되지만 주변에 나를 배려해줄 수 있는 사람을 만난기란 쉽지 않다. 교수님을 뵈면 내리사랑이 의미가 무엇인지를 알 수 있다. 사제지간이 어찌 보면 권위적 관계로 흐르기 쉬운 세태에서 소탈하고 따뜻하게 제자들의 앞날을 챙겨주시는 교수님께 학업에서만이 아니라 인생의 큰 가르침을 배웠다. 우리 고대 교육학과 성인계속교육 박사과정 학생들이 졸업 후 모두 제자리를 잘 잡아가는 것은 무엇보다 교수님의 믿음과 격려의 힘이 절대적으로 큰 것이 아닐까 싶다. 정말 교수님 같은 분을 뵙게 되고 스승으로 모시게 되어 인생을 살아가는 어른의 덕을 배운 것은 큰 행운이다.

허덕이며 박사 과정을 마치고, 논문의 논자도 모르는 상황에서 시작하여 하나둘 어설픈 좌절을 겪고 배우며 논문을 썼다. 그 과정에서 휴먼웨어 선후배분들의 많은 도움을 받았다. 포기하지 않고 과정을 무사히 마쳐 제자로 받아주시고 항상 믿어주시던 교수님의 은혜에 조금이라도 보답을 한 것 같아 스스로 조금은 뿌듯해 해도 될 것 같다.

나는 은인을 만나 이렇게 훌륭한 공부를 마치고 박사학위까지 마친 사람이 되었다. 교수님께서 베풀어주신 스승으로서의 사랑은 말로는 표현할 수 없는 깊은 가르침이다. 받은 감사와 고마움을 마음에 새기고 가정에서도 직장에서도 가르침대로 소임을 다하며 세상을 살아가려 열심히 노력하는 중이다.

오승근(명지전문대학 청소년교육복지과 교수)

　내가 대학 학부 복학생 시절, 권대봉 지도교수님을 학교 수업에서 처음 뵈었다. 정확하지는 않지만 대략 1993년으로 기억되는데 그 당시 학생들 간 소문으로 권 교수님께서는 국내 대기업에서 근무하시다가 늦게 미국 유학을 다녀오셔서 신생 학문인 HRD 분야를 보급하신다는 얘기가 나돌았다. 1990년대 초반까지만 해도 교육사회학이 주류를 이루고 있던 터라 기업교육이나 인적자원개발 등의 학문 분야가 생소하기도 했거니와 HRD 분야는 현장중심의 실천적 측면이 강해서 학문적으로 받아들이기에는 아직 국내에서 학문적 토양이 채 형성되지 못한 시기였다. 더구나 HRD 분야는 교육학이라는 학문과 경영학이라는 학문의 특성을 접맥한 학문적 정체성에 있어서도 혼란스럽기까지 했다. 그래서 나는 교육학과 석사과정 입학 후 세부 전공을 선택하는 과정에서 권 교수님께 지도요청을 드려야 할 것인지 고민을 많이 했다. HRD가 새로운 학문분야이기에 향후 전망은 있을 법하지만 나의 개인성향으로는 맞추기 어려울 듯해서 결국 교육사회학 분야로 세부전공을 선택하였고, 정우현 교수님께 석사과정 지도를 받게 되었다. 이후 박사과정에서는 정우현 교수님께서 정년퇴임하셨고, 우리 학과에는 평생교육 분야를 담당하는 교수님이 권대봉 교수님 뿐이셨기에 권 교수님을 지도교수님으로 모시게 되었다. 이렇듯 지도교수님으로 권 교수님을 모시게 된 삶의 인연은 도무지 피해가기 힘든 것이었는지 모르겠다.

대학원 시절 학과 조교로 활동하면서 권 교수님을 더 가까이 뵐 일이 많았다. 당시 수업시간에는 대학원 학생 수가 그리 많지 않아서 학과 교수님들과 대화할 기회가 제법 있었다. 그때마다 늘 느끼게 된 한 가지는 권 교수님께서는 어떤 사안에 대해서도 늘 간단명료하게 대처하시는 모습이었다. 복잡한 사고보다는 마치 매뉴얼과 같이 체계적인 방식으로 일목요연하게 요점을 깔끔히 정리해 주셨다. 실제로 그 당시에 권 교수님께서 저술하신 교재 예컨대, '국제화시대 인재 만들기'는 한편의 매뉴얼을 보는 듯 내용이 명료하게 쓰여져 있었다. 이러한 권 교수님의 특성은 학문적 성향과도 관련성이 깊을 것으로 생각된다. 그리고 평소 학생들을 대하실 때 특히, 남학생을 대하실 때 악수와 함께 "잘 지냈지?"라는 한 마디 말씀으로 간단명료히 인사를 끝냈던 기억도 새롭다. 이것도 학문적 영향일까? 교수님 개인의 성품인지는 잘 모르겠지만 처음에는 무척 어색한 만남이라고 느꼈다. 돌아보면 오히려 학생들과의 관계에서 불편한 상황을 연출하지 않으시려는 일종의 배려로 기억된다.

권 교수님에 대한 또 다른 기억은 늘 새로운 변화를 추구하는 모습이었다. 어느 날 권 교수님 연구실을 찾아가면 책장의 위치가 어느 새 바뀌어 있었다. 연구실에 각종 책이 산더미처럼 쌓여있는데 이를 자주 바꾼다는 것은 쉽지 않았을 게다. 오히려 이러한 변화가 번거로웠을 것 같은데도 권 교수님의 연구실 책장이나 가구 위치는 변화되어 있었다. 어쩌면 권 교수님 담당 조교가 힘들 수 있었겠으나 이러한 교수님 연구실의 환경 변화는 권 교수님의 변화 추구 스타일이 반영된 것이라 생각된다. 때때로 많은 사람들이 과거에 대한 기억에 천착하고 있을 때 권 교수님의 변화를 추구하는 성향이 더욱 빛났으며, 학문적으로나 일상생활에 반영되어 나타났다. 권 교수님의 변화는 단지 사물에만 국한된 것도 아니었다. 어떤 때에는 수염을 기르시기도 하셨고, 갑작스레 SNS로 지도학생들에게 친구 신청하시며 온라인 활동을 맹렬히 하시기도 하셨다. 권 교수님을 떠올리면, 항상 새로운 변화를 추구하는 모습이셨다. 심지어 지도학생들 워크숍이나 모임에서도 유머를 건네는 말씀에서조차 변화를 읽으려고 애쓰시는 모습이 보여 졌다.

끝으로 기억되는 것은 권 교수님의 학문적 열린 사고와 포용력이다. 대학원 박사과정 수업에서 권 교수님의 관점은 비교적 명확하셨다. 따라서 대부분의 학생들은 당시 생소한 경영학적 사고에 익숙지 않았을 터인데 잘 따라가고 있었다. 어떤 교과목 수업내용인지 분명히 기억나지 않지만 인적자원관련 내용을 수업시간에 토론한 적이 있었다. 그때 나는 인적자원분야의 경영학적 사고에 대해 비판한 적이 있었다. 나는 다른 것보다 인간교육에서 경영적 측면은 부차적인 것에 불과하다는 강한 생각을 가지고 있었던 것 같다. 수업이 끝난 후 그 수업에 참여했던 다른 학생이 나에게 직접적으로 그렇게 인적자원에 대해 비판하면 안 된다는 충고를 해주었다. 그제서야 내 발언이 위험수위를 넘을 수 있었겠다는 생각을 하게 되었다. 지금은 대학원 수업분위기가 어떤지 모르겠지만 감히 지도교수님의 견해와 상충되는 주장을 한낱 지도학생이 하는 것은 어떤 측면에서 용납되지 못할 수 있다. 그 정도까지는 아니더라고 지도교수님께서 이를 싫어하실 것은 분명하다. 그런데 그 이후 권 교수님께서는 별다른 반응이 없으셨고, 나를 대하시는 모습도 이전과 달라지지 않으셨다. 권 교수님께서는 어떤 사안에 대하여 자신의 입장이 비교적 분명하신 편이다. 그런데도 권 교수님께서는 다른 입장들도 수용하시는 것을 그 이후에도 가끔 목격하거나 전해듣곤 하였다. 권 교수님께서는 학문하는 사람의 자세로서 타인의 견해를 받아들일 수 있는 포용력의 모범을 보여주셨다 생각한다.

최근 몇 년간 나는 개인의 나태함과 바쁘다는 핑계로 권 교수님을 찾아뵙지 못했다. 권 교수님께 매우 송구할 뿐이다. 권 교수님 정년퇴임이 얼마 남지 않았는데 그 이후에는 권 교수님께서 좀 더 자유로우실 터이니 이전보다는 편한 마음으로 찾아뵐 수 있지 않을까 생각한다. 가끔 지도학생들이 카톡방이나 메일로 보내주는 권 교수님 관련 소식을 읽으면서 지금도 여전히 시대 변화를 읽어내시고, 교수님 당신이 먼저 변화하려고 애

쓰시는 수용적인 모습을 본다. 이러한 은사님의 모습을 지도학생으로서
나는 얼마나 닮아있는지 생각해본다. 참으로 부끄럽기 그지없다. 자고로
제자는 스승의 모습을 닮는다고 하는데 아직도 난 철부지 없는 불량학생
인 것 같다. 권 교수님에 대한 기억을 떠올리면서 내 자신의 모습을 되돌
아보는 계기가 되었다. 이러한 것에서도 학문하는 사람으로서 배움을 얻
는 것을 보면 은사님의 평생교육은 다함이 없는 것 같다. 권대봉 지도교
수님! 감사합니다.

"잘지냈지?"

어떤 만남, HRD, 그리고 진인사 대천명

오정록(고려대학교 공공정책대학 정부행정학부 교수)

> "권대봉 교수님, 저는 고려대 법과대학을 졸업하고,
> 일반대학원 법학과 석사과정을 이미 수료한 상태입니다.
> 그런데 교육대학원 기업교육전공에서 공부를 새롭게 시작하는 것이
> 혹시 늦은 것은 아닐까요?"

인생을 바꿀 수 있는 몇 가지 드문 기회 중에 하나는 어떤 사람과의 만남이라고 한다. 내가 권대봉 교수님을 처음 만난 것은 2005년 봄이었던 것으로 기억된다. 당시 2년차 교육담당자였던 나는 인적자원개발(HRD) 전문가로 성장하기 위한 학문적인 소양을 쌓기 위해 고려대 교육대학원 기업교육전공 입학 지원을 고민하던 중에 있었다.

첫 번째 고민은 학부와 대학원 전공을 바꾸어 새로운 분야에서 학업을 시작하는 것이 과연 현실적인 선택일지, 두 번째 고민은 이를 통해 내가 목표하는 HRD 전문가로 제대로 성장해 나갈 수 있을지 자신이 없다는 것이었다. 그래서 나는 취업 전에 잠시 교육 프로그램 진행조교로 활동했던 데일 카네기 트레이닝에서 주관하는 특강의 초청연사로 HRD 권위자인 권대봉 교수님이 오신다는 소식을 듣고, 여의도 사무실에서 퇴근하자마자 역삼동의 강의장으로 달려와 특강을 마치고 막 출발하려던 교수님께 개인적인 질문을 던진 것이었다.

"본인은 학부와 대학원에서 법학을 공부한 것이
혹시 앞으로 걸림돌이 될지 모른다고 걱정이 되나요?
제가 보기에는 HRD 분야에 법학을 전공한 사람이 상대적으로
매우 적다는 점에서 오히려 좋은 기회가 될 수 있을 것입니다.
본인이 HRD 분야에 기여할 차별화된 배경을 가지고 있다고
관점을 바꿔서 한 번 생각해 보는 것도 좋겠네요.
참, 본인의 학위논문을 HRD와 법학이 접목된 주제를
찾아서 써보는 것도 좋을 것 같은데 어떤가요?"

교수님의 이 말씀은 학부에서 HRD 관련 전공(교육학, 경영학, 심리학)을 공부하지 못한 것이 전문가로 성장하기에 한계로 작용하지 않을까 염려했던 나에게 큰 동기부여가 되었고, 그 결과 2006년 3월 교육대학원 기업교육 전공에 입학하여 HRD를 공부할 소중한 기회를 가지게 되었다. 권대봉 교수님을 비롯하여 조대연 교수님, 신범석 교수님, 현영섭 교수님 등 좋은 역할 모델이 되어주신 분들의 도움으로, 내가 그동안 실무자로서만 경험한 HRD의 넓고 깊은 학문 세계를 탐구할 수 있었다.

다행히 계획대로 한국에서의 학업을 모두 마치고 2008년 8월 유학길에 오르기 전 입학지원 추천서를 써주신 교수님께 감사 인사를 드리는 자리에서, 앞으로 미국 땅에서 잘 해낼 수 있을지 아무래도 걱정이 앞선다는 고민을 말씀드렸다. 그러자 교수님께서 유학과정에 대한 여러 조언을 해주시던 중 마지막으로 "진인사 대천명"이라는 말씀을 해주셨다. 또한 "뜻이 있는 곳에 길이 있다"는 말씀도 덧붙이셨다.

나는 그때로부터 지금까지 이 말씀을 잊지 않으려고 노력했다. 5년간의 유학 과정과 2013년 5월 박사학위를 받고 귀국하여 대전에 소재한 우송대학교 국제경영학부 전임교수로 곧바로 임용되고, 2016년 3월 세종시에 위치한 모교 캠퍼스의 전임교수로 옮기기까지 10년에 가까운 여정에

서 교수님께서 주신 많은 조언과 격려의 마지막 말씀은 항상 "진인사 대천명"이라는 의미로 이해될 수 있는 것이었다. 유학 중이던 2010년 부득이한 사정으로 학업 중단과 귀국을 고민했을 때에도, 박사과정 마지막 학기에 학과에서 의뢰한 전공 교과목 강의를 감당할 수 있을지 걱정했을 때에도, 졸업 후 귀국하여 곧바로 대학에 자리를 잡는 것이 과연 현실적인 계획인지 회의에 빠졌을 때에도 교수님의 말씀이 나에게 주는 교훈은 항상 "진인사 대천명"이었다.

교수님께서 2005년 봄의 첫 만남에서 조언해 주신대로 나는 석사논문과 박사논문을 HRD와 법학이 융합된 주제를 찾아내어 쓰게 되었다. 내가 만일 권대봉 교수님을 만나지 못했다면, 석사학위논문 주제인 학습휴가제도에 관해 논의한 두 편의 학술지 게재 논문은 세상에 나올 수 있었을까? 그리고 HRD 분야의 'niche market(틈새시장)'으로서 HRD에 법학을 접목해 보라는 말씀을 듣지 못했다면, 조직 내부의 정의(Justice)를 주제로 한 박사학위논문을 통해 받은 학위논문상과 두 편의 학술지 게재 논문 역시 과연 가능한 것이었을까? 그리고 내가 교수님께서 창립하신 한국인력개발학회의 상임이사로서, 지금 우리나라 HRD 분야 발전에 조금이라도 기여할 수 있는 기회를 제대로 가질 수 있었을까?

나는 교수님의 가르침을 따른 결과 HRD 전공을 중심으로 법학, 교육학, 경영학, 행정학 관련 분야에서 쌓은 다양한 경력을 활용하여, 현재 고려대 세종캠퍼스에서 학부 및 대학원 학생들을 가르치고 있다. HRD 전공 박사과정 졸업자로서는 거의 유일하게 국내 대학의 행정학과 소속 전임교수로 임용되어 HRD 전공 교과목을 최초로 개설한 것에 그치지 않고, 앞으로 HRD와 행정학이 접목되는 분야인 공공인적자원개발(Public HRD) 분야를 개척해 나가는 것이 나에게 주어진 직업적 소명이 아닐까 생각한다.

모교의 전임교수로서 기본적으로 요구되는 글로벌 수준의 영어 강의와 연구 수행이라는 소임을 충실히 감당하면서, 동시에 이러한 HRD 전문가로서의 사명까지도 온전히 다해낼 수 있을지 아직도 걱정이 앞선다. 또한 앞으로 교수님께서 보시기에 조금도 부끄럽지 않은 HRD 전문가로서 현실에 안주하지 않고 계속 성장해 나갈 수 있을지 아직도 자신이 없다.

이번에 영광스런 정년퇴임을 하시는 권대봉 교수님께서 고민 많은 제자의 마음을 아신다면 미소를 지으시면서 나지막한 목소리로 이렇게 말씀하실 것 같다. 그리고 HRD 전문가로서 성장하는 과정에서 예전의 나와 비슷한 이유로 고민 중인 분이 혹시 계신다면 역시 같은 말씀을 전해드리고 싶다.

"진인사 대천명, 뜻이 있는 곳에 길이 있습니다"

유기웅(숭실대학교 평생교육학과 교수)

　권대봉 교수님과의 첫 만남은 1992년 2학기였던 것으로 기억한다. 일명 X세대로서 교육학과 92학번들 친구들은 전 세대와 비교하여 경제적 풍요 속에서 자랐으며 남의 눈치를 보지 않는 개성파들이 많았었다. 우리들의 이러한 개성과 감춰진 끼를 수업시간에 마음껏 발산할 수 있는 기회가 된 것이 바로 교수님이 맡으셨던 '한국의 교육'이라는 강의에서였다. 고등학교를 갓 졸업하고 정신없이 1학기를 마친 우리들에게 대학 강의는 아직 낯설기만 했고, 대학 강의의 '후레쉬한 맛'을 알지 못한 상태로 2학기를 맞이하였다. 그때 당시 대부분의 교수님들은 칠판에 어려운 한자를 빼곡하게 쓰시면서 설명하시고 학생들은 아무 말 없이 교재에 줄을 치고 노트 필기를 하는 방식으로 수업을 진행했었다. 그런데 교수님이 담당하신 '한국의 교육'은 기존의 수업방식과는 많이 달랐었다. 교수님은 수강생 50여명을 15개 팀으로 나누고, 각 팀별로 한국 교육의 각 분야, 각 급학교별 교육 등(가정교육, 유아교육, 초등학교 교육, 중학교 교육, 고등학교 교육, 대학 교육, 여성 교육, 성교육, 청소년 교육, 특수 교육, 야학 등)으로 구분하여 연구보고서를 작성하고 발표하게 하셨다.

　이 수업을 위해 우리들은 각 팀별로 연구 분야, 팀 멤버, 팀 이름 선정 등을 진행하였다. 연구를 위해 각 팀은 문헌조사를 바탕으로 현장조사, 설문조사 등을 실시하였으며, 연구결과물로 연구보고서를 작성하였다. 1990년대 초는 과제 제출 등에 있어 컴퓨터의 활용이 원활하지 못했음에도 불구하고 모든 팀의 보고서는 워드프로세서를 통해 작업하였다는 것 자체가 추억에 남을 만한 사건이었다. 매주 수업은 각 팀이 진행한 연구를 발표하는 식으로 진행되었는데 비록 지금처럼 파워포인트 슬라이드를 작성하여 화려한 프레젠테이션은 아니었지만 나름 창의성을 발휘하여 재미있게 내용을 전달하려고 하였다.

필자가 속한 팀(팀명: 학점을 찾는 사람들, '학찾사')은 '우리나라 대학입시제도에 대한 고찰'이라는 연구 주제를 선정하여 1994년 실시되었던 우리나라 최초의 대학수학능력시험을 고찰하여 그 문제점 및 개선점을 제시하려는 목적을 설정하였었다. 이러한 목적을 달성하기 위해 문헌조사, 현장조사(설문조사, 인터뷰법)를 실시하였다. 문헌고찰을 위해 대학입시제도와 관련된 각종 학술서적, 신문기사, 학술논문 등을 참고하였다. 무엇보다도 이 연구의 하이라이트는 현장조사에 있었는데, 설문조사를 위해 설문문항을 개발하여 강서구에 위치한 영일고등학교 교사 50여명을 대상으로 조사를 실시하였다. 우리 팀은 설문조사에 그치지 않고 인터뷰도 실시하였는데, 인터뷰 참가자는 고등학교 교사 2명, 서울특별시교육청 중등교육국 중등교육과 장학사 1명, 고등학생 6명, 학부모 12명, 대학생 2명이었다.

대학교 1학년생으로서 그 당시 연구방법론에 대해 아무것도 모르는 상태에서 이러한 준(quasi) 혼합연구(mixed-methods design)을 설계하여 실시했다는 게 믿어지지 않을 만큼 대견하다고 생각한다. 우리 팀은 사실 그 당시 세상물정도 잘 모르는 순진한 신입생들이었다. 교육행정직 공무원을 인터뷰하기 위해 사실 광화문 정부종합청사에 위치한 교육부를 찾아가 인터뷰를 시도하였으나, 청사입구에서 출입이 당연히(?) 거절당했었다. 조별 과제를 하기 위해 아무런 약속도 없이 교육부 사무관을 만나 인터뷰한답시고 무턱대고 찾아갔으니 청사입구에서 방문객을 체크하는 직원의 입장에서 얼마나 황당하였겠는가? 무식하면 용감하다는 말이 여기에 딱 맞는 말인 것 같다. 그러나 우리는 거기에서 좌절하지 않았다. '그래, 교육부가 안 되면 서울시 교육청이라도 찾아가자.' 우리 팀은 광화문에서 이동하여 서울시 교육청사로 들어가 우여곡절 끝에 관계자를 만나 간단한 인터뷰를 실시하였다.

각 팀별 보고서는 '한국의 교육—소집단 연구 보고소 모음집'이라는

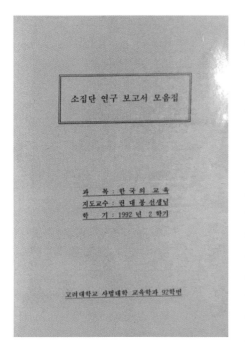

소집단 연구 보고서 모음집

과   목 : 한국의 교육
지도교수 : 권 대 봉 선생님
학   기 : 1992년 2학기

고려대학교 사범대학 교육학과 92학번

책 형태로 만들어져 지금도 내 방 책꽂이에 꽂혀있다. 어쨌든 25년이 지난 지금에도 이러한 에피소드가 생생하게 기억나는 것 자체가 신기할 따름이다. 그만큼 교수님의 수업방식이 당시 우리들에게는 획기적이었고 참신하였던 것만큼은 확실한 것 같다. 이후로 필자는 교수님의 모든 수업을 수강했을 정도로 교수님의 수업을 좋아했었다. 단순하게 강의 내용을 전달하는 수업이 아니라 수강생들 스스로가 학습을 할 수 있고 해당 과목과 학문분야에 대해 관심과 흥미를 갖게 하는 묘한 매력을 발휘하게 한다. 학부과정을 마치고 대학원 과정에서 인적자원개발과 성인교육 분야를 더 깊게 공부하게 된 것도 바로 교수님이 우리에게 주신 영감의 영향력이 아닐까 싶다.

필자는 1999년 2월에 학부를 졸업하고 같은 해 4월에 같은 학과 같은 학번인 김인숙(한국교육과정평가원 연구위원)과 결혼하였다. 우리 둘은 결혼 후 미국 대학원과정에서 공부하기 위해 결혼을 서둘러 치르게 되었는데 우리 결혼식의 주례를 권대봉 교수님이 맡아주셨다. 그 당시 교수님은 40대의 비교적 젊은 나이에 결혼식 주례로 활동하고 계셨다. 사실 석박사과정을 미국에서 공부하기로 마음먹은 것도 어떻게 보면 교수님의 영향이 크다고 할 수 있다. 교수님의 수업을 수강하면서 해당 학문분야에 관심과 흥미를 갖게 되었고, 교수님의 모습을 보면서 교수님을 모델링하게 된 측면도 적지 않다. 결혼식 주례를 위해 충남 천안의 예식장까지 와 주신 교수님께 다시 한 번 깊은 감사를 드립니다. 결혼식이 끝나고 유학 준비 등으로 바쁘다는 핑계로 찾아뵙고 제대로 인사도 못 드린 것이 지금까지도 마음에 걸립니다. 그나마 미국 유학시절, 아마 2000년 가을경, 교수님이 미국 조지아대학교에 잠시 방문하셨을 때 집에서 저녁식사를 대접해드렸던 것이 마음의 위안이 됩니다.

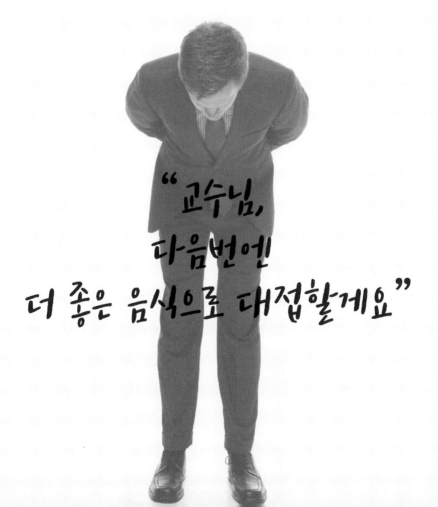

"교수님,
다음번엔
더 좋은 음식으로 대접할게요"

유대원(한국산업교육협회 회장)

#1. 첫 만남

1996년 봄 한국산업교육협회 세미나에서의 짧은 만남이었지만 강한 인상을 남기며 고대 박사과정으로 들어서게 된 계기가 되었다.

처음 교수님을 뵈었을 때에는 교수보다는 날카로운 눈빛과 모습이 국정원 간부를 만나는 것 같은 느낌이었으나, 대화를 통하여 박사과정에 대하여 부드러우면서도 상세한 설명에 호감을 느끼게 되었다. 그 당시 삼성화재 교육팀장으로 재직 중이었으며 학문에 대한 관심이 깊어 기회가 되면 박사과정에 진학할 계획이었다.

#2. 박사과정 면접

몇 달 후 고대 대학원에 박사과정 면접에 참여하게 되었고 원로 교수님들의 날카로운 질문은 이어지고 있었다. 석사를 연대에서 하였으면 박사도 연대에서 하지 왜 고대에 지원 하였는가 라는 질문에 연대에도 교육학에 훌륭한 교수님들이 많이 계시지만 고대에도 더 훌륭한 교수님들이 계시다는 사실을 알기에 학문의 폭을 넓히고자 지원하였다는 답변에 면접을 하던 교수님들의 표정이 밝게 변하는 것을 느끼게 되었다(사실은 연대에서 HRD를 전공하였으나 박사 과정이 개설되지 않아 공부를 계속 할 수 없는 속사정이 있었고 약 10년 뒤 연대 대학원에도 박사과정 개설이 되었다).

질문은 계속 이어져 삼성에 재직하면서 박사과정 수업이 가능하겠느냐는 질문에는 삼성을 그만두더라도 학위에 도전하겠다는 답변에 교수님들이 미소와 고개까지 끄덕이시며 긍정적인 분위기가 계속 되었으나 고대에 누가 추천하여 오게 되었느냐는 질문에 권대봉 교수가 계서서라는 답변에서부터 갑자기 분위기가 싸늘하게 변하고 날카로운 질문이 이어지고 있었다. 권대봉 교수는 언제부터 알게 되었고 어디에서 만났느냐는 질문에 지난봄에 세미나에서 처음 만났고 그 이후에는 만난 적이 없었다는 답변에 다시 부드러운 분위기로 바뀜을 보면서 약간 의아한 느낌이 들었다.

#3. 박사과정 수료와 그 후 이야기

박사과정 중 어려움은 삼성을 사직한 후 기업 강의 활동은 계속하였기에 잠자는 시간 줄이는 이외에는 다른 방법이 없었다. 논문 작업이 시작되고는 부득이 6개월간 단식을 하며 하루 2~3시간 이상 잠을 잘 수밖에 없었다(후배들에게 조언한다면 단식을 할 때에는 최소한의 미네랄, 효소 복용과 생수를 하루에 3리터 이상 음용하여야만 건강을 해치지 않으며 단식 기간 중에는 졸리지 않고 정신이 맑아 공부와 논문 쓰기에는 "딱 좋아").

박사 과정 중에도 기업 경험은 많으나 대학 강의 경험이 없다고 여러 대학에 추천하여 강의 경험을 넓히는 등 대학을 이해하고 경험을 쌓아 나갈 수 있도록 여러 가지 배려와 격려에 다시 한 번 깊은 감사의 마음을 느낀다. 논문 통과될 무렵 수도권 대학 산학협동교수로 추천하여 주었으나 나이가 50을 넘어서자 채용에 어려움이 발생되었다.

하루는 권 교수께서 "유박사는 학과를 직접 개설하거나 대학을 만드는 것이 바람직하겠다." 라고 말씀하셔서 언젠가는 그 꿈을 실현시키고자 한다.

연대 동문회장도 하고 안정적인 연대 이야기를 하면 고대 기업교육 초창기의 어려움과 부러움에 표정이 어두워짐을 느끼게 되었고 하루는 박사 동문이 진정한 동문일수 있다는 말씀에 마음속 깊이 새기게 되었다.

권 교수님은 오래 사귈수록 깊이와 품위 그리고 사랑을 느끼게 됩니다. 항상 밝고 푸근한 웃음에 주변 모두에게 해피 바이러스를 전달하는 특이한 매력을 지닌 권 교수님! 은퇴 이후에도 영원한 스승으로 함께하시며 주변 모두에게 해피 바이러스를 전파하는 그 모습 계속 보고 싶습니다.

새로운 인생의 시작 건강과 행복이 함께하며 모든 일이 뜻한 데로 이루어
지는 기적 같은 365일이 되시기를 기원합니다.

"교수님, 진심으

"존경하고 사랑합니다"

기억
하겠습니다

유현욱(University of British Columbia(UBC), 박사과정)

세 살 박이 아들을 기르면서
풀타임 대학원생이 되 보면 다시금 깨닫는다
세상에, 쉬운 일은 없다는 걸

가끔은 어린 아들을 데리고 캠퍼스에 간다
학문의 전당을 보여주겠다는 포부에서가 아니라
애도 봐야 하고, 공부도 해야 하고, 일도 해야 하니까

추석 연휴 전날도,
엄마-대학원생은
캠퍼스 안팎을 뛰어다니며 바빴다

녹초가 돼서
선생님 연구실에 들어가 앉으니
'아들 이름이 뭐였지?' 하신다
'민우예요'

잠시 후,
봉투에 정자체로 또박또박 적힌,
'민우에게, 엄마 선생님이'
'이게 뭐예요 선생님?'
'추석 선물, 아들 갖다 줘'

연구실 문을 나오면서
하얀 봉투보다 더 하얗게
그 위로 떨어진 내 눈물

한 번은
인터넷을 고치러 대학 시설과에서 사람이 왔다
선생님께서 귓속말로 내게 나지막이
'이거, 저 사람 가기 전에 줘'
손에는 달콤한 음료수가 들려 있다

내 기억 속의 선생님은,
늘 조용조용,
그러나 큰 울림이 있는 말씀을 하셨다

글보다 그림이 더 큰 말을 한다고 할까
수업에서 선생님과 같이 그림과 함께 토론 했던 내용들이
아직도 선명히 기억 속에 자리하고 있다
가르치려 하지 않으셔도 가르침이 있는 분이었다

할아버지가 안 계시는 내 아이에게는
자, 이거 맛있는 거 사먹어라,
용돈을 작은 손에 꼭 쥐어 주시던
친할아버지 같던 선생님이셨다

내 기억 속에서 선생님은
내가 난 한국에 대해,
우리의 문화에 대해,
깊은 애정을 갖고 계신다

내 기억 속에서 그 분은
세상의 이치에 대한
고민과 탐구를
놓지 않고 계신다

새기고 새기겠습니다
기억, 하겠습니다

2014~15년에 권대봉 선생님 연구조교를 맡으면서의 경험을, 부족하나마
시(詩)로 적어 보았습니다.

민우에게,
엄마 선생님이

윤봉락((전)현대경제연구원 전무)

　머물고 있는 가을 설악 암자에서 권대봉 교수님이 퇴임하신다는 소식을 접하게 되었다. 암자에서 바라본 넘실대는 산마루들은 큰 골과 아름다운 경치로 많은 사람들을 품고 있다. 권대봉 교수님은 백두대간의 크고너른 산처럼 늘 가야할 방향을 밝히시고, 훌륭한 인재를 품어 양성하였습니다. 이렇게 양성된 전문가들은 사회 곳곳에서 터를 잡고 뿌리 내려, 세상을 이롭게 하고 활인지방(活人之方)의 선업을 행할 수 있도록 길을 내시고, 큰 터를 만드셨습니다.

　권대봉 교수님과의 귀한 인연을 돌아다 보았다.

　#1. 1995년 말 고려대 교육대학원에 진학을 지원하면서 시작되었다.
　현대자동차에서 그룹 인재개발원인 현대인재개발원으로 파견을 나가교수실에서 근무할 때였다. 남들 앞에 서서 열심히만 하면 뭐든 할 수 있을 것이라고 생각하던 패기만만하던 시절이었다. 당시 연수원에서는 자체의 연구개발보다는 연간 교육계획표에 기준하여 신입사원교육, 계층교육, 직무교육 등을 중심으로 외부기관의 교육프로그램을 도입하여 수정, 활용하는 운영이 강조되던 시기였다. 그러나 시간이 흐를수록 현장의 실무경험만으로는 부족하다는 생각과 인적자원개발을 위한 새로운 학습의 필요성, 전문가로서의 경력개발 욕구를 키우다 처음으로 만들어진 기업교육석사과정에 1기생으로 입학하게 되면서다.

　HRD가 여물어 가던 시기였다.

그 당시 교수님은 모교로 부임하여 기업교육 전공의 석사과정을 만들고, 기업에서 인적자원개발을 직무로 하는 인재들을 유치하며, 새로운 둥지를 만드는 일에 여념이 없으실 때였다. 당시 석사과정의 대학원생들은 교수님과 함께 기업교육연구회와 한국인력개발학회를 창립하며 HRD분야에서 연결·공유·확장을 위한 플랫폼을 만들고 연구 활동을 확장해 나갔다. 교수님은 산파역을 하시며, 평생교육분야의 연구 활동에 많은 애정과 열정을 가지셨다.

기업교육 석사과정을 개설한 첫 학기인 1996년은 회사 일과 석사과정을 병행하느라 하느라 참 어려운 시기였다. 1994년 10월에 무너진 성수대교 여파로 용인에서 한강다리를 건너 학교로 가는 길은 매일같이 극심한 교통 정체 상황이었다. 교수님과의 저녁 수업시간은 학습과 토론으로 늘 에너지가 넘쳤으며 지적 충만함으로 함께 꿈들을 키우고 여물어 가던 시절이었다.

#2. 무릇 '인재'는 나라와 기업경영의 큰 기틀이다.

교수님은 쌍용그룹에서 근무했던 실무경험을 바탕으로 현장지향적인 HRD사고와 코칭으로 후배들을 늘 지지하고 품어 주셨다. 그때나 지금이나 넉넉하고 편안한 인품으로 많은 인재들이 모이도록 하였고 큰 터전을 만들어 많은 전문가들을 양성하였다. 그렇게 양성한 인재들이 학교에서, 기업에서, 사회에서 전문가로서 세상과 이웃을 이롭게 하고 베푸는 삶을 살아가고 있다.

#3. 새로운 시대의 핵심은 언제나 '인재'이다.

위험한 사이는 불륜이고, 가장 위험한 사이는 모르는 사이라는 우스개말이 있다. 뭐가 변하는지 나도 모르는 사이에 모든 것이 바뀌어 버리는 세상에 들어섰으니 말이다. 교수님은 늘 HRD도 미래를 준비하고 변해야 한다고 강조하였다.

시대가 빠르게 발전하면서 인재개발 분야에 있어서도 창조성과 다양성, 혁신성을 요구하고 있다. 교수님이 육성하신 많은 인재들은 강조하신

창조적 역량과 도전을 통하여 사회 곳곳에서 크게 성장하는 인재들을 배출하고 세상을 이끌어 가는 변화의 원동력이 될 것이다.

미래인재포럼 멤버로 참여하던 조찬 모임에서 교수님은 한국직업능력개발원장으로서 뵙게 되었다.

상아탑에서 정부의 정책연구 기관장으로서 역할 변신을 하고, 이론과 정책전문가로서 전문가적인 지혜를 잘 펼치셨다. 함께 참여하였던 포럼 등 많은 행사에서 보여준 전문가 발표와 주관자로서 오피니언 리더들의 중지를 결집하고, 이끌어 가는 전문가 스킬은 HRD의 전형이었다.

교수님과 날을 잡아 오대산 비로봉, 상왕봉을 거치는 트레킹에 나섰다. 곳곳에 돌배나무와 천년을 살아온 주목나무 앞에서 수령을 확인하고는 겸손해 하며 힐링했던 귀한 시간도 있었다. 휴[休]라는 글자를 보면 사람이 나무 밑에 기대어 쉬고 있는 형상이라고 하는데 언제나 편안하게 기대어 쉴 수 있는 큰 나무처럼, 모든 이들이 나무그늘 밑에서 자리를 펼치고 두런 두런 이야기 할 수 있는 늘 넉넉한 교수님이다.

"인재개발의 업,
세상의 이치를 알아가는
즐거움과 충만함,
천지신명과 조화로운 삶의 여정도
살필 수 있도록 인연을 열어준
교수님께 감사합니다.
유산은 떠나면서
남겨주고 가는 것이 아니라
살아가면서 나눠주고 간다는
평범한 행복을 일깨워 주신
교수님의 새로운 출발을 축하합니다."

[일사일언] 스님의 강의

1996년 외무고시에 합격하고 중앙공무원교육원에서 교육받을 때였다. 실무 교육과 교양 교육이 번갈아 진행되는데, 한 날은 정릉의 모 사찰 주지스님이 강사로 초빙되었다. 입교생들이 "스님이 무슨 공무원 임용 예정자들을 상대로 강의를 하지?"라고 의아해하는 것도 잠시. 스님이 구수한 입담으로 좌중을 휘어잡기 시작하는데 내공이 보통이 아니었다.

"여러분, 오리무중이 뭔지 아요? 오리를 가도 중이 없는 게 오리무중이여. 그라고, 중구난방이 뭔지 아요? 중 입은 막기 힘들다 해서 중구난방이여." 배꼽을 잡고 웃기 시작한 입교생들은 점차 스님의 말씀에 빠져든다. 박장대소하는 고시 합격생들을 휘 둘러보더니 스님이 던지는 말씀.

"여러분들은 앞에 서 있는 이 땡추가 우스워 보이제? 나는 여러분들이 우습소. 세상 어렵다는 시험에 붙으니 세상이 다 여러분들 것 같제? 행여 그런 생각들 마소. 여러분들은 힘든 길에 들어선 거요. 자기가 중심을 똑바로 잡지 않으면 권력이고 지위고 다 여러분들 인생 망치는 욕심의 근원일 뿐인게요. 사람 마음이라는 게 간사해서, 출세하면 출세한 대로 마음이 더 허기지고, 잃을 게 많으면 많은 대로 근심과 두려움도 많아지는 법이요. 내가 무엇을 위하고 누구를 위하여 이 길에 들어섰는지 초심을 잃지 말고 욕심을 버리고 나랏일에 임하시길 바라오. 그러면 마음이 허기질 일도 없고, 두려울 일도 없을게요."

마음이 허기지지 않고, 두려울 일 없는 공직 생활. 그것이 이제 막 공직에 들어서려 하는 대한민국의 엘리트들에게 스님이 던지신 화두였다. 공직에 있을 때는 잊고 있었는데, 공직을 그만두고 공직 밖으로 나와 보니 스님의 말씀이 더욱 진한 여운으로 다가온다.

신상목 기리야마본진 대표, 전 주일대사관 1등서기관,
'학교에서 가르쳐주지 않는 일본사' 저자

카풀과 인생 계획

윤형준(미국 펜실베니아주립대 인력교육개발학과 교수)

1999년, 대학교 4학년이던 당시 사회교육전문요원(현재 평생교육사) 과정의 일부로 권대봉 교수님의 과목을 듣게 되면서 교수님과의 인연이 시작이 되었다. 권 교수님의 지도학생으로서 석사과정 때의 일화들도 있지만, 학부생으로서 받았던 영향력이 가장 컸던 것 같아 당시의 두 가지 일화를 소개하고자 한다.

#1. 차가 있는 사람이 남을 태워줄 수 있다.

당시는 나의 이상주의적 사고가 극에 달했을 시점이다. 조화로운 지구촌을 위한 열망을 담아 '니캉내캉'이라는 시를 쓰기도 하고, 비영리기구(NPO)관련 서적을 읽으며 단체를 설립할 것을 꿈꾸고 하던 터다(실제 2000년 후배들과 함께 ICCUS라는 대학생단체를 창립하여 현재까지 이어지고 있다.).

1999년 1학기, 권대봉 교수님의 사회교육개론 수업시간에 세계화를 주제로 발표를 한 적이 있다. 다행히 당시의 기록을 찾을 수 있어 내 발표의 일부를 옮겨본다.

"나는 세계화를 지구촌화라 칭하고 싶다.
지구촌화란 세계의 사람 혹은 조직, 국가들이 스스럼없이
교류할 수 있도록 여건이 조성되는 것이다. 지구촌화를 이루기 위해서는
우선 범지구적인 Vision이 확립되어야 하고 공유되어야 한다.

세상의 어떠한 학문적, 직업적 분야도 세계화를 이루는 데
각자의 사명이 있다. 다시 말하면 정신적, 기술적, 경제적,
사회적, 문화적으로 조금 더 이상적이고 고차원적인 것들을 만들어내고
공유할 책임이 있다는 것이다."

발표가 끝나고 얼마 있지 않아 권대봉 교수님께서는 말씀하셨다.

"어느 비영리단체가 섣불리 카풀 운동을 하자고 목소리를 높이는데,
차가 있는 사람이 남에게 차를 태워줄 수 있는 것 아니겠느냐."

선생님의 이 한마디는 내게 하신 메세지로 받아들여졌고, 그것은 강렬하다 못해 충격적이었다. 내 스스로도 경쟁력을 갖추는 것이 중요하다고 생각하긴 했지만, 이상을 좇는 것에 매몰되었었던 자신을 바라보게 되었다. 그 날 나는 이상은 갖되 진정한 실력과 힘을 갖춰 사회적 문제에 대해 목소리만 높이는 사람이 아닌 차를 태워줄 수 있는 사람이 되어야겠다고 다짐했다.

지금으로부터 2, 3년 전 한국에 방문하였을 때 선생님께 이러한 이야기를 공유했었는데, 약간은 허무하게도 그냥 당시에 그런 목소리를 내는 사람들이 있어서 수업시간에 한마디 하신 말씀이라고 하셨다. 교수님의 말씀을 듣고, '교육자로서 무심코 던진 한마디가 누군가의 인생에 큰 긍정적인 영향을 줄 수 있음을 다시 새기자'라는 생각을 했었다.

하지만 이 일화를 쓰며 예전 기록들을 들춰보니 내가 1999년에 쓴 리포트에 교수님께서 쓰신 "글로벌인재의 조건"의 '경쟁력의 원천은 개인경쟁력'부분에서 빌췌하여 옮겨 놓은 부분이 있음을 발견했다.

"힘이 없는 자가 공존공생을 외치면 공허할 뿐이다.
즉 자기 차가 없는 사람이 차 있는 사람에게 차를 태워달라고 할 때,
차 있는 사람이 안 태워 주면 그만이다. 그러나 차 있는 사람이
차 없는 사람에게 차를 같이 타자고 할 수 있는 것이다.
힘 있는 개인만이 역사적 아로서 존재하여 개인 생명과 조직생명,
그리고 국가 생명의 영속성을 가능하게 하며, 그가 소속된 조직과 국가는
인류공영과 세계평화에 기여할 수 있는 영향력을 행사할 수 있다."

당시 내게 그냥 말씀하신 것이 아닌, 많이 곱씹고 체화시키신 후 나와 같이 섣부른 사람들을 향해 준비해놓으신 메시지였음에 틀림없다.

#2. 인생계획을 세워오라.

1999년 2학기 권대봉 교수님의 직업기술교육(영강)수업에서 내주신 '인생계획을 세우라'는 과제는 나의 인생의 전환점이 된 과제였다. 당시 나의 사명 및 HRD 전문가로서의 미래에 대한 고민이 많았을 때였다. 졸업후 청소년 교육을 전공하여 그 쪽에 이바지 하는 것을 고려 중에 당시 성인·청소년지도를 가르치신 신범석 교수님의 확신에 찬 추천으로 HRD 및 평생학습으로 진로를 명확히 한 상황이었다.

그 과제를 받고 여러 가지 생각으로 몇 주간 밤잠을 설쳤고, 어느 날은 밤새워 고민하기도 하였다. 황금과 같은 기회를 그냥 보낼 수 없었고, 이 작업이 내 인생에 중요한 영향을 미칠 것임을 알았다. 당시 모자란 영어 실력으로 작성되어 있는 사명 선언문을 한글로 옮겨 보았다.

"나는 평생교육 및 평생학습과 관련된 지식과 기술을 끊임없이
연구하고 개발한다. 그 후, 그 결과를 사회와 산업계에 전파한다.
구체적으로, 나는 사람들이 자기 자신의 꿈과 희망, 비전을 갖고
그들이 그것을 달성할 수 있도록 촉진한다."

내가 만든 문서는 8페이지로 작성이 되어 있다. 그 문서는 20대에서 60대 이후까지의 전반적인 목표와 63가지의 과업이 담겨져 있다. 올해까지 40개의 과업이 있었는데, 정확한 시기를 지키지 못한 것도 여럿 있지만 신기하게도 모두 달성이 된 상황이다.

내가 사람들의 꿈과 희망, 진로를 찾아주는 것을 주목적으로 하는 경력개발 분야에 몸담으며 연구하고, 가르치고, 실천하고 있는 나의 모습은 우연이 아니다. 권대봉 교수님의 이 과제가 없었더라면, 명확한 방향 설정에 시간이 더 걸렸을 것이며, 장기적인 안목이 결여된 채 좌충우돌이 훨씬 더 많았을 것이다.

황금과 같은 대학시절, 삶의 기틀을 잡아주신 권대봉 교수님의 지도에 무한한 감사를 드리며, 후학들을 통해서 글로벌 인재 양성 및 평생학습 사회 구축 등 교수님께서 뜻하신 바가 더욱 풍성히 열매 맺을 수 있을 것이라는 확신을 갖고 글을 맺는다.

"뜻하신 바 저희를 통해
이뤄집니다"

이경미(백석예술대학교 항공서비스과 조교수)

가장 훌륭한 시는 아직 쓰여지지 않았다.
가장 아름다운 노래는 아직 불려지지 않았다.

최고의 날들은 아직 살지 않은 날들
가장 넓은 바다는 아직 항해되지 않았고
가장 먼 여행은 아직 끝나지 않았다.

불멸의 춤은 아직 추어지지 않았으며
가장 빛나는 별은 아직 발견되지 않은 별

권대봉 교수님의 퇴임을 축하드리며
교수님의 최고의 날들은, 지금부터입니다.

2000년이였던가요. 사무실 책상에 앉아 일하다 머리를 식힐 겸 한쪽에 마련된 서재로 들어가 책들을 찬찬히 훑어보았습니다. 여러 책 중 한 책에 손이 멈췄고 그리고 꺼내들었습니다. 「글로벌 인재의 조건」 그것이 교수님을 알게 된 첫 만남이었습니다. 항공사 교육원에 근무했던 저는 자연스레 교수님이 계시는 고려대학교에 진학을 하게 되었습니다. 석사과정동안 접하게 된 기업교육전공은 저에게 많은 호기심을 갖게 하였고 전공에 대한 폭넓은 배움은 지금도 큰 가르침으로 남습니다. 교수님의 논문지도를 받으며 마지막 학기를 무사히 마치고 졸업을 하게 되었습니다.

그리고 그 후 오랜만에 교수님을 다시 뵈었을 때 교수님은 더 인자하신 모습으로 제 앞에 계셨습니다. 학창시절 교수님과 같은 동네에 살았던 제가 전철을 우연히 같이 탔을 때의 서먹함이 아닌 이제는 정말 옆집아저씨와 같은 친근함으로 가까이에 계셨습니다. 앞으로 더 가까이에서 뵐 수 있을 것 같아 행복합니다.

교수님, 그동안 우리나라의 기업교육을 짊어지고 나아가는 훌륭한 많은 제자들에게 좋은 모범이 되어주셔서 감사드립니다. 이제는 한쪽에 그 짐을 놓고 하늘을 여유롭게 바라보셔도 될 것 같습니다. 그동안 고려대학교와 함께하신 멋진 기억보다 앞으로의 더 멋진 날들이 함께 하시길 기도드립니다.

"존경합니다.
그리고 감사합니다"

소중한
첫 가르침

이경아(서울시 평생교육진흥원 기획조정국장)

교수님을 처음 뵌 것이 어느덧 이십년도 넘었다는 사실이 경이롭습니다. 벌써 이십년이라니, 20대 아가씨였을 때 교수님을 뵌 제가 벌써 고등학생 딸을 둔 오십대를 바라보는 나이가 되었으니까요. 강산이 두 번은 더 변했을 법도 한데, 교수님은 제가 처음 뵈었던 때부터 지금까지 늘 한결같으셨습니다.

3년의 박사과정과 2년여의 학위 준비 기간 중 늘 full-time 학생으로, 연구실 조교로 지근거리에서 교수님을 뵈면서 수많은 가르침을 받고, 또 배웠습니다. 학문 영역에서는 말할 것도 없거니와 자연스럽게 삶을 살아가는 법도 교수님께 참 많이 배웠지요. 순리에 거스르지 않으면서도, 주어진 상황과 환경에서 최대한 정직하고 성실하게 살아내는 법을 말입니다.

교수님께서는 제가 뵈어온 이십여년간 단 한 번도 무리하게 일을 진행하시지 않으셨지만, 그럼에도 불구하고 그간 쌓아 오신 놀라운 업적은 아마도 교수님의 '진정한 마음' 때문이 아닐까 싶습니다.

교수님께서는 제자들에게 늘 진중한 가르침을 주시고, 학문의 방향성을 제시해 주시면서, 더불어 순리에 따라 살아가는 법을 가르쳐 주셨는데, 그 가르침은 지난 이십여년간 저에게도 큰 자산이 되었습니다.

또한 늘 유머스한 말씀으로 교수님 앞에서 긴장할 수밖에 없는 저희 지도학생들을 편안하게 품어주셔서 저희 연구 모임은 항상 웃음으로 가득했던, 즐거웠던 기억들이 생생합니다.

사실, 저에게는 교수님과의 긴 인연의 순간 중, 절대 잊지 못할 순간이 있습니다. 교수님께서 기억하실지 모르겠지만, 어쩌면 제가 받은 교수님의 가르침 중에 가장 큰 자산이 되었던 저만의 추억일지도 모릅니다.

제가 석사 과정을 마치고, 논문을 준비하던 중에, 어쩌면, 그때가 제 인생에 가장 많이 진로에 대해 고민하던, 혼란스러웠던 시절이 아니었나 싶습니다. 그때까지만 해도, 저는 교수님의 지도학생도 아니었고, 그저 교수님의 강의를 들었던 수많은 학생 중의 하나였었습니다.

바람이 꽤 불고 을씨년스러웠던 늦가을의 어느 한 날로 기억됩니다. 교수님을 안암동 캠퍼스 정문 앞에서 우연히 뵈었더랬습니다. 그저 의례적인 인사를 드리려던 찰나, 교수님께서 마치 제 마음을 읽으신 것처럼 제 앞으로의 진로를 물어 주셨죠. 순간, 저는 앞뒤 안 가리고, 제 진로 고민에 대해 쏟아내었고, 그 춥고 황량하던 정문 앞에서 이십여분이 넘도록 서서 제 말에 귀 기울여 들어주시고, 조언을 주셨습니다. 마치 자신의 고민인 것처럼 함께 걱정해주심을 진심으로 느낄 수 있었습니다. 그 '이십여분 후' 저는 거짓말처럼 가벼워진 마음으로 집에 돌아갈 수 있었습니다.

어쩌면 그 날 교수님의 격려에 힘입어 오늘날까지 씩씩하게, 긍정적으로 제 몫의 삶을 살고 있는지도 모르겠습니다. 또한 분명한 것은 제가 살아온 날들 동안 제게 조언을 구하는 모든 이들에게 진심을 다해 들어주고, 함께 걱정해주는 것을 제 삶의 소중한 소임으로 삼고 있는 것은, 교수님의 수많은 가르침 중에 몸소 실천으로 보여주셨던 그 날의 소중한 가르침덕분임을 지금에야 고백합니다.

늘 한 번쯤은 교수님께 이 추억을 말씀드리고 싶었는데, 왜 그리 쑥스럽고 낯간지러운지요. 이렇게 지면으로나마 부끄러운 마음을 전할 수 있게 되어 진심으로 다행이고 감사합니다. 그 감사의 말씀을 너무 늦게 드린 것이 못내 죄송할 따름입니다.

곧 은퇴하시지만, 교수님은 현직에 계실 때보다 더 큰 가르침을 주시는 영원한 저희의 스승이심을, 그 자부심을 항상 잊지 않겠습니다. 그 넉넉하신 마음이 저희의 후배, 또 그 후배들에게도 이어질 수 있도록 노력하겠습니다.

"새로운 인생의 시작
앞에 계신 우리 교수님,
진심으로 존경하고 사랑합니다"

은퇴 소식

이규선(평생교육실천협의회장)

존경하는 선생님!

온 세상 나무들이 부여 받은 소명을 다하고도 더 고운 색깔로 세상을
변화시키고 있는 계절입니다. 이 가을에 제 평생교육 인생에 큰 나무 역
할을 해 주신 선생님의 은퇴 소식을 접하면서 저는 자연스럽게 가을 나무
들을 떠올렸습니다.

2002년부터 어쩌다 한국평생교육사협회 회장이 된 저는 2004년 작정
을 하고 고려대학교 교육대학원 평생교육 전공에 입학하였습니다. 학교가
저를 선택해 준 것이 아니라 제가 선생님을 선택한 거였지요. 당시 저는
턱없이 부족한 역량으로 한국평생교육사협회 회장이라는 무거운 과업과
책무를 수행하여야 했고, 이에 따른 엄청난 부담으로 극심한 내적 갈등을
겪고 있었습니다. 한 마디로 협회를 이끌어 나아갈 그릇이 되지 못했던
것이지요. 궁여지책으로 선택한 출구전략이 공부를 더 하는 것이었고, 고
려대학교의 명성과 선생님의 존함에 기대게 되었습니다. 그렇게 이기적이
면서 불순한 동기로 출발한 선생님과의 인연은 졸업을 한 지 10년이 지
난 지금까지 '스승'이라는 단어와 함께 행복의 무늬로 수 놓여 있습니다.

평생교육 실천가로서 살아 온 제 삶의 지평에서 선생님은
'신뢰'와 '포용'이라는 메타포로 연결됩니다. 여기에는 잊을 수

없는 일화들이 수없이 많지만, 한 가지만 떠올려 보겠습니다.

　2005년 어느 날 서울 강남고속터미널 근처에 있는 호텔 커피숍에서 한국평생교육총연합회 이사들이 모여 행사를 준비하기 위한 회의를 가졌습니다. 행사를 어떻게 열 것인지 많은 아이디어들이 오고 간 후, 역할을 분담하는 단계에서 선생님께서는 갑자기 저를 진행자로 추천하셨습니다. 그 순간 그 자리에 있던 연합회 이사들의 당황하는 모습이 한 눈에 들어오면서, 저는 심장이 밖으로 튀어나올 것 같은 느낌을 받았습니다. 아시다시피 행사에서 진행자는 행사의 성패를 좌우하는 중요한 인물이잖아요. 그와 같이 중요한 역할을 그때까지 한 번도 검증되지 않은 저에게 맡긴다는 것은 연합회 차원에서 보면 도박에 가까운 일이었을 것이라고 생각합니다. 물론 제가 강력하게 사양함으로써 어색한 상황은 종료되었지요. 하지만 그 사건을 계기로 제가 선생님의 제자라는 사실을 확인하게 되었고, 제자의 있는 그대로를 인정하고 신뢰하며 포용해 주시는 선생님의 너그러움에 크나 큰 감명을 받았습니다. 그때 선생님께서 보여 주신 태산 같이 높은 신뢰와 포용은 후에 저 스스로를 부단히 채찍질하는 죽비가 되었고, 든든한 버팀목이 되었습니다. 제게는 평생 잊을 수 없는 행복한 풍경으로 영원히 기억될 것입니다.

　선생님!
　그동안 여러모로 부족한 제자를 세워주시느라 고생 많으셨습니다. 진심으로 머리 숙여 감사드립니다.

　이제 선생님께서는 학교와의 익숙한 관계에서 벗어나 낯선 일상과 새로운 관계를 만들어 가실 텐데, 무엇보다도 항상 강건하셨으면 좋겠습니다. 아울러 선생님의 새로운 일상이 가을 나무들의 고운 단풍처럼 다채롭고도 고운 빛깔로 물들여지길 소망합니다.

"감사합니다."

책 읽기 과제와
밤 12시 전화

이성순(서울 개일초등학교 교사)

박사과정 1학기를 시작하면서 10명 남짓의 석사·박사과정생들과 '기업인력개발론'을 수강하게 되었다. 늦은 나이에 박사과정을 밟으며 다시 공부를 시작하게 되어 설레었다. 또한 교사로서 교사인적자원개발과 어떻게 접목 시키면 좋을까 기대하는 마음도 있었다.

드디어 기다리던 첫 강의시간,

**"한 학기 과제는 HRD 관련 도서 10권을 읽고
독후감을 제출하고 동료들과 공유하기 바랍니다."**

선생님의 과제는 독후감이었다. 박사과정 과제가 책 읽고 독후감 쓰기라니! 고등학교 때 대학 준비를 위한 신문 사설 읽고 정리하기, 논설문 쓰기를 위한 독후감상문 제출 등등을 했었던 기억이 났다. '왜 이런 과제를 내실까?' 의문이 들고 과제가 다소 쉬운 듯해서 긴장감이 풀어지는 것 같았다. 같이 수강하는 다른 학생들도 의외의 과제에 무슨 책을 읽어야 하는지, 감상문 공유의 방법 등에 대한 질문이 이어졌다. 나의 첫 주 과제는 스유엔(史源)의 '상경'이었다. 이 책은 이익을 구하되 사람의 도를 잃지 않는 가장 인간적인 경영철학과 인간 경영에서 21세기의 요구에 합당한 답을 제시해주고 있다. 둘째 주에는 마케팅 전략을 실전에 응용하는 방법을 소개한 제이 에이브러햄(2002)의 '돈 버는 마케팅은 분명 따로 있다' 셋째 주에 오카츠 후미히토(2003)의 메모의 진정한 효용성과 성공에 대한 준비 과정이라고 주장하는 '괴짜 천재들의 똑똑한 다이어리' 넷째 주에 히로나카 헤이스케의 '학문의 즐거움'이었다.

계속되는 책읽기 과제는 나에게 신선한 충격으로 다가왔다. 선생님은 우리들에게 학문하는 사람의 자세를 책 속에서 배울 수 있게 하셨다. 또한 다양한 종류의 책 읽기와 그것을 공유하는 과정에서 더 많은 것들을 배울 수 있다는 간단한 진리를 깨닫게 하셨다.

4년의 시간이 지나 어느덧 박사논문을 준비해야 했다. 선생님께 연구실 열쇠를 받아서 선생님 연구실로 퇴근하였다. 당시 선생님께서는 직능원 원장님으로 계실 때라 연구실에 책상이 남았다. 지금은 경북대 교수로 재직하고 있는 현영섭 박사가 "박사는 짜장면 그릇 수에 따라 통이냐 불통이냐가 정해진다."는 우스갯 소리를 했다. 연구실로 퇴근하여 저녁으로 열심히 짜장면을 시켜먹었다. 그 당시 나의 관심은, '핵심역량을 갖춘 교사를 길러내려면 어떤 프로그램을 적용해야 하는가? 교육의 질(質)을 결정하는 가장 기본적이고 중요한 변인인 교사는 어떤 역량을 갖추어야 하는가? 좋은 스승은 어떤 역량을 갖추어야하는가?' 등이었다. 해를 넘겨도 계속된 나의 이런 고민을 선생님과 상의하고 싶었으나 여건이 따라주질 않았다. 이 와중에 논문심사를 하게 되었고 최종심사에서 탈락하여 다음 학기에 심사를 다시 하는 것으로 결론이 났다. 사실은 논문의 진도가 나가지 못하고 있었던 책임은 나에게 있었다. 재직 중인 학교생활과 박사논문과정의 이중생활이 만만하지 않았기 때문이다. 이런 저런 고민을 교직에 경험이 있었고 대학 후배였던 조대연 교수와 많은 이야기를 나누었다. 조교수도 숙명여대 교수로 재직하다 고려대로 막 옮겨온 터라 많이 바쁠 때였다. 다른 날과 마찬가지로 밤 12시경 연구실을 나서 중앙도서관 앞을 지나고 있는데 핸드폰 벨이 울렸다. 선생님 전화였다. 연구실로 전화하셨었다고 하시며 논문이야기를 하셨다. 선생님께서 이 밤에 나를 생각하고 계셨구나. 큰 격려와 더불어 다시 논문을 시작하는 계기가 되었다. 스승이란 보이지 않는 곳에서 응원하고 제자를 믿고 이끌어주는 존재이구나라는 사실을 깨닫게 되었다. 앞으로 나아가야 할 교직생활 그리고 삶의나침반을 만나는 순간이었다.

항상 스승의 날이 되면 휴먼웨어 연구회에서 주관하는 '선생님과 함께 하는 저녁 식사' 시간을 갖는다. 저녁 식사 후 덕담 시간 동안 듣는 선생님의 말씀은, 매번 나에게 큰 자극과 울림이 된다. 젊은이 못지않은 열정으로 많은 분야의 지식을 공부하시는 선생님의 모습에서 부끄러움도동시에 느낀다.

"선생님 10년 뒤, 20년 뒤에도 스승의 날 덕담 시간에
좋은 말씀과 닮고 싶은 인생의 멘토로 남아주시기를,
또 건강하고 행복하시기를 기원합니다."

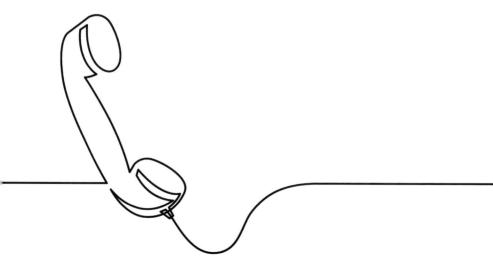

이성엽(아주대학교 교육대학원 부교수/평생교육원장)

"눈물이 나면 기차를 타고 선암사로 가라.
선암사 해우소로 가서 실컷 울어라.
눈물이 나면 걸어서라도 선암사로 가라.
선암사 해우소 앞 등 굽은 소나무에 기대어 통곡하라."

시인 정호승은 이 한마디에 선암사를 찾아 마음 깊은 번뇌와 갈등을 지워버릴 수 있었다고 한다. 그렇다. "입술의 30초가 가슴의 30년이 된다."고 한 유재석의 이야기처럼 말 한마디가 누군가의 인생을 바꿀 수 있다.

말 한마디로 절망에서 구원할 수 있고, 말 한마디로 얼어버린 마음을 풀어버릴 수 있으며, 말 한마디로 천당과 지옥을 오갈 수 있다. 더더욱 그 한 마디가 스승의 이야기라면 귀를 붙잡는 것이 아니라 가슴으로 밀려올 것이다.

지난 18년의 세월을 돌아보면 미지의 세계를 눈앞에 두고 있을 때마다 정암 선생께서는 나에게 결정적인 한마디를 던져주셨다. 당신은 수많은 제자들과 교류하시니 기억하시지 못하시겠지만, 내게는 한 분 뿐인 스승의 말씀이시라 지금도 세포 깊은 곳에서는 진동이 멈추지 않고 있다.

"영어공부 매일 30분씩 해. 알았지?
자네 박사까지 해야지! 영어는 나도 매일 하고 있어."

17년전 사대 2층에서 1층으로 내려가는 계단에서 지나가는 제자를 부르며 던지신 한마디. 이 말씀은 상상도 하지 않던 박사진학의 모티브가 되었다.

"인생, 한 번 밖에 없잖아. 마음에 올라오는 건 해보고 살아야지."

학교식당에서 점심을 함께 하고 음료수를 들고 스탠드에 앉아 운동장 (지금은 사라진!)을 바라보며 직장생활 하시다 뒤늦게 공부길에 오른 이야길 하시며 던지신 화두. 이 말씀은 당시 국민은행 팀장으로 박사과정을 시작하던 나에게 10년간 다니던 회사를 그만두고 이후 4년간 풀타임 학생으로 박사과정을 보낼 수 있는 동력이 되었다.

"그거 흥미 있는데? 자신가지고 써봐.
니 논문인데 니가 좋아하는 걸 써야지."

학교 밖 식당에서 아구찜으로 저녁을 하고 학교를 함께 산책하며, 박사논문의 주제를 가지고 말씀 나누면서 고민하는 제자에게 번뇌 혹은 망상을 한방에 날려주시던 말씀.

스승의 한마디 한마디는 소중한 자원이자 동력이 되어 불확실한 미래를 만들어 나가는데 큰 힘이 되었다. 어디 이 뿐이랴! "성태야! 잘지내냐?"(당시 내가 다니던 회사 부장이 사회학과출신인데 교수님과 학부 친구였다. 우연히 필자의 회사를 방문하셨다가 오랜만에 조우하시면서 동심으로 돌아간 듯 웃으시며 던지신 인사), "동원이는 부행장이면 연봉이 얼마고? 그거 괜찮네. 니도 교수 이런거 말고 부행장 해라."(친구분이 국민은행 부행장으로 발령났을 때), "이과장 강의료가 너무 많다."(회사 특강으로 모셨는데 일반적

179

인 교수들의 강사료로 책정해 송구한데도 그게 많으시다며), **"좀 웃어라. 뭐가 그리 심각하노!"**(2004년 프레스센터에서 KB국민은행이 평생학습 대상 수상자로 선정되어 당시 팀장이던 내가 수상하고 기념 촬영할 때 청중석에서 던지신 한마디) 등 선생님의 구수한 인간미 넘치는 수많은 대화는 책 한 권으로 엮을 만큼 가득하다.

워낙 공사가 분명하신 분이라 제자로서 철저히 선생님께 누가 되지 않으려고 생활해왔다. 기업에서의 10년과 성인계속학습을 전공한 나의 이력이 직능원이란 조직에 적합할 것 같아 한때 관심을 가졌으나 당신께서 직능원장으로 봉사하시게 되어 계신 동안 직능원은 쳐다보지도 않았다. 당신께서 맑은 마음으로 하루하루 보내시는 것을 알기에 제자가 근처에 나타나는 것 자체가 큰 일 하시는데 방해될 수 있다고 믿었기 때문이다. 조금이라도 부담이 되지 않는 것이 제자의 도리라 생각했다. 덕분에 당시엔 생각지 않았던 학교에 인연을 맺게 되었다.

가장 최근에 뵌건 2017년 8월 28일 장충동에서 석식을 함께하면서다. 금요일 밤, 막걸리와 함께하는 은사님과의 조촐한 시간, 자신이 대중적 명성으로 스타이길 원하는 교수에게 학생들은 백댄서나 들러리일 뿐이다. 허나 모두에게 길을 열어주시며 응원해주시고 힘을 주시는 우리 선생님은 본인이 빛나는 것을 거부하시고 제자들이 빛나기를 언제나 응원해주신다. 제자 중 4명의 미국대학 교수를 포함해 26명이 대학의 전임교수로 활동 중이다.

"난 제자복이 너무 많은 것 같아".라고 언제나 겸손해 하시지만 우리는 안다. 그가 존재만으로도 모델이 되었기 때문이란 것을. 어디서든 선생의 역할을 하는 사람들은 명심해야 할 것이다. 내가 얼마나 높은 자리에 올랐냐가 아니라 얼마나 많은 존재가 나로 인해 감동받고 성장해 나갔느냐가 성공의 준거라는 것을. 얼마나 나의 명성이 대단한가가 아니라 나보다 뛰어난 제자가 얼마나 나왔냐는 것이 존재가치의 척도라는 것을.

세월이 흘러 흘러 정암 권대봉 교수님께서 은퇴하신다. 당신 덕분에 새로운 세상에 뛰어들 용기를 얻었다. 보내오신 인생여정은 내에 모델이 되어 방향이 되었고, 던지신 말씀 한마디 한마디는 용기와 지혜가 되었다. 제자로서 해야 할 일은 그저 당신께 받은 것을 후학들에게 돌려주는 것이리라.

"스승님 고맙습니다. 부지런히 정진하겠습니다."

인생,
한 번 밖에 없잖아.
마음에 올라오는 건
해보고 살아야지.

try change!
try again!

이은주(전 서강대학교 연구교수)

권대봉 교수님 지도하에 2002년 3월 고려대학교 교육학과 성인계속교육전공으로 박사과정 일반전형으로 공부를 시작했던 이은주입니다.

1996년부터 중학교 음악교사 3년 재직하고 이화여자대학교에서 음악교육전공으로 석사를 마치고 충남방직에서 설립한 청운대학교 방송음악과에 음악사 선생으로 교양과 전공수업을 맡아 주 15시간 강의를 하던 강사시절, 무엇하나 새로울 것 없고 설렐 것 없었던 매너리즘에 빠져 있었던 2000년, 그 시절을 어렴풋이 떠 올려봅니다.

학생들에게 음악사 시간에 들려주는 음악과 그에 얽힌 이야기를 전달하고 있는 나는 이리도 따분하고 지겹기까지 한 제 자신을 돌아보며 혹여나 학생들에게 나의 속마음이 들키지 않으려고 무던히 '척'하고 살던 시절 이였습니다. 강의평가는 내 삶과는 반대로 positive했고 fellow들이 생겨날수록 진실 되지 않는 제 삶에 대한 죄책감과 함께 무기력함은 더해갔습니다.

'아 왜 내 삶은 이리도 변함이 없을까?'

오늘과 내일이 다를 것 없는 생활을 견딜 수 없이 싫다가 점점 아무것도 관심이 생기지 않더니 마침에 제가 마치 좀비가 된 것 같았습니다. 무엇인가 새로운 에너지를 찾고 싶은데 아니 찾지 않으면 안 될 것 같은 무서운 생각까지 들었던 시절이였습니다. 이렇게 힘들어하는 저를 본 영문과 동료선생님이 하고 싶은 것을 찾아보라고 권했습니다. 새로운 공부도 좋을 것 같다고. 공부라?!? 도대체 무슨 공부를 어디서 어떻게 해야 할지 구체적인 방향이 서지 않았었습니다.

그날도 여느 때와 다르지 않게 지친 심신을 이끌고 홍성에서 서울집으로 돌아와 저녁식사를 하고 소파에 너부러져 TV 리모컨을 이리저리 돌리고 있었습니다. 그때 제 눈에 마치 맬 깁슨처럼 너무나도 멋진 외모에 적당히 공명이 잘된 나지막한 목소리에 한 분이 눈에 들어왔습니다. '아 목소리 참 좋다!'하고 그분 말씀에 귀를 기울여보았습니다.

> **"사람은 태어나서 죽을 때까지 끊임없이 배워야 합니다.**
> **요람에 죽음까지."**

죽는다는 말에 소파에 앉아 그분의 강연을 경청하게 되었습니다. '고려대학교 교육학과 권대봉 교수'라고 화면 아래에 자막이 나왔습니다. 제가 살고 있는 아파트 건너편에 진솔문고라는 대형서점이 있어 방송이 끝나자마자 서점에 가서 '권대봉 저자'로 되어 있는 책을 검색하고 전부 사서 읽어보았습니다. '성인계속교육이라 아 교사도 계속 배워야 하는구나! 내가 무언가 채우지 못해서 이렇게 무의미한 삶을 살아가고 있구나!' 학생들에게 더 이상 척하며 살고 싶지 않았습니다. 그래서 정말 큰 용기를 내어 교수님을 찾아가 상담 드리고 1년의 입학준비공부를 시작하기로 결심했습니다.

매사에 소심하고 실패에 대한 두려움이 심했던 저는 박사입학 시험일자가 다가올수록 스트레스가 심해졌고 도저히 시험에 합격할 자신이 없어 연구실 문 앞 서류 봉투 함에 장문의 편지를 넣고 그 상황에서 도망쳤습니다. 일개 박사과정 준비생에게 교수님께서 직접 전화해 주실 거라고는 생각지 못했습니다. 학부와 석사를 마쳤던 이대 지도교수님들은 단 한 번도 개인적으로 전화를 받아본 적이 없었기에 짧은 시간 상담 드린 학생을 기억하고 계실 거라고는 생각하지 못했습니다. 전화통화의 요지는 일단 1, 2차 지필고사를 치르고 결과를 기다려보라고 설득해 주셨습니다.

> "하고 싶은 일이 있거든 마음을 모아 집중해서 해 보게나!
> 세상에는 마음만으로 되는 것은 없다네! 실력을 키우고 힘을 키우게나!
> 무슨 공부를 왜 하고 싶은지 잘 생각해 보고 그 일에 집중하게!
> 지필결과를 보고 다시 얘기하세."

무엇인가를 원한다면 그 일이 정말 간절하다면 집중해서 마음을 다해 실력을 키워야 하는구나! 저는 교수님의 말씀에 두려운 마음을 다잡고 다시 준비해서 1, 2차 지필시험을 무사히 통과했습니다. 마지막 3차 면접시간 총 5분의 교수님 중 교육행정전공 교수님의 촌철살인 같은 한마디!

> "자네는 학교를 잘못 찾아온 것 같네.
> 딴따라는 우리 학교 들어올 수 없다네!"

그 말을 듣는 순간 제 귀를 의심했습니다. 고대에는 음악대학이 없다는 것을 정통성을 자부하는 교육학과에는 더더욱 발을 딛기 힘들다는 말씀, 너무나도 당황스러워 소신 있게 준비한 연구계획은 말조차 꺼내기 힘들었습니다. 제가 말문을 열지 못하고 있을 때 권 교수님께서 말씀하셨습니다.

> "교육의 궁극적인 목적은 창의성이네.
> 자네의 음악전공과 교사생활의 경험을 십분 살려
> 성인계속교육파트에서 할 일이 있을 거 같은데,
> 박사진학의 이유가 무엇인가?"

위태로운 외줄에서 떨어지다가 단단한 생명줄을 잡은 기분이었습니다. 짧은 시간이지만 간절한 마음을 담아 연구계획을 말씀드리고 들어오기 힘들다는 고려대학교 교육학과 박사과정으로 수학할 귀한 기회를 얻었습니다.

권 교수님의 수업에서는 무언가 모를 묘한 에너지를 느끼곤 했습니다. 집중하고 생각을 모을 수 있는 힘을 주시는 분이었습니다. 틀에 박힌 패턴이 늘 힘들고 버겁게만 느껴졌던 저, 가부장적인 기독교 중심의 가정환경으로 주도적인 삶보다는 부모님의 원하는 삶, 하나님께서 원하는 삶이 무엇인지 매일 고민하고 그 뜻에 맞추려고 했던 한없이 작고 초라하게만 느껴졌던 저에게 교수님의 수업은 지식 그 이상의 것을 전해주셨습니다.

제가 기억하는 선생님은 인자하시고 연구계획에 대한 상담에 한결같이 "good! try! change! try again! good!"라고 말씀해 주셨습니다. 교수님의 수업은 기존사고의 틀을 깨고 새로운 프레임으로 스스로 자문해서 그 해결책을 찾아갈 힘을 기를 수 있었습니다. 능력과 동기의 관계, 학습자에 따른 교사의 역할, 리더의 역량(끼, 깡, 끈, 꼴, 꿈, 꿀), 지피지기 백전백승의 SWOT, 공직자의 Servant 정신, 존중과 배려, 선택과 집중, 남들이 갖지 못한 핵심역량, leadership과 fellowship의 관계, 창의와 혁신, 공평과 평등, 만사형통 등 수업시간에 들었던 강의내용들이 머릿속을 맴돌곤 합니다.

수업 후 함께 식사를 즐기시던 교수님께 들었던 소소한 살아가는 이야기들도 기억에 남습니다.

작심삼일 계획으로 금연을 정하시고 3일에 한 번씩 다시 금연 계획을 세우시는 분. 밥 먹자 하고 부르시면 단골메뉴는 청국장, 특별히 좋아하시는 음식은 오리백숙 오리진흙구이. 좋아하시는 운동은 등산과 산책, 심신관리방법으로 소식과 단식, 폰에 웃을 거리를 메모하셔서 알려주시고 함께 웃기를 즐거하셨던 분. 교수님이라기보다는 선생님 호칭을 더 정겹게 생각하시던 정 많고 섬세하신 분. 안식년에는 요리학원에 다니시기도 하시고, 음악에 관심이 많으셔서 창이나 악기 배우러 국립국악원에 다니시며 한 소절씩 불러주시던 분. 단, 관상 등 다양한 분야에서 끊임없이 배우고 익히시고 함께 공유하시기를 즐거워하시던 분.

늘 열린 마음으로 세상과 교통하시는 선생님께서 요즈음은 어느 분야에 그 열정을 쏟고 계시나 저는 늘 궁금합니다. 전 선생님을 통해서 과거와는 확연히 다른 세상에서 제 마음속 깊은 곳에 귀 기울이며 새벽마다 묵상하고 하루를 시작합니다.

좋은 강연이 있으시면 법당도 가시고 교회도 가시고 성당도 가시는 선생님. 하나님은 세상 밖에 있는 것이 아니라 내 마음속에 있다고 좀 더 자유롭고 행복하게 살라고 자신이 태어난 결대로 살아가라고 말씀해 주신 선생님. 박사를 받고도 한참을 진로를 정하지 못해 방황하고 있는 저에게 끊임없이 권고와 격려를 아끼지 않으셨던 선생님.

현재 2008년부터 발병한 강직성척추염으로 가끔은 포도막염이 와서 고열에 시달리고 시력에 제한이 있기도 하지만 이 또한 긍정의 에너지로 지금의 삶을 오롯이 즐기며 하루하루 제 삶의 주인공으로 저만의 세상을 만들어가고 있습니다. 지금의 저는 감히 주변눈치 보지 않고 당당하게 제가 원하는 삶의 방향대로 키를 잡고 항해중입니다.

몸 튼튼 마음 튼튼 생각 튼튼을 넘어서 상처받은 영혼까지 헤아려 지속적으로 깨어있게 자극을 주시는 분. 권대봉 교수님! 아니 권대봉 선생님! 저에게는 정말 잊혀서도 안 되고 잊혀 지지도 않을 귀한 인연으로 받아들이고 살아갑니다. 한없이 위축되고 힘들었던 시절 다시 새로운 도전의 길을 열어주신 선생님은 저에게 아버지처럼 늘 든든하고 힘이 되는 수호천사님이십니다.

상생의 에너지가 무엇인지 몸소 보여주시고 각자의 삶 그 자체를 순수한 마음으로 존중해 주셨던 스승님을 통해 오늘도 주어진 생활 속에서 제가 맡은 위치에서 늘 배움을 게을리 하지 않고 실천해야겠다는 다짐을 해봅니다. 또한 선생님께서 베풀어주셨던 은혜를 잊지 않고 의미 있는 타인들과 공생하며 생활하겠습니다.

저에게 할 수 있다는 자신감을 주시고 보이는 때에도 보이지 않는 때에도 늘 한결같은 마음을 내어주시는 너그러움과 인자함에 깊은 감사를 드립니다.

마지막으로 정년퇴임 후 또 다른 삶의 시작을 위해 소망하시고 계획하시는 일들 모두 형통하시기를 두 손 모아 기도드립니다.

"선생님을 진심으로 존경하고 사랑합니다"

생각

이재욱(홈플러스 차장)

흔히들 40대가 넘어 좋은 인연을 만나는 것은 쉽지 않은 일이라고들 하지요. 특히나 중년의 나이에 좋은 선생을 만나는 것은 보통은 기회가 없는 일 것입니다. 제게 그런 기적 같은 좋은 인연이 권대봉 교수님과의 만남입니다.

기업에서 교육업무를 하면서 권대봉 교수님의 말씀은 드문드문 들을 수 있었습니다. 같은 회사 동료가 먼저 평생교육전공으로 입학하여 제가 가 되었기에 교수님에 대해 간접적으로 듣기도 했지요. 신문에 기고하시는 글도 간혹 만나면서 막연히 '대가' 정도로 알고 있었습니다. 사진으로 만나는 모습은 우아한 젊은 사자의 이미지였습니다.

#1. 첫 만남은 2015년 초봄, 대학원 신입생 환영회인 한마음 워크숍에서였지요. 당시 신입생이었던 저는 누군가가 등장하시면서 사람들과 일일이 악수하시는 모습을 보고 옆에 있는 동기에게 물었지요.

"저 분은 누구시냐?"

저는 007시리즈의 제임스본드를 좋아합니다. 많은 이들이 그러하듯이 1대 제임스 본드 숀코넬리가 스파이의 원형을 보여줬다고 생각합니다. 건장한 기골에 스마트한 미소, 중저음의 영국 엑센트. 그러다 89년이었나요? 인디아나 존스 최후의 성전에 해리슨 포드의 아버지로 나온 숀 코넬리 경을 스크린으로 만나게 됩니다. 스파이였던 그가 아버지 교수로 나온 그 생경함이라니, 숀 코넬리가 1930년생이니 당시 우리 나이로 환갑이었겠네요. 그리고 보니 인디아나 존스에 나왔을 때와 비슷한 연세이실 때 권대봉 교수님을 처음 만난 셈이네요.

권대봉 교수님을 보았을 때 느낌이 백발의 숀코넬리를 만나 것처럼 그러했습니다. 젊은 사자의 이미지로 알고 있던 모습과는 전혀 다른 모습으로 다가 오셨지요. 그런데 숀 코넬리가 그랬던 것처럼 권대봉 교수님도 이내 그 모습이 익숙해지더군요. 원래 그 모습이셨던 것처럼.

늦깍이 대학원생은 이후, 권대봉 교수님의 수업은 좀 무리가 되더라도 수강신청을 다 했습니다. 교수님의 마지막 제자가 된다는 자부심을 갖고도 싶었고 40년간 기업과 학교에서의 혜안을 훔치고 싶기도 했지요. 인천공항 옆 섬에 위치한 연수원에 근무하던 저는 그러나, 어김없이 강의에 늦곤 했습니다. 그때마다 제 사정을 아시는 교수님은 "이선생, 왔는가? 배타고 오느라 힘들었지." 하시며 쓱 웃어 주셨지요. 여전히 미리 주셨던 자료들을 읽어 가지 못한 죄송함과 아쉬움이 남아 있습니다.

#2. 교수님과의 가장 뚜렷한 기억은 2016년 봄, 한마음 워크숍에 있습니다. 위치는 저의 근무지인 인천 무의도, 공식행사 시작은 아이들이 만든 케이크를 들고 VIP들이 입장하는 것으로 시작했습니다. 그때 교수님의 손을 잡고 입장한건 제 여식, 재인이었지요. 5살짜리 꼬마 숙녀와 교수님이 손을 꼭 잡고 입장하여 케__를 자르던 모습이 여전히 눈앞에 있는 듯 합니다. 아직도 딸아이는 그때를 떠올리며 '할아버지 손잡고 케이크 잘랐지!' 합니다.

보통은 교수님께서는 한마음 워크숍에 오시면 공식행사 후 귀가하시곤 하셨답니다. 그날은 달랐습니다. 제가 근무하는 연수원은 섬에 위치한 탓에 배를 타고 들고 나는 곳입니다. 그날 밤, 배가 끊기기도 했지만 교수님께서도 그 정취에 취하고 싶으셨던 듯해요. 10시경 바닷가에 캠프파이어를 마련해 교수님과 선후배가 둘러 안았습니다. 아직 2월의 바다는 차가웠기에 이내 들어가실꺼라 생각했지요. 왠걸요. 교수님께서 이런 저런 말씀을 시작했는데 한 시간 시간이 훌쩍 지나가 있더군요. 해외근무하실 때, 사모님과 만남, 유학시절의 이야기들, 한 자연인으로의 교수님을 오롯이 만날 수 있는 시간이었지요.

이야기가 잦아들 쯤이었나요? 누군가 노래를 시작했고 저는 급히 제기타를 가지고 왔습니다. 70~80년대와 90년대를 아우르는 노래들을 나오기 시작하고 이내 각자의 추억으로 소환되는 얼굴들이었습니다. 한 시간 쯤 흘렀을까요? 여간해서 노래를 하지 않으신다던 교수님께서 노래를 시작하셨습니다. '김민기의 아침이슬' 서해바다의 늦은 겨울, 이른 봄의 바다를 촉촉히 적시던 교수님의 '긴 밤 지새우고'는 파도에 실려 판타지 같은 감흥을 주더군요. 노랫말처럼 그날 새벽녘에야 우리는 뜨거운 가슴으로 숙소로 들어갔습니다.

교수님과의 3년간의 소중한 추억을 다 담을 수 없는 기억과 필력의 모자람에 대한 아쉬움이 있습니다. 다른 제자들에 비해 배우고 만나 뵌 날이 짧기도 하구요. 가끔 교수님께서 국적은 바꿀 수 있어도 학적은 바꿀 수 없다고 말하곤 하십니다. 바뀌지 않는 학적의 중심에는 권대봉 교수님께서 자리하고 계시기에 그 추억들은 조금씩 더 쌓여 더 커지겠지요.

어느새 교수님의 지도로 논문이 마무리되어 졸업을 하고 저는 지난 여름 학교를 떠났고 교수님께서도 곧 손 때 묻은 교정을 떠나게 되네요. 권대봉 교수님과 같은 강의실에서 배우고 웃을 수 있어 얼마나 행복했는지 모릅니다. 더욱이 교수님의 학자로서의 행로 끝자락에 있을 수 있는 저는 더더욱 행운아입니다.

교수님을 생각하면 이 말씀을 드리고 싶어집니다.

"저의 선생이 되어 주셔서 참 고맙습니다."

이재형(농협대학교 협동조합경영과 부교수)

남자인 내가 '친정 아버지'라는 표현을 쓰는 것이 조금은 어색할 수도 있겠지만, 이 표현은 권대봉 교수님 지도로 공부를 하고 학위를 받았던 여성 석·박사 후배들로부터 꽤 오래 전 들었던 말이다. 여성 석·박사 과정생들이 마치 자신의 친정 아버지를 대하듯 편하게, 따뜻하게 공부를 한 듯한데, 이렇게 한결같은 환한 미소는 굳이 여성, 남성을 구분하지 않고, 권대봉 교수님께서 여러 제자들에게 공통적으로 보여주셨던 모습이다. 어쩌면, 권대봉 교수님을 한 마디로, 가장 압축적으로 설명할 수 있는 표현이 될 수도 있겠다는 생각을 해본다.

권대봉 교수님과의 개인적 인연은 내가 대학 2학년 때였던 1991년 2학기 개강일로부터 시작된다. 내 기억이 조금은 틀릴 수도 있겠지만, 그 당시 평균적인 교수님들의 모습과는 달리 편하게 입은 난방에, 청바지 그리고 백팩을 매고 나타나신 권 교수님을 대부분의 학생들은 복학생 선배로 알았다가 잠시 후 교수님인 줄 알고 깜짝 놀라 당황했던 일이 있었다. '사회교육방법론' 권 교수님께서 1991년 2학기에 미국에서 교환교수로 오셔서 첫 강의를 해주셨던 과목이다. 특히나, 그동안의 다른 과목들과는 달리 실제 사회교육 기관을 방문해 조사한 내용을 정리, 발표하는 현장 중심의 수업이어서 지금도 기억이 많이 남는다. 나는 원주와 하남에 있는 가나안 농군학교를 방문하고, 자료를 정리, 발표했었다.

그리고 교환교수로 오셔서 처음으로 하신 수업에 유독 우리 90학번이 많이 수강하였던 덕분인지, 우리 90학번과의 인연이 남다르셨던 권 교수님께서는 그 후로 아주 많은 수의 우리 90학번 동기 결혼식에 주례 선생님이 되어주시기도 하였다.

졸업을 하고, 군대를 다녀오고, 몇몇 직장을 거치면서 내가 사회에 제대로 자리를 잡기까지 10여년 정도 권 교수님과의 인연은 잠시 끊긴다. 그러다가, 2003년 고대 교육대학원 기업교육 전공 석사과정으로 입학을 하면서 권 교수님을 다시 만나 뵙고, 학부에 이어 석사과정까지 권 교수님의 지도를 받게 된다. 물론, 당연하게도 학부의 대선배이시기도 하다. 석사과정 입학에 앞서 합격 여부를 결정짓는 면접에서는 학부 당시의 예전 기억을 되살려주시면서, 아주 화통하게 환영해 주셨는데, 그게 매우 감사했고, 안심이 되었었다.

그리고 2005년에는 금호인력개발원에서 ASTD 연수단을 꾸린 적이 있었는데 권대봉 교수님께서 코디네이터 교수셨다. 10여년도 더 지난 일이지만 권 교수님과 함께 버스도 타고, 비행기도 타면서 LA, 달라스, 올란도 등을 다녔던 기억이 아직도 생생하다. 연수단에 참가했던 모든 사람들이 버스 안에서 다들 자기소개를 하는데, 아주 많은 수의 인원들이 권 교수님과의 인연을 얘기하면서 권 교수님께서 이 연수단의 코디네이터이셔서 특별히 이 연수단에 참여하게 되었노라고 말하였는데, 나 역시 마찬가지였다.

다음으로는 교수님께서 잠시 학교를 떠나 직업능력개발원장으로 계실 때, 내 박사과정 지원서에 추천 서명을 받기 위해 직업능력개발원으로 찾아뵈었던 기억도 난다. 2009년이었던 것 같다. 그때도 그냥 지나치지 않고 이런저런 내 경력에 대한 조언을 충실히 해주셨다.

그리고 2012년 8월 고대 교육대학원 기업교육 전공 워크숍 때는 내가 농협대학교의 전임교수로 임용되었다는 소식을 명함을 드리면서 알려드렸더니, 마치 당신의 일처럼 환하게 함박웃음을 지으시면서 기뻐해주셨다. 그러시면서, 거기에 참석한 여러 사람들 앞에서 다른 여러 사람들의 동정과 함께 내 소식을 같이 공지해주셨는데, 그런저런 고마움 때문에 권 교수님을 따르는 사람들이 많은 것 아닌가 하는 생각도 해본다.

최근 몇 년 전부터는 고대 교육대학원 기업교육 전공 석사 졸업생으로 권 교수님으로부터 학위를 받은 사람 중, 고대에서건 어디에서건 간에 박사학위를 받은 제자들이 '포럼 고대로'라는 모임을 갖고 있다. 그 모임을 통해 6개월에 한 번 정도 권 교수님을 모시고 식사도 하고 말씀도 듣고 하는데, 이렇게나마 교수님을 가까이서 뵐 수 있고, 모실 수 있어 소소함 이상의 큰 기쁨이고 영광이다. 여전히 유쾌하시고 명랑하시고, 제자들의 화두에 명쾌하게 말씀해주시는 모습에 감사하다.

권 교수님 그리고 제자들도 이제 나이를 한 해 한 해 더 들어가겠지만, 늘 지금 이상으로 모임에 참석하셔서 유쾌한 모습, 건강한 모습을 계속 보여주셨으면 하는 바람이다.

권 교수님의 정년을 앞두고, 벌써 그렇게 시간이 되었나 하는 서글픔과 함께, 그동안의 여러 말씀과 지도에 감사의 마음을 올리고자 한다.

인생의 상자들

이정의 ((전)보스턴대학교 연구위원)

　대학에서 근무하지 않는 이상, 학위 취득과 동시에 불리게 되는 통일된 호칭이 있다. 김 박사, 이 박사, 박 박사. 이 박사로 산지 15년째이다. 하루에도 수십 번씩 이름보다 더 자주 불리 우는 이 호칭이 주는 무게는 어느 날은 인식조차 못 할 정도로 가볍고 어느 날은 삶의 방향을 고민하게 하기도 한다. 나 자신으로부터든 혹은 외부로부터든 이 호칭이 인식되는 순간, 항상 기억은 지도교수이신 권대봉 교수님에서 출발한다.

　많은 지도학생들이 함께 읽었던 'Richard N. Bolles의 Three Boxes of Life'라는 책이 있다. 모든 지도학생들이 그럴 수 있겠으나 특히 오랜 시간 교수님과 알아온 사람들은 Education, Work, Leisure, 혹은 그 밖의 상자들에 평생학습＋교수님의 그림자가 항상 배어있으리라 생각된다.

　1995년 3월, 권대봉 교수님이 고대에 부임하신 첫 해이자 내가 대학원 생활을 시작한 해이다. 그 후로 이십년이 넘는 오늘에 이르기까지 교수님께서 만족을 하셨든 아니셨든 나는 지도학생으로서 수업을 열심히 듣고, 조교를 하고, 논문지도를 받고, 함께 프로젝트를 하고, 글을 쓰고, 직장생활을 했다.

　40대 후반이 되어 또 다른 인생의 전환기를 맞아 인연을 되짚어 보니, 교수님은 대학원 생활을 함께 시작했을 뿐만 아니라 우리 결혼식의 주례자로서 가족의 출발점에도 함께하셨다. 이로 인하여 남편을 심서방이라 칭하시며 이제는 청소년이 되어가는 아들에게 용돈도 쥐어 주신다. 우리

가족이 미국 생활을 하는 동안은 아드님과 여행 중 들러 안부를 챙기시고, 내 남동생이 인도에 근무하던 때는 출장 차 가서서 생전 처음 만난 동생 집에도 방문하시고, 관광도 같이 하신다.

지도교수이시지만 삼촌 같기도 하고, 혹은 그저 버스나 지하철에서 만난 인상 좋은 아저씨 같기도 하다. 하지만 대부분의 지도학생들이 종사하고 있는 전공 분야의 유명한 교수님이시자 공공기관장을 역임하신 학자이시기에 일과 관련해서 교수님의 존함과 그늘을 벗어나기 어렵다. 항상 감사하고 죄송한 부분이다.

몇 년 전 교수님께 한편으로는 맘이 불편하고 한편으로는 뿌듯했던 기억이 있다. 2015년 글로벌HR포럼은 교육부, 한국경제신문사, 한국직업능력개발원이 공동으로 매년 주최하고 있는 우리나라의 대표적인 국제 포럼이다. 교수님께서는 몇 해는 주최기관의 장으로, 그 이후로는 강연자나 좌장으로 항상 참여해오고 계신다.

내가 소속되었던 기관도 거의 매해 포럼의 파트너 기관이었기에 2015년 포럼 당시에도 우리 기관의 원장님이 하나의 세션을 맡아 진행을 하게 되었다. 당시 관련 부서에 있던 터라 포럼 시작 전에 브로서를 통해 교수님께서 동일시간대의 다른 세션의 좌장으로 참석하신다는 것을 알게 되었다. 몇 달간 뵙지 못했기도 하고 혹시 필요하신 일이나 도울 일이 있는지 전화를 드리니 "어려운 점이 있어야 부탁을 하지, 자네 일이나 잘 봐." 하신다.

다음 날, 원장님이 좌장으로 참석하는 세션을 지원하기 위하여 다른 직원들과 포럼장에서 자료와 의전 등을 점검하고 있는데, 권 교수님께서 사전미팅에 참여하기 위하여 한참이나 일찍 여유롭게 밝은 미소를 지으시며 혼자 입구에 나타나셨다. 우리 원 직원들도 나에게 눈치를 주며 어서 가서 교수님을 모시라 했지만 교수님께서 먼저 손사래를 치시며 유유히 사전미팅 장소로 이동하셨다. 사전미팅 장소도 동일한 공간이어서 나는 우리 원이 속한 테이블을 챙기면서 한편으로는 교수님께서 혹시 필요한 것이 있으실지 틈틈이 바라보았다. 오랜 경험으로 혼자서도 능숙하게 참여하신 발표자 분들을 잘 아우르시고 담소도 나누고 계셨다. 우리 세션 발표자로 외국에서 오신 한 분은 사전미팅장을 쭈욱 둘러보더니 저 멀리 테이블의 교수님을 알아보고는 오히려 우리에게 교수님을 소개해 주겠다 며 교수님을 모시고 어깨동무를 하고 나타나기도 했다.

업무상 참석한 것이기에 다른 공간에서 진행된 교수님의 세션에는 참 여할 수 없었다. 몇 해 전까지 주최기관의 장이셨고, 지도교수님이신데 모시지를 못하고 계속 다른 일을 하고 있자니 마음 한편 편치 않음이 있 던 터라 세션이 끝나자마자 문자를 드렸다. 교수님은 그새 다른 세션에 참석해 청중으로 발표를 듣고 계셨다. 차 한 잔을 사서 선생님이 계신 세 션장을 찾았는데 너무도 즐거운 표정으로 참관하시는 뒷모습은 그 어떤 권위나 직함이나 연령과 관계없는 행복한 평생학습자의 모습이었다.

직장인으로서 지도교수와 기관장을 동시에 한 자리에서 일로 뵙는 불 편함이 있던 몇 시간이었는데, 교수님의 소탈함과 여유로움과 자신감에 감사함이 느껴졌다. 물론 평소에도 늘 느끼던 바이다. 그럼에도 저 분이 나의 지도교수이심에 내가 한 일도 없이 뿌듯할 수밖에 없었다.

교수님의 은퇴를 앞두고 나의 은퇴 후 혹은 나의 이십년 후를 생각하 지 않을 수 없다. 나의 교육, 나의 직업, 나의 여가 이 모든 인생 상자에 교수님이 함께 계셨음을 고백해 본다. 내 인생의 지도교수이신 교수님께 서 보여주시는 모습 그대로 언제나 배우고, 언제나 여유 있게 웃고, 언제 나 시도하는 인생을 계속 가꿀 수 있기를.

이진구(한국기술교육대학교 테크노인력개발전문대학원 부교수)

세 번의 만남

　대학교 2학년 때의 일로 기억된다. 가르친다는 일에 관심을 가지고 입학한 교육학과의 수업은 생각과는 달리 그리 흥미가 생기지 않았었다. 청운의 큰(?) 꿈을 품고 대학에 들어온 새내기에게 대학생활 자체는 인생이 무엇인지 알아가고 느끼게 하는 방황과 번민의 시절이었고, 교육학이라는 학문의 분야는 번민의 깊이만큼 생소하고 낯설기만 하였다. 당연히 수업시간은 지루함의 연속이었고, 그 많은 교수방법 중에서 강의식으로만 이루어지는 대다수의 수업방식은 흥미를 더욱 저하시켰다. 대다수의 남학생들이 그러하듯, 2학년을 마치고 군대를 가기로 결심한 나는 입대 전 마지막 학기의 과목으로 대부분 3, 4학년 선배님들이 수강하시던 성인교육 관련 과목을 호기심을 가지고 신청하게 되었다. 그 당시 수업첫날 권대봉 교수님의 수업을 듣던 그때의 충격은 아직도 가시지를 않는다. 우리 학교에 처음 출강하신 학기로 기억되는데, 교수님의 수업은 기존에 듣던 여타의 수업방식과 너무나 달랐다. 학생들 소개가 끝나자 교수님께서는 성인교육의 특징이 무엇인지에 대한 주제를 가지고 토론을 하자고 하셨다. 기존의 교수님들의 일방적인 강의식 수업에 익숙했던 나에게 교탁 앞 책상에 반쯤 걸터앉으셔서 앞뒤의 사람들과 팀을 이루어 서로의 생각을 교환하고 이를 정리해서 발표하게 하고 이 내용을 코칭해 주시던 교수님의 수업은 놀라움 그 자체였다. '와! 이렇게도 수업이 진행되는구나'하면서 속으로 많이 놀랐던 그때의 기억이 지금도 권대봉 교수님을 생각할 때면 남아있다. 아마 이때가 교수님과의 첫 번째 만남이 아니었나 싶다. 덕분에 나는 얼굴조차 들기 힘들었던 84학번 및 85학번 졸업반 선배님들과 이야기를 나눌 기회를 가질 수 있었다.

　제대한 이후 정신을 차리고 도서관에서 공부를 하면서 미래에 대한 고민을 할 때였다. 3학년 2학기가 거의 끝나갈 무렵, 당시 조교 형으로부터 연락을 받았다. 권대봉 교수님의 추천으로 삼성물산 건설부문에서 겨울방학동안 교육운영을 보조할 인턴자리를 뽑는다는 거였다. 당시 인적자원개발이라는 분야에 조금씩 관심을 갖게 되었던 나는 교수님을 찾아가서 말씀을 드리고 교수님의 추천으로 방학동안 삼성에서 일할 기회를 가지게 되었다. 그리고 이 경험은 내 인생의 터닝포인트가 되었다. 두 달여의 삼성 교육담당자로서의 생활은 너무 재미있었고, 학생들 보다는 성인들 대상의 교육이 나한테 적합하다는 것을 알게 해준 계기가 되었다. 이때의 경험을 바탕으로 나는 삼성의 교육담당자가 되는 것을 꿈꾸게 되었고, 대학 졸업과 동시에 삼성그룹의 교육전문인력으로 입사를 해서 삼성카드에서 일하게 되었다. 그래서 교수님을 뵐 때마다 나를 지금의 길로 이끌어주신 것에 항상 감사드린다.

　회사에 입사해서 인력개발 담당자로 생활하면서는 사실 교수님을 뵐 기회가 많지 않았다. 졸업을 한데다 하루하루 바쁜 직장생활이었기에 사회초년생으로서 적응하느라 무척이나 바쁜 시기를 보내고 있었다. 다만 외부에서 열리는 HRD강연 등에 참가해서 교수님을 뵐 때면 항상 자랑스럽고 기쁜 마음이 들었었다. 그러던 어느 날 집이 대전인 대학동기로부터 대전에서 결혼을 한다는 소식과 함께 사회를 봐달라는 부탁을 받았다. 더불어 주례선생님이 권대봉 교수님인데 교수님도 서울에서 출발하는 버스로 같이 이동하시니 교수님을 같이 모시고 왔으면 좋겠다는 요청이 있었다. 오랜만에 교수님을 뵙게 되서 반갑기는 하였지만, 불편한 좌석에 모시고 가자니 걱정이 앞섰다. 그런데 주례용 복장을 하고 오신 교수님은 나와 다른 동기들의 걱정과는 달리 버스 앞좌석에 편하게 앉으시더니, 본인은 괜찮으니 너무 걱정하지 말라고 하시고는 오가는 내내 우리를 참 편하게 해주셨다. 그리고는 졸업한지 몇 년이 지난 우리 동기들의 이름을 기억하시고는 근황도 물어보시고 이런 저런 말씀도 해주셨던 기억이 지금도 선명하다. 멀게만 느껴졌던 교수님이 그때는 선배님으로 보이면서 교수님의 인간적인 면모를 느낄 수 있었다. 사실 권대봉 교수님은 너무나 많은 제자들의 인생 멘토라 할 수 있다. 본인이 먼저 솔선수범해서 교수로서 학자로서 본을 보여주셨고, 정말 많은 제자들의 주례를 서 주셨다. 나의 대학 및 대학원의 많은 동기들은 새로운 인생을 여는 장에 교수님을 주례로 모시고자 하였고, 교수님께서는 흔쾌히 그 앞길을 축복해 주셨다. 물론 나를 포함해서 말이다. 아마도 이 주례의 장이 교수님과의 중요한 두 번째 만남이 아니었나 싶다.

결혼을 하고 직장생활을 하면서 모든 직장인이 그러하듯 미래에 대한 고민을 다시 하게 되었다. 과연 지금의 직장에서 생활을 유지해나갈 것인가 아니면 인적자원개발에 대한 공부를 더 할 것인가라는 명제아래 참 많이 고민을 했던 것 같다. 사실 대학을 졸업할 때만해도 공부를 더 하고 싶은 마음은 없었다. 하지만 이 분야에서 일을 하다 보니 더 많은 공부가 필요하다는 것을 느끼게 되었고, 공부한다면 당연히 권대봉 교수님 밑에서 하고 싶다는 어렴풋한 생각을 가지고 있었다. 교육대학원에 지원을 하고 면접을 보고 다행히 교수님 밑에서 다시 공부할 수 있는 기회를 갖게 되었을 때, 참 행운이라는 생각이 들었다. 우리나라 인적자원개발 분야의 최고이신 교수님 밑에서 공부를 다시 할 수 있다는 것은 자랑스러운 일이었고, 그 계기로 이 분야의 학문이 너무 좋아서 미국 유학까지 다녀올 수 있었다. 미국 유학 중 교수님께 안부메일을 드렸을 때 교수님께서 이메일에 우리 후배들에게 자랑스러운 롤모델이 되면 좋겠다고 하신 말씀은 항상 나의 가슴에 남아있다. 나의 롤모델이셨던 교수님께 그러한 얘기를 들으니 더욱 나 스스로를 채찍질하게 된 계기가 것 같다. 그리고 교수님께서 해주신 그 말씀은 지금의 나를 만드는 원동력이었던 것 같다. 지금도 내 자신이 우리 후배들에게 자랑스러운 롤모델이 되고 있는지 내 자신에게 묻곤 한다. 이것이 아마도 교수님과의 세 번째 만남이 아니었나 싶다. 스승과 제자 사이는 영원한 만남인 듯하다. 하지만 내 인생의 중요한 세 번의 순간에 만난 교수님께 정말 배로 배로 감사드린다.

교수님,
항상 건강하십시오!

인치원(LG유플러스 책임)

영원한 스승

　별로 오래되지 않은 것 같은데 벌써 5년이 지난 것 같다. 고대 교육대학원을 졸업한 것이. 10여 년 넘게 회사생활을 하면서 문득문득 느꼈던 갈증의 원인이 무엇인지 많이도 찾아 다녔던 나였다. 갈증의 원인은 말로 헤아릴 수 없이 많았으리라. 남들과 크게 다르지 않은 평범한 유년과 학창시절을 거쳐 경제활동을 하는 인구의 한 축으로서 생활을 하던 나는 그저 보통의 직장인이였다. 그러나 마음속 깊이 끊이지 않는 갈증과 고민의 근원을 찾아 이리저리 방황하던 나는 결국 학문과 낭만이 서려있는 대학교 교정을 찾았다.

　여전히 학교는 그 이름과 명성답게 끈끈하고 열정적인 학풍과 문화를 끊임없이 상기시켜주었고, 훌륭하신 선생님들과 넉넉한 선배, 그리고 귀여운(?) 후배들까지, 나를 비롯한 대부분의 동기들은 마치 과거 학부시절을 떠올리지 않을 수가 없었으리라. 당시 대학원을 입학했던 나이가 적지 않았던 나였지만 예전 대학교 학부시절의 신입생처럼 친절히 대해주시는 모든 분들의 애정 어린 관심들, 지금도 생각해보면 정말 고려대학교는 말로 표현하기 어려운 강력하고 매력적인 중독성 강한 곳이라는 것을 새삼 깨닫게 된다. 그러한 가운데 먼발치에서 주임교수님이라 명명하던 그 분과 실제 직접적인 대화를 한 것은 대학원 생활을 시작한지 얼마 안 되었을 때 바로 강의장이었다.

권대봉 선생님. 정말 존함만으로도 사실 굉장히 무게가 느껴지시는 분이었다. 이는 나 아닌 대부분의 우리 선·후배들이 공통적으로 느꼈던 생각이 아닌가 싶다. 선생님께서는 당시 기장이었던 나를 강의 때부터 유심히 기억해 주셨던 것으로 생각난다.

"여기 이번에 입학한 신입기수가 어디 있지?
음, 기장은 누구인가? 자네는 이름이 뭔가?
이름이 참 특이하구만."

사실 선생님의 수업을 수강하긴 전까지의 이미지는 뭔가 정말 묵직하신 카리스마 짙은 분이라고 생각했었지만, 실제 선생님을 가까이 뵈면서 이런 저런 말씀을 듣고 있다 보니 여유 있는 중저음의 목소리와 넉넉하고 인자하신 미소는 긴장되었던 우리들의 마음속을 훈훈하게 해 주었고, 우리가 스스로 학문을 탐구하는 대학원생이라는 사실을 자각하게 해주었다.

권대봉 선생님과 나의 인연은 그렇게 시작되었다. 같은 전공의 학생들은 마음만 먹으면 선생님의 강의를 수강할 수 있으나 사실 인연을 쌓아간다는 것은 또 다른 일이다. 첫 강의를 들은 얼마 후, 나는 선생님과 운초우선교육관 정문 앞에서 우연히 만나 인사를 드리면서 본격적인 인연의 실타리를 타게 되었다. 당시 몇 분간의 짧막한 이야기를 나누며 선생님과 나의 관계를 인연이라고까지 이야기할 수 있는 강력한 이유는 바로 선생님과 나의 생일이 같다는 것이며, 더욱 놀라운 것은 띠(용띠)와 혈액형까지 같다는 것이었다. 사실 혈액형이 같은 사람은 우리 주변에 너무도 많이 있지만 생일이 같은 경우는 그리 흔한 일이 아니기 때문이다. 나는 선생님과 나와의 관계가 정말 인연이 아닐까 하는 생각을 하시 시작했던 것 같다. 당시 교육대학원 기업교육 전공 뿐 아니라 HRD이라는 학계에서 선생님은 그야말로 거목이셨고, 그 후부터 선생님의 말씀 하나하나를 귀담아 듣지 않을 수 없었다.

교육대학원 기업교육을 전공을 다니면서 기장이라는 역할을 맡은 건 지금 생각해보면 나에겐 굉장히 큰 행운이라는 생각이 든다. 기장이라는 직책은 학업과 학교생활을 더 즐겁고 의미 있는 생활이 될 수 있도록 여러 가지 역할을 요구했기 때문이다. 그 덕분에 나는 다른 동기들 보다 권대봉 선생님을 비롯한 많은 선생님들을 자주 접할 수 있는 기회를 얻기도 했다.

내가 속한 34기가 전공대표 섬기미 기수가 되어 학내 여러 가지 활동을 수행할 때, 예를 들면 한마음 행사, 가을산행, HRD포럼 등에 있어서도 선생님과 여러 가지 의견을 나누기도 하고 또한 선생님과 함께 그 행사에 참여하면서 보고 듣고 배운 모든 일들이 나에게는 행운이 아닌가 싶다. 언제나 그 모든 학내 행사에 포문을 여시면서 우리에게 말씀하셨던 내용들이 지금도 주마등처럼 스쳐 지나간다.

> **"기업교육을 전공하는 사람들은 인간에 대한 무한한 애정이 있어야 한다는 것, 회사의 백년대계는 우리한테 달려있다."**

사실 그때는 그냥 그런가 보다 하는 생각도 있었지만, 그런 모든 가르침과 경험들이 회사에서 그동안 교육과 무관한 업무를 수행했던 나에게 결국 교육업무로 부서이동을 하기에 까지 이른 것이 아닌가 싶다.

고려대학교에서 기업교육을 전공하면서 나의 인생도 가시적인 변화가 많았다. 생각만 하고 동경만 했던 학문에 대해 내 나름의 노력과 관심을 높이기도 하였고, 훌륭하신 선생님들과 배울 점이 많은 선·후배, 그리고 동기들이라는 많은 소중한 자산을 얻어간 것임은 분명하다. 그리고 결정적인 것은 대학원 재학 중에 인생에서 중요한 라이프이벤트인 결혼을 하였다. 결혼을 생각하니 권대봉 선생님을 떠올리지 않을 수가 없다. 반드시 대학원 졸업 전에는 결혼을 해야겠다고 스스로 결정을 내린 상태였다. 그러다 보니 종합시험을 보기 직전 결혼날짜 및 예식장을 결정 등 결혼에 필요한 준비를 병행해야 했다. 사실 그 당시 회사업무와 학교생활을 병행하는 것만으로도 쉽지 않았는데 결혼준비까지 하려 하니 소위 말해 '몸이 열 개라도 모자른걸?' 하는 상황이었다. 우스운 이야기지만, 직장생활과 종합시험, 그리고 결혼식 준비가 한창이던 어느 날 아침, 출근을 위해 베게 끝에서 머리를 떼는 순간 갑자기 코끝에서 뜨거운 그 무엇이 흘러내리는 것을 느꼈다. 바로 코피가 흘러내리는 것이었다. 더욱 더 나를 흥분하게 만들었던 것은 한 쪽이 아니라 양쪽에서 다 코피가 흘러내리는 것이었다. 당시 의식하지 못했지만 내 신체상태는 굉장히 피로했던 것으로 기억이 난다. 결혼식을 준비하면서 중요하지 않은 것이 있겠냐만은 뭐니뭐니 해도 인생의 반려자와 가족·친지·지인들을 모시고 인생의 중요한 축사와 방향성을 제시해주시는 주례선생님이 누구인지는 정말 중요한 역할이었다. 하지만 나는 고민하지 않고 바로 선생님께 부탁을 드렸다. 아직도 그날의 모습이 선연하다. 선생님께서는 빙그레 웃으시더니 "자네가 결혼을 한다고? 이거 아주 축하할 일이구만. 인기장이 그렇게 요청하는 데 마다하지는 않겠지만."이라고 말씀하시면서 대뜸 내게 조건을 제시하였다. 사실 말끝을 흐리시는 선생님의 말씀을 듣고 당시 조금 놀라지 않을 수 없었다. 당시에도 선생님께서는 워낙에 바쁘시기도 했고, 나와 같이 결혼식 주례 요청을 드리는 제자가 한 두 명이 아니었을 터. 나는 소리 안 나게 조용히 침을 꿀꺽 삼키며 이어지는 선생님의 말씀에 귀를 기울였다.

**"그럼 조만간 자네 신부가 될 사람과 함께 나를 찾아와서
시험을 보고 그것을 통과하면 흔쾌히 주례를 서주겠네."**

계속해서 선생님의 이야기를 들어보니 선생님의 시험은 나와 예비신부의 양가 부모님의 존함을 한자로 쓰는 것이었다. 처음엔 이 말씀을 듣고 나는 왜 이런 시험을 보실까 하며 갸우뚱 거렸지만 이내 선생님의 말씀을 듣고 깨우치는 바가 많았다. 결혼은 피 한 방울 안 섞인 남자와 여자가 서로 사랑하여 하는 것이지만 두 사람만이 주인공이 아니라는 것이다. 이렇게 결혼을 하기 까지 물심양면으로 보살펴주신 부모님이 얼마나 대단

하고 위대한 존재인지를 깨닫고 감사의 마음을 가지라는 선생님의 뜻이 있었던 것이다.

얼마 후 예비신부와 함께 선생님을 찾아뵙고 무사히 시험을 치르고 나왔다. 물론 선생님께서는 결혼식 당일에 나의 결혼식을 빛내 주셨다. 결혼식을 해본 사람을 알겠지만 사실 그날 하루가 어떻게 지나갔는지 모를 정도로 생각할 정신도 없는 날이 결혼식이다. 하지만 선생님의 주례사 중 지금까지도 내 마음속에 남는 말씀이 있다.

"서로 다를 수밖에 없는 사람들이 모여 인생을 사는 것이 결혼이지만, 해법은 서로가 서로를 이해하는 것이다."

나는 지금도 선생님의 말씀을 가슴에 새기고 살고 있다. 역시 살면서 보니 나와 아내는 많이 다르다. 다르기 때문에 서로에게 차이점을 고치라고 요청만 하는게 아닐까? 그래서 나는 '이해'라는 말을 항상 새기고 살고 있다. 아직도 나와 아내는 가끔 결혼식 사진을 보면서 우리 선생님에 대해 이야기 한다.

"오빠는 참 훌륭하신 교수님의 제자라서 좋겠다."

대학원을 졸업하고 정말 시간이 쏜살같이 지나갔다. 결혼과 두 아이의 출산, 업무의 변화 등 핑계 아닌 핑계로 선생님을 통 뵙지 못하고 있다. 가끔 선생님께 안부인사만 여쭙는 못난 제자가 되어 버린 것이다. 하지만 그때마다 선생님께서는 너무나 반갑게 전화를 받아주신다. 작년에 둘째가 태어난 날, 나는 뜬금없이 전화기를 꺼내어 선생님께 전화를 드렸다. "선생님 제가오늘 둘째 아이, 딸을 낳았습니다. 결혼하고 아들, 딸 건강하게 태어날 수 있었던 것 모두 선생님의 주례 덕분입니다. 감사합니다." 전화기 너머로 들려오는 선생님의 웃음소리가 들렸다. 오랜만에 전화를 드렸는데도 선생님께서는 진심 어린 미소라는 것이 느껴졌다. "허허, 그래?

정말 축하하네. 연락해 주어서 고맙네." 그렇게 몇 마디를 나누고 전화를 끊은 후 나는 생각했다. 권대봉 선생님 같은 분이 나의 선생님이라는 사실, 내가 그런 분의 제자라는 사실이 너무나 감사할 일이라는 것을.

오랜 기간 동안 고려대학교에서 후학양성을 위해 몸소 실천하신 선생님께서 얼마 있으면 정년퇴임을 하신다고 한다. 사실 학교에서 선생님의 가르침을 직접 듣고 생각을 나누는 소중한 추억을 쌓을 기회가 없는 예비 신입생 후배들이 안타깝다는 생각이 든다. 동시에 나는 참 운이 좋았다는 생각도 든다. 그런 훌륭하신 선생님의 제자로써 대학원 시절을 함께 하면서 많은 가르침과 추억을 쌓았으니 말이다. 선생님을 뵈면 이 말씀을 꼭 전해드리고 싶다.

"선생님께서 고려대학교에서 큰 가르침을 주시면서
든든하게 지켜주신 덕분에 저를 비롯한 많은 제자들이
자신있게 꿈을 펼치고 있습니다.
이제는 고려대학교라는 울타리를 벗어나
더 많은 사람들에게 큰 가르침을 주시기 바랍니다.
선생님은 제게는 영원한 스승님이십니다.
존경하고 사랑합니다. 선생님!"

임광현(육군 대령)

#1. 교수님과의 첫만남

野戰에서 1차 중대장을 마치고 2000년도 말에 군 위탁교육생으로 선발되어 새로운 생활을 꿈꾸던 시기에 당시 고려대 교육학과 학과장으로 계시던 교수님과의 첫 만남이 이루어졌다. 사실 학부과정인 육사에는 '교육학' 과목이 없었기에 '교육학' 전공으로 위탁교육 과정에 선발된 나로서는 다소 미지의 학문분야였다. 그때 어둠속에서 한줄기 빛과 같이 교수님을 만났고, 교수님께서는 군에 꼭 필요하고 활용도가 높은 분야로 HRD(인적자원개발)를 세부전공으로 추천해 주심과 함께 지도학생으로 받아 주셨다.

#2. 수업에 관한 기억

원서로 수업을 진행하고 있던 어느 수업시간에 'freeze'의 의미에 대하여 교수님께 질문을 한 기억이 강하게 남아있다. 교수님께서는 모차르트의 사례를 들어 설명해 주셨다. 어느 엄마가 모차르트에게 아이를 데리고 와서 우리아이가 꽤 음악에 소질이 있는데, 수준을 더 높이기 위해 지도를 받고 싶다고 했다. 모차르트는 처음 배우는 아이보다 더 비싼 수업료를 요구하자, 그 엄마는 황당해하며 이유를 물었다. 모차르트는 말하길 "처음 배우는 아이는 가르치기만 하면 되지만, 이 아이는 '잘못 습성화되어 있는 것(freeze)'을 '고치고(melt)' 나서 다시 가르쳐야 하기 때문에 수업료가 더 비싸다."고 설명했다고 한다. 이 사례를 통해 나는 나에게 'freeze'

되어 있는 것은 어떤 것들이 있는가를 항상 되새김 하며 생활하는 습관이 생겼다.

#3. 나의 주례선생님

8년간의 연애기간에 마침표를 찍고, 드디어 결혼식 날짜를 정하고 나서 교수님께 찾아가 주례를 부탁드렸다. 교수님께서는 조금의 망설임도 없이 흔쾌히 승낙해 주셨고, 훌륭한 주례선생님을 모시고 육사에서 영광스런 결혼식을 진행할 수 있었다. 신혼여행을 다녀와서 처음으로 교수님 댁을 방문하여 아내와 함께 인사를 드리며 즐거운 시간을 가진 기억이 새롭다. 그리고 지금까지 별탈 없이 행복한 가정생활을 할 수 있는 원동력은 훌륭한 주례선생님의 기운을 받아서 그런 것이 아닌가 생각이 든다.

한 번
주례선생님은
영원한
주례선생님!

추억 2017

임지연(한국청소년정책연구원 선임연구위원)

마음이 따듯한 권대봉 교수님은 누구에게나 편안하게 따뜻하게 대해주셨던 것 같습니다.

무슨 말을 쓸까 생각해보았는데 교수님은 조금씩 꾸준하게 칼럼을 쓰시고 영어를 공부하시고 대중교통을 이용하시고 스승의 날 선물도 유명한 명품 넥타이가 아니라도 좋아라 매고 다니시며 작은 것도 기쁘게 받아주셔서 감사드려요.

저는 교수님이 칼럼리스트인 것이 너무 자랑스럽습니다. 자주 뵙지 못했어도 교수님의 칼럼을 읽을 때마다 교수님과 생각을 소통하는 느낌을 받았고 공감도 많이 하고 배움도 컸습니다.

오랜만이라도 연락을 드리면 짧게나마 답변 주실 때 참 기분이 좋았구요. 이제 저도 학생들이나 누가 저에게 연락을 하면 짧게나마 답을 주어 기쁨을 전하는 것을 배워 실천하고 있네요.

박사과정을 입학하고 학사, 석사를 타 학교에서 나와서 어색했던 때에 교수님은 차별을 하지 않고 그냥 덤덤하게 편안하게 대해주셔서 고마웠습니다. 박사과정 몇 년차인가 기업에 대해 배우면서 회사생활의 고민이 있었을 때 무엇이 가장 힘드냐고 툭 물어봐주셨던 기억이 납니다. 그때 물어봐주신 것만으로도 기운이 났던 기억이 나네요.

그때는 사회인으로나 학문적으로나 다듬어지지 않아서 좌충우돌을 할 때 교수님의 편안한 말씀과 격려가 힘이 되었어요. 비난하거나 그런 것 없이 편안하게 대해주서서 교수님이 어렵다는 생각이 특별하게 들지 않았어요. 좋으신 분을 지도교수로 만났구나. 행운이 틀림없는 것 같습니다.

저에게는 교수님처럼 끊임없이 천천히 고요하게 질적으로 도약하는 과제가 남아있는데 교수님을 멘토로 모델링으로 그 과제 실천해 보겠습니다.

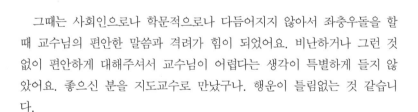

임현영(고려대학고 평생교육원 직원)

평생교육전공 29기 임현영 학생입니다.

대학원에 입학하여 1학년 때 교수님의 '성인교육 세미나' 수업을 수강하였습니다. 깊이 있는 토론과 자유로운 분위기를 만들어주셔서 교수님의 수업이 기억에 많이 남습니다. 그리고 전공과 교우회 모임 때 교수님을 가끔씩 뵈었으나 개인적으로 만나 뵐 기회가 없어 아쉬워하던 참에 2017학년도 1학기 고려대학교 평생교육원 수강신청 기간에 교수님께서 저희 교육원을 방문해주셨습니다.

평생교육원 제5대 원장이셨던 교수님께서 무려 3개 일반교양 과정을 수강하셨으며, 한 학기 동안 수업이 있는 요일마다 교육원에 오셔서 모든 과정을 빠짐없이 수강하셨습니다. 강의실을 지나갈 때면 뒤편에 앉으셔서 열심히 수강하시는 교수님 모습이 참 멋지셨습니다.

학교 내에서 교수님을 우연히 뵈어 안부 차 수업이 어떠신지 여쭈어보았을 때 수업 듣는 것이 너무 즐겁다며 재밌게 공부하고 있다고 해맑게 웃으셨습니다. 역대 평생교육원 원장이자 대학에서 강의하시는 교수님 외에 몸소 평생교육을 실천하는 학습자의 모습을 볼 수 있었습니다.

더 이상 대학원에서 교수님의 강의를 수강할 수는 없지만, 평생교육 학문을 직접 생애에 거쳐 실천하시는 평생학습자로서의 교수님을 본받도록 하겠습니다.

"항상 건강하시고 존경합니다. 교수님"

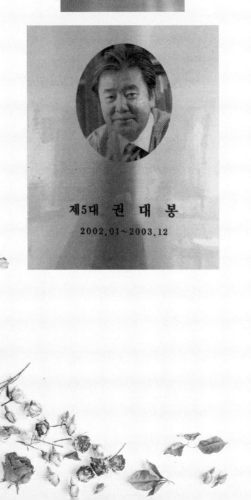

역대 평생교육원장

제5대 권 대 봉

2002.01~2003.12

장지은(고려대학교 교육문제연구소 연구교수)

#1. 1만원

2008년 일본에서 공부 마치고 2년간 교육학 연구원으로 있다가 귀국하여 처음으로 일을 하게 된 곳은 고려대학교 사회교육원(현재 평생교육원)이었다. 전공을 살리어 필드에서 뭔가 해볼 수 있다는 기대감이 가득한 날들이었다. 캠브리지 대학에서 공부한 또 한명의 연구원과 함께 사업을 수주하기 위해 열심히 제안서 작업을 하던 시간, 매주 마다 사업개발, 평가, 운영, 이용자들의 불만이나 요구에 대한 논의로 긴장감이 높았던 회의 시간, 그 후에 여기저기 맛 집을 찾아다니며 담소를 나눈 수요 회식 등 하루하루 평생교육현장학습을 하듯이 바쁜 날을 보냈다. 그리고 이러한 사회교육원의 업무에서 가장 기억에 남는 것은 N시의 명품 아카데미라고 하는 프로그램 운영이었다. 명품 아카데미는 수신, 제가, 치국, 평천하라고 하는 주제 하에 1부에서는 대한민국 최고의 명강사를 초빙하여 주제와 관련한 강연을 경청하고 2부에서는 액션러닝이나 워크숍 등이 운영되는 지역 리더 육성 프로그램이었다. 바로 이 프로그램에 권대봉 교수님께서 강연에 참여하셨다.

당시 나는 프로그램 코디네이터로서 분야별로 강연에 오시는 교수님들께 식사 대접을 하고 강연장으로의 안내를 돕고 있었다. 그러나 연수장 근처에 세련된 레스토랑이 눈에 띄지 않아 토속음식점 순대국밥집으로 식사 안내를 해드렸다. 전공분야의 교수님을 뵙고 인사도 드리고 순대국밥도 함께 먹는다는 사건은 막 한국에 귀국한 나에게는 중요한 일이었다.

이러한 의미 있는 식사 시간을, 조금은 어려운 마음으로 교수님과 담소를 나누며 마치고 강연장을 향하여 가기 위하여 일어났다. 교수님을 안내하며 계산을 하기 위하여 출구로 간 순간, 앗!!! 지갑이 없었다. 지갑을 어디에 두었는지 도무지 기억도 없었다. 어찌 하여야 할까 방법이 없다. 당황하여 우물쭈물하는 나를 보시고 교수님께서 식사비를 대납하여 주셨다. 그리고 1만원을 주셨다. "교수님 왜 주서요?" 당시로서는 당황해서인지 이해가 안 갔다. 그때 교수님 가라사대, "집에 갈 차비 없잖아." '아, 그렇구나. 지갑이 없으니 집에 갈 차비가 없지' "감사합니다. 교수님." 나는 1만원의 용돈을 요긴하게 잘 썼다. 1만원의 용돈은 교수님과 함께 오버랩되는 흐뭇한 추억이다. 사려성이 부족한 내게는 뭔가 배움이 있었다.

#2. 늘 공부

사회교육원에서 한 학기 일을 하고 나는 고려대학교 교육문제연구소로 와서 근무하였다. 그런데 이때 권 교수님께서 연구소 소장님으로 부임하셨다. 연구소에 오셔서 처음으로 하신 과제가 마츠시타 정경숙 및 가게가와 평생학습도시 견학 및 연구였다. 나는 일본에서 10년간 평생교육을 공부하였다. 나름 전국을 다니며 필드도 열심히 관찰하였다고 생각하였다. 그러나 권 교수님께서 세계적으로 유명한 미국 일본 프랑스의 리더양성기관을 거론하시면서 마츠시타 정경숙 정보를 주시기 전 까지 그 기관이 성인교육시설로서 가지는 의미에 대하여 관심도 지식도 없었다. 그러나 이 연구덕분에 일본에서는 생각지도 못했던 마츠시타 정경숙의 연수시설과 가게가와 평생학습도시의 여러 가지 시도들을 골고루 견학하고 직접 이야기를 들을 수 있었다. 그리고 함께 간 연구원들과 재료들을 바닥에 떨어뜨리며 철판에 오코노미야키를 만들어 먹었던 기억이 난다. 이와 같이 일본의 실태뿐만 아니라 권 교수님은 연구소에서 해외에서 박사학위를 받은 다른 분들에게도 그 나라의 직업교육에 대한 정보를 주시며 연구로서의 관심과 과제개발을 제안하셨다. 나는 이러한 교수님의 모습을 보면서 전공 관련하여서 다방면에서 안테나를 켜고 계신다는 것을 느끼고 폭 넓은 실태에 대한 이해, 전문성개발에 대한 긴장감을 느꼈다. 교수님께서는 늘 책을 가지고 다니시는 것 같다. 책을 보시면서 강연이나 사람들을 만났을 때 언제든지 들려줄 수 있는 이야기를 주머니에 늘 준비하고 계시는 거 같다. 교수님께 지식은 소통의 매체이기도 하다. 교수님을 찾아뵈면 늘 경청할 새로운 이야기가 있었던 거 같다. 교수님이 쓰시는 칼럼을 읽을 때는 역사와 고전, 한자에 대해서도 배운다. 어떻게 한자를 이렇게 많이 아실까 늘 궁금하였다. 그런데 교수님은 칼럼 등을 쓰시기 전에 공부하시고 준비하신 후에 그 분야의 전문가 교수님에게 묻기도 하시고 확인하기도 하신다. 교수님은 늘 공부하신다. 그래서이신지 세상사에 대하여 말씀하실 때도 깊은 통찰력을 재밌게 표현하여 주신다.

> "경쟁에서 누가 이기는 것은 승자가 잘하기 때문이기도 하지만
> 상대방이 못하기 때문이야"

> "주부가 방을 너무 깨끗이 하기 위하여
> 청소로 스트레스를 받지 말아야 한다.
> 방이 나와 사는 것이지
> 내가 방 위하여 사는 것이 아니다."

> "21세기, 아직 살아 본 적이 없는데 잘 전망할 수 있을까?"

새해 신년인사 문자를 드리면, 교수님은 사자성어로 덕담을 주시곤 하신다. 퇴직을 앞두시고 교수님께서 제자들과 후학들에게 어떠한 덕담을 주실까? 아마도 늘 아끼시는 말씀, 그리고 아낌없이 주시는 말씀 '청출어람' 그리고 '감사'가 아닐까? 생각한다.

"감사합니다. 교수님!!
더욱 행복하시길
기도드립니다"

師道를 일깨워준 운명의 만남

정용진(국가공무원인재개발원 교수)

교육은 만남과 경험에 의해 비롯된다. 인생은 끊임없는 선택의 여정이지만 만남은 運이다. 부모가 서로 만나 가정을 이루매 내가 태어나 가정에서 양육되어 人格이 형성되었고, 학교에서 친구들을 만나 세상을 알게 되었으며, 사춘기를 지나 철이 들면서 나를 만났고, 스승을 만나 사람(人間)이 되었다.

논어(論語) 술이편(述而篇)에 나오는 三人行必有我師焉 擇其善者而從之 其不善者而改之(세 사람이 길을 같이 걸어가다 보면 반드시 스승이 있다. 좋은 것은 본받고 나쁜 것은 살펴 스스로 고쳐야 한다. 즉 좋은 것은 좋고 나쁜 것은 고치니 좋은 것도 나의 스승이 될 수 있고, 나쁜 것도 나의 스승이 될 수 있다)라는 말처럼 젊은 시절 남다른 고뇌와 질곡의 경험과정에서 다양한 사람들을 만날 수 있었고, 다양한 생각을 하게 되었으며, 이러한 만남으로부터의 각기 다양한 경험과 생각은 훗날 기업현장과 정책현장에서의 HRD와 평생교육의 기반이 되었다.

'70년대 중반~'80년대 민주화과정에서 암울한 대학생활(S, H, K 3개 대학의 입학과 퇴학의 악순환을 거쳐서 10여년 만에 간신히 대학졸업)과 도피생활 끝에 전투병과교육사령부(육군보병학교 전술학처와 교도대대)에서 군복무를 마치고 LG화학에 입사하면서 학부에서는 법학(S대와 H대)과 경제학(K대)을 전공하였지만 군 교육기관에서 근무했다는 이유로 교육훈련 부서에 발령받아 HRD담당자로 사내강사로 HR관리자로 연수원장으로, 교육학 석·박사학위 취득 후에는 중앙공무원교육원 교수로 경력경로를 거치면서 많은 성인학습자들을 만났고, 대학과 대학원에서는 교수 또는 겸임교수로서 학생들을 만났으며, 중앙공무원교육원에서는 교수로서 정책을 입안하고 집행하는 고위공직자들을 만나 각기 다른 場에서 교수-학습을 통해 서로에게 영향을 주고받았다.

공자님께서 "知之者 不如好之者이고 好之者 不如樂之者라(아는 자는 좋아하는 자만 못하고 좋아하는 자는 즐기는 자만 못하다)"라고 말씀하셨다. 기업현장에서(기업교육), 산업현장에서(산업교육), 대학과 대학원 강단에서(HRD와 평생교육), 정책현장에서(공무원교육원) 平生 배우고 가르치는 業을 해 온 나는 살아온 경험에 기반하여 공자님 말씀에 감히 樂之者 不如運之者(즐기는 자도 運에는 당하지 못한다)라는 말을 덧붙이고 싶다.

'90년대 중반 내 나이 30대 후반 LG화학 연수원장으로 재직 시에 ASTD에서 정우현 교수님을 만나게 되었고 그분의 권고로 고려대학교 교육대학원 기업교육 전공에 입학하면서 권대봉 교수님을 만난 것은 내겐 幸運이었다. 어떠한 스승을 만나느냐에 따라서 그 사람의 운명이 바뀔 수 있다. 예나 지금이나 학자들과 리더들에게는 반드시 스승이 있었다. 스승이라 하는 것은 知와 德의 道를 전하고 학업과 배움의 방법을 가르쳐주고 지적 호기심과 의혹을 풀어주기 때문에 사도(師道, 스승의 도)라는 게 있다. 석·박사 과정을 거치면서 그리고 졸업 후 언론 기고문을 접할 때나 HRD학회나 정책자문위원회 등의 공식적인 자리에서 뵐 때나 학문적 지식과 스킬의 영역 외에도 권대봉 교수님 모습으로부터 풍기는 부드러운 카리스마, 人間美라 할까 역할모델이라 할까? 이른바 '師道'라는 게 무엇인지를 오랜 시간에 걸쳐 은연중에 나도 모르게 느끼고 깨닫게 해 주셨다.

권대봉 교수님의 얼굴표정은 수업시간에서나 휴먼웨어의 모임에서나 공식적인 미팅 자리에서나 사적 공간에서 마주 칠 때나 언제나 한결같이 잔잔하고 평온하였으며 늘 온화한 표정으로 靑出於藍의 메시지를 던져

주시곤 하셨다. 단 한 번도 역정을 내시거나 화를 내시는 모습을 본적이 없다. 졸업 후 기업인재개발원이나 중앙공무원교육원에 출강하실 때나 정책자문회의 시에나 공식행사장에서 늘 반겨주시고 특유의 미소와 당당함으로 대해 주셨다. 특히 권 교수님께서는 언행과 감성뿐만 아니라 건강관리 면에서도 늘 절제와 조절의 자기관리를 철저히 하시는 분으로 여겨졌고 선생님을 뵐 때마다 나 자신의 자기관리에 대해 돌아보곤 하였다.

박사논문 심사를 마치고 늦은 시간까지 논문심사를 해주신 다섯 분의 심사위원들을 모시고 저녁식사를 하려고 아내가 미리 예약해 놓은 횟집으로 모시고 가려고 하는데 갑자기 권 교수님께서 "오늘은 박사논문 통과를 축하하는 뜻으로 내가 저녁을 사지."하시며 학교 앞 가까운 청국장집으로 앞장서시는 것이었다. 순간 당황했고 당혹스런 표정도 정리할 틈도 없이 일행은 묵묵히 권 교수님이 제안하신 그 행차?를 따라 갈 수밖에 없었다. 이 사건이 권 교수님으로부터의 첫 번째 師道(스승의 도)에 대한 깨우침의 큰 가르침이었다. 가르침은 지식이 아니라 인격이라는 것을.

박사과정 중에 한 학기는 연세대학교 대학원 교육학과 한준상 교수님 수업과 학점교류 과목이 개설되었는데 아무도 신청하지 않자 권 교수님께서 날보고 연세대 한준상 교수님 수업을 들어 보라고 권면하셨다. 한준상 교수님은 LG화학 연수원장 재직 시에 출강도 해주시곤 하여 잘 알고 있었지만 그 분의 교육철학과 HRD에 대한 강의를 심도 있게 듣고 싶어서 수강신청을 하고 연대 대학원생들과 한 학기 동안 보이지 않는 '경쟁과 협력'의 긴장된 수업을 같이 하며 두 학교의 평생교육과 HRD(기업교육, 산업교육, 인적자원개발, 평생교육)에 대한 비교 토론과정에서 자연스럽게 두 분 교수님의 성향, 학문적 배경과 방향 그리고 교육철학에 대한 논의도 있었다.

HRD와 성인교육학적 관점에서 한국 HRD 학과의 양대 거목으로 고려대학교 권대봉 교수님(한국인력개발학회)과 연세대학교 한준상 교수님(한국산업교육학회)이라고 하면 이를 부정할 사람은 그리 많지 않을 것이다. 선후배 관계이기도 한 두 분이 한국 HRD와 평생교육의 이론적 틀을 만들고 전파하는데 최전선에 서 있었기 때문이다. 권대봉 교수님과 한준상 교수님 두 분의 공통점은 성인교육학적 관점에서 HRD를 본다는 것이다. 권 교수님은 HRD를 한마디로 '성인계속교육(평생교육의 다섯마당)과 휴먼웨어(사회적)'이라고 말씀하고, 한 교수님은 성인교육과 인적자원개발은 "인간가치에 기반을 둔 학습(철학적)"이라고 정의하기 때문이다. 두 분 모두 교육학적 관점에서 HRD를 보니 경영학적 측면의 CD(경력개발)와 OD(조직개발)보다는 ID(개인개발)와 평생교육(성인계속교육) 쪽으로 관심이 집중되어 있다. 연세대 한 교수님은 교육대학원 원장을 거쳐 교육학과 교수로 재직하시다가 은퇴하셨고, 고려대 권 교수님은 교육대학원 원장으로 계시다가 직업능력개발원장을 역임하시고 대학으로 다시 돌아와 교육학과 교수로 재직하시다가 은퇴를 앞두고 계신다. 또한 한 교수님은 한국산업교육학회를 만드시고 회장을 역임하신 이후 성인교육학회로 독자적인 노선을 걷다가 다시 한국산업교육학회로 돌아오셨다. 권 교수님은 한국인력개발학회를 창립하여 초대 회장을 역임하시고 한국평생교육학회 회장을 역임하셨다. 두 분 모두 한쪽은 상아탑에서 다른 한쪽은 현업 쪽에 발을 담그고, 산학 협력과 한국적 HRD 모델개발에 여념이 없었다. 크게 보면 HRD라는 한 울타리에 있으면서 서로 경쟁과 협력 관계에 있다고 해도 틀리지 않다. 그만큼 서로에 대해 잘 알면서도 보이지 않는 경쟁도 해야 하는 관계이기도 하였다. 두 분의 학문적 출발은 같았다. 모두 교육학과를 선택하면서 시작했다. 석박사 전공도 비슷하다. 한 교수님은 평생교육과 노인교육을, 권 교수님은 성인계속교육과 교육사회학을 전공하셨다. 두 분 다 HRD와 평생교육이라는 '주제'를 가지고 연구하고 논의하고 있는 셈이다. 다만 한 교수님은 양주와 고기를 잘 드셨고, 권 교수님은 술과 고기를 별로 즐기시지 않는다.

한국인력개발학회는 권 교수님께서 '96년 고려대 교육대학원에 기업교육전공을 개설하고 '97. 5월 기업교육연구회 활동을 발전시켜 '98. 2월 한국인력개발학회 창립준비위원회를 발족하고 3월 20일 창립총회를 통해 출발하였다. 한국인력개발학회는 선후배 간 그리고 기업체의 교육담당자들과 일반 대학원에서 현업의 경험이 없이 석·박사 과정을 수학하고 있는 학습자들 간의 교류와 협력, 나아가 교육학과 경영학의 HRD 부문의 교수들과 석박사과정의 대학원생들까지 연구교류와 성과공유 및 산학협력을 도모하고자 창립하였다. 나는 LG화학 연수원장 재직 중 기업교육 석사과정 4기 대표로 봉사하고 있으면서 권 교수님의 한국인력개발학회 창립을 적극 도와드렸고 학회창립기념 학술대회를 준비하면서 초대 학술대회장을 역임하기도 하였다. 초기에는 기업현장에서 HRD 담당자로 재직하고 있는 교육대학원 기업교육전공 재학생과 졸업생들로 구성된 기업교육연구회 중심으로 학회가 운영되다가 후에는 일반대학원 교육학과 휴먼웨어연구회 중심으로 발전하였다.

중앙공무원교육원(현 국가공무원인재개발원) 교수로 재직 시에 매년 말이면 차년도 공무원교육계획을 수립하고 학계와 기업교육 및 산업교육 현장의 최고 HRD 전문가들로 구성된 교육정책 자문회의를 개최한다. HRM(인사관리) 정책자문회의에는 경영학 교수들과 민간 경영컨설턴트들로 구성되고, HRD(인재개발) 정책자문회의는 주로 교육훈련체계와 교육프로그램개발 및 교수−학습 방법 논의를 위해 교육학 및 교육공학 교수들과 대기업 교육담당 임원들로 구성된다. 중앙공무원교육원의 HRD 정책자문위원을 구성할 때 '90년대까지는 주로 교육사회학 교수님들과 행정학, 정책학 교수님들로 구성되었고, '90년대 후반부터는 HRD와 평생교육학 교수님들로 구성되었는데 고려대학교 권대봉 교수님(한국인력개발학회)과 연세대학교 한준상 교수님(한국산업교육학회) 그리고 교육공학분야에서 서울대학교 나일주 교수님(한국기업교육학회)과 임철일 교수님, 이화여자대학교 정재삼 교수님, 한양대학교 유영만 교수님 등이 늘 거명되곤 하였다.

정책자문회의가 끝나면 늘 오찬이나 만찬을 하게 되는데 이러한 자리에서 세분의 교수님들은 HRD 학맥과 대표 제자들의 활동에 대해 담소하시기를 즐기셨는데 권 교수님께서는 HRD 현장에서 뛰는 대표제자로 나를 거명하면서 고려대 교육대학원 기업교육 석사과정에 재학하면서 학사학위만 가지고도 교수(김포대)가 되었고, 박사취득 이후에는 대한민국 최고 공무원교육기관인 중앙공무원교육원 교수로서 행정고시를 패스한 신임사무관부터 서기관, 과장급과 국·실장급 고위공무원단 등 국가 최고의 인재들을 육성하고 있다고 자랑스럽게 말씀해 주시던 기억이 난다. 누구나 스승으로부터 인정을 받는 다는 것은 대단한 기쁨이고 행복이다. 그 이후 나는 과연 그 분의 자랑스런 제자일 수 있는가? 라는 성찰의 자문을 해보곤 한다.

당시 기업현장과 학계 및 공공부문에서 한국의 HRD를 리드해 나가는 영향력 있는 제자들을 얘기하는 자리에서는 단연 고려대 권대봉 교수님(기업교육)과 연세대 한준상 교수님(산업교육)의 '라인'이 핵심이었다. 그 당시 고려대 권 교수님이 배출한 HRD 라인으로는 교육대학원 기업교육전공 1기(삼성CS아카데미㈜ 김연균 대표, 현대인재개발원 윤봉락 전무), 4기(LG화학 연수원장을 역임하고 중앙공무원교육원 교수로 재직하고 있는 정용진 박사), 5기(중앙교육진흥연구소 허명건 부사장), 11기(한국기술교육대학교 이진구 교수, 아주대학교 이성엽 교수) 및 일반대학원 휴먼웨어 연구회의 ㈜입소 신범석 대표, 숙명여대(현, 고려대) 교육학과 조대연 교수, 경북대 현영섭 교수, 교육부 김환식 박사 등이 있고, 반면 연세대 한 교수님 라인으로는 백석대 평생교육원장 김종표 교수, 현대인재개발원 조성용 전무, 효성연수원 김영원 상무, 현대해상 민원표 연수원장, 동아제약연수원 김일성 원장, 엑스퍼트컨설팅 김정문 대표, 장원섭 교수, 교육부 양열모 박사 등이 거론되었다. 그 당시만 해도 이 두 교수님 진영에서 배출한 인물들이 산학관에서 국내 HRD를 이끌고 있다 해도 과언이 아니었다.●

내가 볼 때 권 교수님의 학문적 공헌이외 사회적 기여로 우리 기업이 '90년대 중반이후 고도 성장기를 거쳐 글로벌화 하는데 필요로 하는 기업

● 참고 : http://www.khrd.co.kr/digital/industry/article144_1.asp
　　월간 HRD '한국HRD의 양대 산맥 한준상 교수－권대봉 교수' 한국HRD협회

의 인재육성 전문가들을 적시에 길러내어 공급하고 그들이 구심점이 되어 HRD의 Best Practice 정보를 서로 교류할 수 있는 Network을 구성해 주었다는 것이다. 고려대 교육대학원 기업교육 전공은 1996년 2월 개설하여 2017년 8월 현재까지 재학생 포함 44기 입학예정자 10명까지 총 484명을 배출하고 있고(평생교육 전공 별도) 이중 19명은 박사학위를 취득하였으며, 연세대 교육대학원 산업교육 전공(2006년 10월 인적자원개발로 명칭변경)은 이보다 17년 앞서 1979년 2월 개설하여 2017년 8월 현재까지 78기 입학예정자 12명까지 총 512명을 배출하고 있는 것으로 파악되고 있다. 고려대 교육대학원 기업교육 전공 출신들은 교우회의 Network 문화와 휴먼웨어를 중시하는 학풍의 영향인지 선후배 간 유대관계가 돈독한 반면, 연세대 산업교육 전공 출신 동문들의 유대관계는 고려대 교육회처럼 그렇게 돈독해 보이지는 않는다. 그러나 두 학교의 친선교류를 위한 정기 체육대회(이른바 HRD 고연전)에서는 연세대 산업교육 전공자들이 우세다. 요인분석을 해보자면 고려대 기업교육 전공자들은 승부보다는 즐기고 마시고 친선 교류하는데 체육대회의 의미와 가치를 두는 휴먼웨어 집단주의 문화(그러나 술에 취해 시너지 효과가 나지 않음)인 반면, 연세대 산업교육 전공자들은 개인주의적이나 젠틀맨십의 신사적 문화이지만 그들의 전략적 사고와 개별적 승부 근성은 보다 강하다.

'60~'90년대 한국 기업의 고도 성장기에는 우수한 신입사원 인력채용과 훈련이 양적으로 활발히 이루어졌는데 이 당시에는 개인의 K(지식), S(스킬), A(태도) 위주의 개인의 능력개발(ID)에 초점이 맞추어져 T&D(교육훈련, 연수) 개념의 전직원에 대한 Universal한 교육훈련이었다. 이 당시 대기업의 교육담당자들은 주로 일본의 대기업 연수원에 파견되어 현장실습을 통해 교육받고 돌아와 현장 인력의 훈련을 실시하였다. '90년대 우리 기업이 성장하면서 기업의 인력구조가 전문성을 갖춘 다수의 고급 인재를 필요로 하면서 계획적이고 의도적인 리더육성을 위한 CD(경력개발)과 직장사기(Moral)증진과 노사문제 해결을 위한 OD(조직개발)와 조직문화(Culture Change)가 중시되어 T&D(교육훈련)에서 이른바 HRD(인적자원개발)로의 전환이 필요하게 되었고, 2000년대 우리 기업이 글로벌 경영에 직면하면서 소수의 글로벌 리더육성, 즉 핵심인재육성을 위한 SHRD(전략적 인재육성)으로 발전하였으며, 사회적으로는 평생교육의 요구와 수요가 급증하였다. 이 시대에 대학에서는 급속하게 변화하는 기업과 사회의 인재육성을 위한 HRD의 이론적 기초와 경영혁신 및 성과지향의 HRD 방법론을 정립하여 제공 및 공유해야 했고, 기업현장과 정책현장에서는 이를 기반으로 전략적으로 경쟁력 있는 글로벌 인재를 육성해야 했다.

변화시대에 기업현장과 대학(원) 그리고 공공부문의 정책현장을 오가면서 HRD에 대한 이론적 틀을 만들고, 교수－학습, HRD 체계확립과 프로그램개발, HRD 정책개발 및 HRD Practice를 운영하는 과정에서 권대봉 교수님의 영향을 받을 수밖에 없었고 권대봉 교수님을 은사로 만난 것은 내겐 운명이고 행운이었다.

정진호(정진호가치관경영연구소 더밸류즈 소장)

정암 권대봉 교수님은 1995년 대한민국 기업 인적자원개발을 이끄는 리더그룹을 양성하겠다는 사명감으로 고려대학교 교육대학원에 기업교육 전공을 창립한 초대 지도교수입니다. 우리는 기업교육 담당자, 산업강사, 교육컨설턴트 등 다양한 분야 19명이 1기로 시작하여 2017년까지 22년 간, 44기에 걸쳐 500여 명에 이르는 큰 전문가 커뮤니티가 되었습니다. 창립 20주년을 맞은 2015년 우리는 자랑스런 이름, 'The KOREA HRD' 로 우리의 커뮤니티를 표현하였습니다. 우리는 The KOREA HRD에 큰 자부심을 가지고 있습니다. 그리고 우리의 관계는 20여 년 어느 누구보다 끈끈했습니다. 우리는 대한민국 HRD에서 가장 큰 커뮤니티라는 자부심과 끈끈한 관계에 멈추지 않았습니다. 창립 20주년을 맞아 The KOREA HRD를 구성하는 교수, 재학생, 졸업생의 공감과 참여와 합의로 우리의 미션, 우리의 비전, 우리의 핵심가치를 망라한 'The KOREA HRD 가치관'을 세상에 선포하였습니다. 교수님의 숭고한 사명감에서 출발한 우리 커뮤니티가 모두의 신념으로 바뀌는 순간이었습니다.

Mission 미션 HRD를 통해 세상을 긍정적으로 변화시켜 오늘보다 나은 내일에 기여한다.

Vision 비전 끈끈한 평생 공동체, 대한민국을 넘어 Global HRD 창조 커뮤니티가 된다.

Corevalue 핵심가치 협업(Collaboration)으로 창조(Creation)하여 기여(Contribution)
한다.

The KOREA HRD 가치관을 선포하는 그 자리 우리 모두는 감동에 발
을 구르며 환호성을 올렸습니다.

> "마치 한편의 작품을 보는 듯한 느낌입니다."
> "내용이 더할 나위 없이 좋고 멋집니다."
> "핵심가치는 감동 그 자체입니다."
> "너무나 훌륭한 비전에 가슴이 뜁니다."
> "우리의 의미를 잊지 않고 사회에 공헌하며 살아야겠습니다."

The KOREA HRD 가치관은 준비에서 발표까지 3개월에 걸쳐 모든 구
성원의 의견을 듣고 토론하고 합의하는 과정을 통해 만들어졌습니다. 처
음에는 어디서부터 시작해야 할지 막막했습니다. 고민을 하다 정성찬 5대
교우회장과 가치관수립 책임을 맡은 정진호(17기 기수대표), 최태준(18기 기수대표)
가 5월 23일 교수님 연구실에 찾아뵙고 대화를 나눴습니다. 교수님은
The KOREA HRD 가치관 수립에 적극적인 지지와 함께 중요한 방향성
을 알려 주셨습니다. The KOREA HRD 구성원의 정의, 사회적 역할 그
리고 앞으로의 방향성, 원칙과 기준 등 우리가 최종 확정한 가치관의 전
반적인 밑그림을 잡아 주셨습니다. 교수님과의 대담 내용을 정리하여 전
체 구성원들에게 공유하였습니다. 당시 우리 커뮤니티는 재학생, 졸업생,
교수라는 삼자가 각각의 이해가 다른 것처럼 보였습니다. 모두가 The
KOREA HRD라는 멤버십은 있지만 서로가 서로에게 어떤 영향력을 주고
전체가 모여 이 세상과 사회에 어떤 역할을 할 것인지를 정한 적이 없었
기 때문입니다. 교수님은 우리에게 The KOREA HRD를 Participant(재학
생), Partner(졸업생과 기업), Provider(교수와 학교)인 3P 커뮤니티라는 통찰력을 주
셨습니다. 그리고 "대한민국 HRD 최고에 머무르지 않고 세계를 선도하는

창조적인 전문가 커뮤니티가 되면 좋겠다."라는 바람도 말씀해 주셨습니다. 정말 머리가 맑아지는 느낌이었습니다. 교수님과의 대화 내용을 잘 정리해서 전체 구성원들에게 이메일을 보내고 의견을 수렴하고 설문조사를 하고 몇 차례의 준비위원회 토론을 거쳐 최종안을 만들었습니다. 그리고 최종안을 확정하기 전에 세 사람은 교수님을 다시 만났습니다. 무더웠던 여름 7월 25일 교수님은 물론, 준비책임자 3인도 각자 바쁜 일정이 있어 약속을 정하기가 어려웠습니다. 간신히 일정을 맞춘 것이 토요일 아침 이른 시간 고속도로 휴게소 커피숍이었습니다. 교수님께서는 지금까지 우리가 진행한 과정과 결과에 칭찬을 아끼지 않으셨습니다. 그리고 깨알 같은 조언을 주셨습니다.

"KOREA HRD 앞에 'The'를 붙여 주체를 정확히 표현하면 좋겠다."
"핵심가치 Collaboration은 '협력' 보다는 '협업'으로 표현하면
좋겠다. 협업은 Corporation(협력)보다 넓은 개념으로
Collaboration의 의미인 '공유와 협력'을 포함하는 '협업'이 적당하겠다."
"핵심가치 순서를 Collaboration, Creation, Contribution으로
한 것은 잘 정했다. 일반적으로 Creation을 앞에다 두는 경우가
많은데 우리는 Collaboration부터 시작하는 의미가 좋다."

The KOREA HRD라는 자랑스런 이름과 The KOREA HRD 가치관은 이런 과정을 거쳐 만들어졌습니다.

정암 권대봉 교수님은 The KOREA HRD 구성원 모두의 존경과 사랑을 한 몸에 받고 계십니다. 우리 커뮤니티를 창립한 초대 지도교수라는 상징성만이 아니라, 우리가 미처 생각하지 못한 가르침을 주시는 탁월한 스승이자, 제자들과의 만남에서 따뜻한 미소와 격려를 아끼지 않는 자애로운 스승입니다. 매년 스승의 날이 오면 교수님 생각을 합니다. 찾아뵙지 못하고 짧은 문자로 나마 인사를 드립니다. 항상 답장에는 '청출어람

(靑出於藍)'을 적어 보내주십니다. '푸른색이 하늘 닮은 쪽빛에서 나왔지만 쪽빛보다 더 푸르다'라는 뜻으로, '제자일지라도 열심히 노력하면 얼마든지 스승을 능가할 수 있음'을 의미하는 대사상가 순자가 한 말입니다. 스승이 제자에게 해 줄 수 있는 말로 이보다 더 큰 칭찬과 격려는 없을 것입니다. 교수님의 '청출어람'에 저는 '더욱 정진하겠습니다'라고 항상 답장을 드렸습니다. 그리고 정말로 '더욱 정진하는 것'을 교수님과의 약속이라고 생각하고 있습니다.

우리의 스승이신 한 분의 숭고한 사명감이 대한민국 HRD에서 가장 큰 전문가 커뮤니티를 탄생시켰습니다. 이제 스승님의 숭고한 사명감을 우리 500여 전문가들이 The KOREA HRD 가치관으로 승화시켰습니다. 스승님이 우리에게 주는 격려 '청출어람'

"자랑스런 The KOREA HRD여,
끈끈한 평생 공동체, 대한민국 최고를 넘어
Global HRD 창조 커뮤니티로 靑出於藍 되자!"

1995년

조대연(고려대학교 교육학과 교수)

1995년 대학원 입학 당시만 해도 석사과정 신입생은 전공을 1학기 끝나고 지도교수님을 정하는 규정이 있었다. 즉 1학기에는 다양한 학과 행사, 많은 다른 전공 선배들과 대화를 통해 1학기 말쯤 내가 공부해야 할 전공을 선택하는 것이다. 그 당시에는 교육행정이나 교육과정철학에 관심이 있어서 대학원에 진학했고 교사였기 때문에 교사연수에 대한 관심이 있던 때였다. 지금 시립대에 있는 이현정 교수가 선생님께 나를 소개하는 큰 역할도 있었지만, 그 당시 권대봉 교수님은 버버리 코트를 휘날리시면서 뒤로 넥타이 부대(아마도 교육대학원 생들이었던 것 같다)를 10명 이상 좍~ 이끄시고 사대본관 계단을 내려가시는 모습이 무척이나 리더십과 카리스마가 느껴졌고 이런 장면을 여러 차례 목격할 수 있었다. 지금은 선생님께서 천천히 걸으시지만 그때만 해도 40대 초중반이시라 비교적 빠른 걸음이셨다. 이 모습이 내가 HRD를 선택했던 이유 가운데 50%를 차지한다.

유학중에 선생님과 학술대회에 페이퍼를 몇 차례 발표할 기회가 있었다. 선생님의 지도를 받아 페이퍼를 준비하였기 때문에 공동저자로 함께 제출하였고 먼 비행이지만 제자들이 학술대회에서 활동하시는 모습을 보시기 위해 시간과 비용을 들여 함께 해주신 것에 영광과 함께 큰 감사의 마음을 갖고 있었다. 나름 몇 번째 학술대회 발표였기에 – 사실 유학중 미국에서 학술대회에 처음 발표할 때는 영어로 원고를 작성하고 무한 반복적으로 연습한 후 20분 정도 발표 진행하는데 앞이 깜깜, 아무것도 생각나지 않고 어떻게 발표를 마쳤는지도 알 수 없는 당혹스러운 장면이다 – 사전 살짝 연습과 함께 선생님께서 어떤 역할을 하실지 몰라서 일단은 슬라이드 마다 Manuscript를 준비했다. 예상대로 발표 전날 밤에 갑자기 선생님께서 발표 준비한 것 한 번 연습해 보라고 하셔서 Manuscript를 읽어 내려갔는데 선생님께서 앞부분은 본인께서 하시고 연구 방법부터 내가 하는 것으로 역할분담을 해주셨다. 즉 내가 영어로 말하는 것처럼 연습을 했어야 했는데 마치 줄줄 읽는 것처럼 하니, 내일 발표가 걱정스러우셨던 모양이다. 아마도 역할분담을 통해 내 부담을 덜어주시려고 하셨던 것 같다. 발표 당일 선생님께서 외국인들 앞에서 유머를 통해 천천히 말씀하셔서 부드럽게 출발했고 이어 내가 바통을 이어 받았다. 사실 학술대회 발표를 여러 번 하다 보니 자신감과 함께 미리 학술대회에 오기 전에 살짝 연습을 한 터라 무리 없이 끝냈고 수고했다는(?) 선생님의 미소가 지금도 기억에 남는다.

미국교육학회에서 선생님과 함께 발표할 기회가 있었다. 비용 절약 차원에서 선생님과 2인실에 함께 묵게 되었다. 그런데 선생님의 짐은 항상 간단하셨다. 조그만 가방 하나뿐!! 양말 등은 저녁에 빨아서 그 다음날 활용하셨다. 욕실에 들어가셔서 한참을 나오시지 않기에 뭐 하시나 봤더니 양말을 빨고 계셨다. 유학 오기 전 조교의 근성이 남아있는 터라 양말을 내가 빨아드려야 하나, 순간 고민하다가 너무 오바하는 것 같아서 모른 척 했다. 항상 미국에 오시면 제자들에게 얼마를 쥐어 주시면서 아기들 과자 값 하라고 주셨다. 큰 감동이었다. 나도 교수가 된 이후 미국에서 제자나 후배들을 만나면 약간의 지원(금전, 술, 밥 등)을 하는 것은 선생님을 본받기 위함이다. 유학 나갈 때 선생님께서 집으로 초대해 주셨다. 미국에서는 회를 먹기 어려우니 사모님께서 회를 준비해 주셨다. 그날 선생님께서 사모님 몰래 금일봉을 주셨다. 이어서 사모님도 선생님 몰래 금일봉을 또 주셨다. 수지 맞았다. 지금까지도 이것은 비밀인데 오늘에서야 고백합니다. 제자를 위하는 선생님과 사모님의 마음, 지금 내 제자들에게 이어지도록 노력하는데 항상 부족한 듯하다.

조인철(삼성전자 대리)

'춘천 가는 기차는 나를 데리고 가네~' 춘천에 갈 때 기차를 타고가게 되면 딱 떠오르는 노래가 있다. 바로 김현철의 '춘천 가는 기차'이다. 이 곡은 김현철이 대입 재수를 하던 시절 여자친구와 춘천 가는 기차를 탔는데, 그것이 계기가 되어 만든 곡이라고 한다. 이후 조성모, 이한철 등이 이 곡을 리메이크해서 더욱 대중에게 알려지게 되었다.

춘천 가는 기차하면 또 하나 떠오르는 기억이 있다. 2015년 2학기 고려대 교육대학원 평생교육전공 재학생 대표를 하였을 때 일이다. 교육대학원 평생교육전공 교우회 추계행사로 춘천으로 기차여행을 가게 되었다. 당일치기 여행이었지만 졸업한 선배님들과 재학생들이 같이 기차여행을 가는 뜻깊은 자리였다. 그 자리에는 권대봉 교수님도 참석하셨다.

여행 당일 아침 춘천을 가기 위해 우리는 청량리역에서 모였다. 기대 반 설렘반으로 졸업하신 선배님들과 재학생들과의 만남이 이뤄졌고, 처음에는 어색한 침묵이 흘렀지만 같이 평생교육을 전공한 선후배로서 금방 친해질 수 있었다. 기차를 자주 타보지 못하여 은근히 춘천 가는 기차를 기대하였는데 기차 한 칸을 다 빌려 우리끼리 레크레이션을 할 수 있을 정도의 공간이 있었고, 웃고 떠드는 사이에 춘천에 도착하였다.

'금강산도 식후경이라고 했던가?' 춘천에 도착하니 금방 배가 고파왔다. 바로 우리가 향한 곳은 춘천댐 상류의 시골마을인 오탄2리 대추나무골이었다. 여기에 수육정식과 산나물이 유명하다고 하여 점심 식사를 하였는데, 배가 고파서 그랬는지 더 꿀맛이었다. 허기진 배를 채우고 산책도 할겸 계곡으로 향하였다. 이 계곡은 정약용 선생님이 다녀갔던 계곡으로 멋진 장관이 일품이었다. 계곡의 멋진 장관과 함께 고대인이라면 빼놓을 수 없는 막걸리를 꺼냈다. 선후배들이 한명씩 돌아가면서 자기소개를 하였고, 오탄2리 대추나무골의 단맛이 일품인 대추를 안주 삼아 막걸리를 한잔씩 하면서 정을 쌓아가고 있었다. 분위기가 무르익을 때쯤 권대봉 교수님의 말씀이 마음 한 켠에 와 닿았다.

"친구를 말하는 말 중에 벗 붕(朋)이라는 한자는
같은 선생님 밑에서 함께 공부한 친구들을 말한다.
또한, 벗 붕(朋)이라는 한자를 살펴보면
달 월(月)이 두 개 있는데 달은 하나만 있어도 밝게 빛나는데
두 개가 있으니 얼마나 밝게 빛나겠는가!
고려대 평생교육이라는 한울타리에서
선생과 제자로 만난 우리들은 특별한 인연들이다.
우리들의 만남을 소중히 여겨
서로를 위하고 빛낼 수 있는 사람들이 되자."

그날의 권대봉 교수님의 말씀을 새겨듣고 '고려대 평생교육이라는 한울타리에서 우리들의 만남을 소중히 여겨 붕우유신(朋友有信) 할 수 있는 사람이 될 수 있어야겠다'라고 생각했다. 요즘도 가을이 되면 춘천의 계곡에서 진솔한 대화를 나누며 마셨던 그 막걸리가 생각난다.

주경필(국립한국방송통신대학교 청소년교육과 교수)

권대봉 선생님을 내가 "교수님!"이라고 부르며 학부 수업시간에서 첫 만남을 가진 것이 1998년이니, 어느덧 권대봉 선생님과 나의 인연도 20년 가까운 세월만큼 묵었다. 선생님은 늘 나에게 한 걸음 멀리 떨어져 계신 약간은 어려운 존재이시면서도 아들의 앞날을 걱정하시는 무뚝뚝한 아버지 같은 존재였다. 특히 선생님의 고향과 같이, 경상도 아버지와 같이 속정은 많지만 표현을 잘 못하시는 느낌이다.

현재 내가 교수로서 재직하고 있는 국립 한국방송통신대학교와 나의 인연도 우리 선생님이 주신 한통의 전화로부터 시작되었다. 때는 2005년 늦가을, 석사과정 2학기를 정신없이 보내고 있던 나는 뜻하지 않은 선생님의 전화를 받았다. "경필아, 너 지금 모하지?" 선생님의 질문은 걸려온 전화만큼이나 느닷없다고 느껴졌지만, 무엇인가 믿고 맡기실 거라는 강력한 생각이 스쳤다. "네, 멀티미디어실 조교하면서 외부에 작은 회사 컨설팅하는 일을 하고 있습니다." 당시 나는 석사과정 중에 멀티미디어실에서 기자재 대여를 하는 조교로 두 학기 째 일하면서 당시 휴먼웨어 박사과정 선배이자 현재 아주대학교 교수로 재직 중이신 이성엽 선생님이 소개해 준 독서통신교육 업체에서 나름 시간대비 두둑한 월급을 받으며 대학원생, 조교, 외부자문가의 쓰리잡을 뛰고 있었다. "너 다른 일 정리하고 내년부터 방송통신대에서 조교로 일하면 어떻겠니? 유학 간다고 했으니 그곳에서 논문 쓰고 졸업 후 유학준비를 하면 좋을 것 같은데." 늘 그렇듯 선생님의 권유는 그 횟수가 적은만큼 한 번 하실 때 제자로서 뿌리치기 힘든 강력한 힘을 가진 것 같다. "네, 알겠습니다." 그냥 그것이 어떤 일인지도 잘 몰랐지만 선생님께서 권하시는 일이라니 잴 필요가 없다고 생각되었다. 이처럼 자주는 아니지만 내 신상에 해로운 것은 절대 안 주시리라는 믿음을 주시는 아버지와 같은 존재가 당시 나에겐 권대봉 선생님이셨다.

이후 방송대 조교의 업무는 내 인생에 특별한 계기를 마련해 주었다. 성인(평생)교육을 공부하는 나에게 2만명이 넘는 학과(당시 방송대 재학생이 20만명이 넘던 시절이었다)에서 때론 강의도 하고, 행사도 치르고, 행정기획도 해 보고 거기서 모시던 교수님들은 모두 성품이 훌륭하고 따뜻하신 분들이었다. 조교로서 일하는 동안 자부심도 생기고 내가 공부하는 영역에 대한 확신을 키워 나갈 수 있었다. 그리고 무엇보다 다른 것은 안 돌아보고 유학준비를 할 수 있는 경제적 지원과 시간적 여유를 가질 수 있었다. 거기에 내 전공분야와 유사하니 이후 유학 서류에 담긴 자기소개서에서 방송대 조교는 큰 힘을 보태었던 것 같다. 가끔 권대봉 선생님에게 나를 소개받은 교수님으로부터 "주 선생, 일 열심히 잘 해요."라는 칭찬을 전해들을 때에는 마치 가문을 대표해서 옆 동네 어르신에게 칭찬받은 아들같이 어깨가 쫙 펴지고 '더 열심히 해야지'라는 다짐을 스스로 할 뿐이었다.

그렇게 좋은 조건으로 유학을 마치고 마침 임용공고를 낸 방송대에 지원을 했을 때, 6년 전 내가 무엇도 모르던 시절에 마냥 최선을 다했던 그곳이 실제 나에게 첫 교수로서의 직장이 될 것으로는 꿈에도 생각지 않았다. 다만 내가 지원했을 때, 비록 조교였지만 그 당시의 성실히 일했던 나의 모습을 떠올리며 흐뭇하게 바라봐 주신 분들이 있었다는 걸 이 학교 교수진의 일원이 되고 난 후에 알게 되었을 뿐이다.

선생님의 제자로서 가끔 선생님에게 듣던 "경필아, 너 요즘 모하지?"가 정신없이 교육, 연구, 사회봉사에 매진하여 지금 내가 가고 있는 길이 올바른지조차 판단하지 못하는 순간에는 떠오를 듯싶다. 늘 묵묵히 나의 성장을 한 발치 떨어져 지켜봐 주신 우리 선생님의 아빠 같은 품이 벌써 그리워진다.

"경필아,
너 요즘 모하지?"

쭈주키 쭈구오 都築繼雄(고려대학교 고육문제연구소 연구교수)

20년에 이른 중고등학교 교사생활을 접고 일본에서 대한민국에 건너온 지 1년 2개월 만인 1997년 9월, 고려대학교 일반대학원 교육학과 석사과정에 입학했다. 나는 9월 첫 주에 열린 여러 수업의 오리엔테이션에 참가했다. 그 중 하나로 권대봉 교수님의 인력자원개발과 관련된 수업이 있었다. 권대봉 교수님의 수업에서는 대학원생들이 매주 과제물을 제출해야 했다. 과제물은 적게는 30쪽, 많게는 50쪽 정도가 된 영문 교재를 읽고, 내용의 요약과 논평을 A4용지 4장과 2장으로 정리하는 것이었다. 매주 과제물을 제출하는 이유에 대하여 권대봉 교수님은 "대학원생이 발표하는 식으로 수업이 진행된다면 발표하는 사람만이 자신이 맡은 교과서의 범위를 공부하고 다른 대학원생들은 그 범위를 공부하지 않아요. 매주 과제물을 제출하는 것은 수업에 참가하는 모든 대학원생들이 공부를 하기 위해서요."라고 말씀하셨다. 권대봉 교수님의 수업에 들면 많이 공부할 수 있다고 생각한 나는 권대봉 교수님을 지도 교수로 삼았다. 이후 2001년 8월에 박사 과정을 수료했을 때까지 권대봉 교수님의 수업에 계속해서 들었다.

권대봉 교수님의 수업을 통해 내가 얻은 것들을 열거하면 다음과 같다. 첫째, 매주 A4용지 여섯 장 분량의 한국어를 씀으로써 한국어 쓰기 능력을 높일 수 있었다. 이와 동시에 한국어로 글을 쓰는 것에 흥미를 갖게 되었다. 나는 요약을 쓰는 것보다 논평 쓰기에 재미를 느꼈다. 왜냐하면 논평은 내가 좋아하는 대로 쓸 수 있었기 때문이다. 둘째, 한 학기에 적어도 한 권의 영어책을 다 읽어냄으로써 영어책 읽기에 익숙해졌다. 실은

300쪽 정도가 된 영어책을 다 읽어낸 것은 난생처음의 일이었다. 내가 대학원생 때 쓰던 교과서들 중 권대봉 교수님의 수업에서 쓰던 교과서들은 모두 머리, 배 그리고 밑(책의 등을 제외한 3면의 재단면)이 때가 묻었다. 이는 내가 영한사전을 찾으면서 교과서를 다 읽어냈다는 흔적이다. 셋째, 매주 과제물을 컴퓨터로 침으로써 한국어를 컴퓨터로 치는 속도가 빨라졌다. 결국 4년에 걸쳐 권대봉 교수님의 수업을 받은 나는 꾸준히 공부해서 얻은 것들은 확실하다는 이치를 깨달았다.

권대봉 교수님은 수업 중에서 웃음을 자아내는 이야기를 하시곤 했다. 그러한 이야기를 두 가지 하신 날도 있었다. 하나는 결혼과 관련된 이야기였다. 권대봉 교수님께서 "어떤 여자가 있었는데, 그 여자는 군인을 싫어해서 군인과는 결혼하고 싶지 않았어요. 그녀는 의사와도 결혼하고 싶지 않았어요. 그런데 그녀가 결혼한 사람은 군의였어요."라고 말씀하였다. 이 이야기를 듣고 나는 약간 웃으면서 인생은 그럴 수도 있구나 하는 생각이 들었다. 또 하나는 교회에 관한 이야기였는데 내가 못 알아들어서 교수님께서 그 이야기를 두 번 하셨다. 그럼에도 불구하고(아니면 역시나 할까) 나는 그 이야기를 알아듣지 못했다. 나의 낮은 한국어 실력을 통감할 수밖에 없었다. 내가 대한민국에 건너올 당시 TV 드라마를 보아도 못 알아들었다. 그 당시 내가 자주 봤던 TV 드라마는 '남자 셋 여자 셋', 'LA 아리랑' 등이었다. 지금 이 두 드라마를 보면 알아들을 수 있으리라 생각한다. 그렇다면 내가 그 당시 TV 드라마를 못 알아들어서 맛봤던 쓴 맛도 말끔히 사라질 것이다. 이는 앞에서 언급한 교회에 관한 이야기의 경우도 마찬가지이다. 지금 내가 그 이야기를 들으면 알아들을 수 있으리라 생각한다. 하지만 권대봉 교수님께 그 이야기를 다시 말씀해 달라고 부탁하는 것 자체가 송구스럽다.

은인 恩人

최은희(교육부)

교수님을 떠올리면
가슴 깊은 곳에서 따스함이 차오릅니다.

부드러운 미소에 넓은 아량
제자들을 아끼고 진실로 배려해 주시던 모습

제대로 인사드리지 못하고
학문을 게을리 하는 부족한 제자조차도
이해하시고 또 늘 응원해 주시리라는 믿음을 갖는 것은
교수님의 인품과 배려를 몸소 체험해 알기 때문입니다.

이제 정든 교단을 떠나
새로운 삶의 막을 걷어 올리시는 이 의미 있는 순간을
함께 할 수 있어서 감사할 따름입니다.

교수님께는 많은 감사할 일이 있지만
무엇보다도 일면식도 없는 사람을
기꺼이 받아 주서서 가르쳐 주신 일은
평생 품어야 할 고마운 일이 아닐 수 없습니다.

일터를 가진 사람의 고충을 이해하시고
토요 강의를 마다하지 않으신 일
매번 동학들의 창의와 자율을 마음껏 허용해 주신 강의들
다채로운 그림과 표현으로 핵심을 뽑아내던
즐거운 배움의 시간들이었습니다.

어느 봄 날, 강의 후 조촐한 점심을 마치고 돌아오는 길목에서
'이제는 차가운 아스팔트를 뚫고 피어나온 풀 한 포기가 눈에 들어와'
하시던 말씀
아마 교수님 당신도 잊으셨겠지만,
작고 작은 생명 하나도 눈길 주고 품는
따스한 통찰을 가슴에 잘 새겨 두었습니다.

부족한 논문을 한 번도 탓하지 않고 묵묵히 격려해 주셔서
학문의 문턱에 벽돌 한 장을 올릴 수 있도록 해 주신 일
감히 학문이라고 할 수는 없어도,
적어도 한 가지 고민을 체계적이고 종합적으로
사고하여 풀어내는 과정을 경험할 수 있도록 기회를 주신 일,
학문이라는 좁은 길을 걷는 과정의
노고와 희열을 조금이나마 맛보아 안 일,
그 길을 가는 분들을 존경할 수 있는 기회를 주신 일이
참으로 감사합니다.

한국직업능력개발원 원장으로
부름 받으셨을 때의 일도 기억에 남습니다.
직능원 홈페이지에 조직도를 그리면서
국민을 제일 상단에 놓고 원장을 맨 아래로 놓으시면서
제자들에게 백 마디 교훈보다 더 큰 울림을 주셨습니다.

이제 교단은 떠나시지만,
더 깊은 지혜와 통찰, 그리고 여유로움으로
삶의 가르침을 계속하여 베풀어 주실 줄 믿습니다.

살면서 크고 작은 인연을 만나지만
좋은 인연을 만들기가 쉽지 않고
은혜를 주고 받는 인연을 이어가는 것은
더욱 어렵고도 귀한 일이 아닐 수 없습니다.

교수님의 향기 그윽한 삶의 자취를 본 받아
저도 누군가에게 소중한 은인으로 기억되는
그런 삶을 살고 싶습니다.

교수님의 전정에
하나님의 축복과 평강이
가득히 넘치기를 기원합니다!

학아매(중국교육부 직업·성인교육국)

저의 호기심 때문인지 항상 권대봉 교수님이 '어떤 경험을 해보신 적이 있는가?'에 대하여 궁금하였다. 교수님이 나에게 주신 「평생교육의 다섯 마당」이라는 책의 많은 부분을 읽어본 적이 있으나 머리말을 읽어보는 건 처음이었다.

머리말을 읽어보고 교수님이 풍부하고 뛰어난 경험을 가지신 것에 대해 많은 감동을 받았다. 나에게도 교수님처럼 직장에 8년 간 다니다가 외국에 유학한 유사한 경험이 있었다. 다만 교수님이 미국에서 공부하셨을 때 느낌이 어떤지는 잘 모르지만, 나는 난생처음 느껴보는 감정으로 공부하고 있다는 생각을 자주 해보았다. 사실 나는 성인학습자로서 잘 성취할 수 있는 자신감이 부족하였다. 자신감은 심리적 요소로 성인학습자에게 있어서 매우 중요한 것이라고 생각한다. 교수님의 언제나 자신만만한 표정은 나를 향상시키는 힘을 주셨다. 기회가 되시면 교수님이 외국에 계실 때 경험하신 일들(어려움)을 더 말씀해주시기를 바랐다.

#1. 중국의 평생교육정책에 관하여

중국에서는 평생교육을 종신교육이라고 말한다. 그리고 그 정의는 한국과는 다르다. 한국의 평생교육법 제2조 제1항에 의하면 평생교육은 학

● 이 글은 2001년 2학기 권대봉 선생께서 개설한 '평생교육의 정책과 행정' 강좌에서 학아매 석사과정생이 제출한 과제를 일부 주정한 것임.

교교육을 제외한 모든 형태의 조직적인 교육활동을 말한다.

중국에서 평생교육(종신교육)이라는 것은 인간의 한 평생에 걸쳐 학습을 위한 학교교육을 포함하며 모든 형태의 조직적인 교육활동을 말한다. 종신교육이 한 교육의 체계로 간주되고 있다. 즉, 현존하고 있는 교육제도들을 기준으로 모집규모의 확대와 연령의 제한을 제거할 것을 요구하면서 새로운 교육방식의 개발 및 적용을 통해 평생교육을 이루도록 요구하고 있다. "2010년 중국 교육발전과 조정의 정체적 목표"에 의하면 중국은 기본적인 종신교육체계를 건립하도록 하는 목표를 설정하고 있다. 주요내용은 다음과 같다.

1. 학생 모집에 있어서 고등학교와 중등직업학교의 연령 제한을 제거하고 다단계로 학업의 성취를 허락해야 한다(2001년 초 시행).
2. 종신교육체계를 구축하기를 위하여 원격교육, 직업교육, 그리고 기타 다른 계속교육을 발전시키고, 독학시험제도를 진일보 보완하도록 하고, 개방적 교육망을 형성하도록 노력한다(2000년 초 시작된 약 50여 개 대학교에서 통신기술을 기초로 한 원격고등교육, 즉 사이버교육 운영).
3. 도시와 향촌 노동자들로 하여금 각종 다양한 교육과 훈련을 받을 수 있도록 한다.
4. 기업교육제도와 직업자격제도를 건립한다. 실업자와 취업준비생을 대상으로 다양한 직업훈련과 정규교육을 받도록 한다.
5. 국민 전체를 대상으로 하는 지역사회교육을 전개한다.

중국교육부 "직업교육과 성인교육사"라는 부서의 2001년 계획을 보면 평생교육에 있어서 지역사회교육과 학습조직형 기업교육을 구축하는 데 중점을 두고 정책을 추진하고 있다. 더불어 북경, 상해, 강수성, 절강성 등 발전된 지역에서 우선적으로 적용하는 전략을 취하고 있다.

그럼에도 불구하고 중국의 평생교육은 선진국보다 낮은 수준에 있다. 국민의 평균 교육 시간은 세계 평균 수준보다 낮다. 성인교육의 규모를 몇 년부터 확대해 왔지만, 학력중심교육이 지나치게 강조되고 있다. 직업교육, 성인교육, 평생교육의 중요성에 대한 인식도 부족하고, 전통적 학교교육에 비해 평생교육을 저평가하는 인식이 강하다. 또한 현재까지도 중국에는 평생교육법(终身教育法)이 마련되어 있지 못하다. 많은 학자들이 평생교육에 관한 연구를 착수하고 있지만 권대봉 교수님이 집필한 "평생교육의 다서 마당"처럼 전문적인 저서를 중국에서 찾기는 쉽지 않다.

#2. 수업 후의 생각들

평생학습의 사회가 도래하고 있지만 많은 사람들이 지금까지도 평생학습, 평생교육에 관한 인식이 부족하다. 그래서 그런지 많은 사람들이 실업자가 될 때 더 심각한 충격을 받게 되고 앞으로 어떻게 해야 하는지도 모르는 상황이다.

국가차원에서 평생학습의 관념을 모든 국민들을 이해하도록 효과적인 조치를 해야 한다. 한편, 한 국가의 국민으로서 인간의 삶의 질을 향상시키기를 위하여, 국가의 발전을 위하여 평생교육이 모든 국민들의 의무이자 권리라는 인식을 법으로 구체화할 필요가 있다. 동시에 모든 국민의 삶의 질 향상과 국가 발전에 초점을 두고, 정책적·체제적·학문적으로 평생교육 발전을 지원하는 것이 국가의 의무이라는 점을 법에서 분명히 해야 할 것이다. 평생교육체계의 건립은 중국의 평생교육에서 중요한 부분이다.

평생교육의
다섯마당

삶을 바꾼 만남

한선미((주)이한테크 대표)

세상에는 여러 종류의 만남이 있다. 부모와 자녀의 만남, 남편과 아내의 만남, 스승과 제자의 만남, 친구와의 만남, 직장동료와의 만남, 책속의 위인과의 만남 등 무수히 많은 만남 속에 우리는 있다. 그 수많은 만남 중에서 내 삶을 바꿀 수 있는 만남이 이루어질 수 있다는 것은 매우 큰 행운이다. 헬렌 켈러가 스승 설리반을 만나 그녀의 삶에 커다란 전환점을 만들었듯이, 만학도인 내가 학문의 세계를 걸어가면서 "늦게 핀 꽃의 향기가 오래 간다"고 늘 격려를 아끼지 않으셨던 권대봉 교수님과의 만남이다. 고목(古木)이 되어가는 나에게 싹을 틔우고 꽃을 필 수 있게 해 주신 참 스승님으로 가슴에 자리 잡고 계신다.

정년을 불과 1년 앞둔 교수님의 강의를 수강하고자 마음먹은 것은, 원로(元老) 교수님이 가진 경륜과 지혜를 빌어 평생교육에 대한 사고의 지평을 넓혀보고 싶었다. 무엇보다도 당시 준비하고 있던 논문의 핵심주제인 '비판적 사고성향'에 대해 보다 깊은 학습을 하고 싶은 마음이었다. 처음 강의실에서 뵙던 모습에서 난 신선한 충격을 받았다. 그동안 젊지만 딱딱하다는 느낌을 주었던 교수님들의 강의와는 달리 마치 현자(賢者)와 선문답을 하는 듯 조용하고 잔잔하게 학생들을 이끌어가시던 모습이 주마등(走馬燈)처럼 지나간다.

'만남은 교육에 선행한다'는 실존주의 철학자 볼노오(O. F. Bollnow)가 주창했던 말처럼 광주에서 올라가 맨 앞에 앉아 교수님의 강의 내용 한 토막의 말도 그냥 흘러 보내지 않으려는 나에게 늘 격려를 아끼지 않으셨다.

때때로 교수님의 유학생활과 직장생활을 함께했던 만학도의 경험을 소개할 때면 나의 학문에 대한 동경과 열정은 곧바로 실천하도록 동기 부여가 되었다. 또한 작은 질문에도 진심으로 답변해 주시면서 다양한 관점으로 사고를 넓힐 수 있게 하셨다. 지방에서 매 수업 때마다 오가면서 학업과 경제활동으로 여러 가지 의사결정을 동시에 내려야 했기 때문에 늘 시간이 부족했던 나에게 교수님의 진심어린 지도와 격려는 그 같은 힘든 시기를 극복하고 새로운 학습여행을 할 수 있게 했다. 학문공동체에서 배움의 즐거움과 기쁨을 알게 하셨고 곧 나눔을 통한 실천공동체의 참여가 완성이라는 것을 깨닫게 해주셨다.

박사과정 진학을 앞두고 가보지 않은 길에 대한 두려움을 안내자 역할로 함께 나누어 주시면서 손을 내밀어 일으켜 주셨다. 또한 학문을 하는 학자의 자세를 일깨워주시고, 내면의 가능성을 보게 해주신 권 교수님의 은혜에 무한 감사드린다. 황산이 정약용을 만나 학업에 새 지평을 넓힌 것처럼 내가 권 교수님의 제자로 만난 것은 나의 삶의 소중한 터닝포인터가 되었다.

정년(停年)을 뜻하는 영어는 'retirement'라고 하는데, 가장 튼튼하고 가장 오래가는 타이어로 갈아 끼우시길 소망한다. 늘 그래오셨듯이 넉넉하고 온화한 카리스마는 나에게 영원한 마음의 고향으로 남아 있을 것이다.

"교수님의 정년을 축하드리면서 앞으로 하시는 일마다 건승과 행복한 일만 있기를 기원한다."

'그 사람'과 '향수'

한역천(농협창녕교육원 원장)

> "그 사람 날 웃게 한 사람
> 그 사람 날 울게 한 사람
> (생략)
> 내 심장을 찾아준 사람
> 그 사랑 지울 수 없는데"

　우리의 가슴을 촉촉히 적셔주는 이 노래는 KBS2 수목드라마 <제빵왕 김탁구> OST로 가수 이승철이 불러 2010년 하반기를 「그 사람」 열풍으로 몰아넣었던 곡이다. 세상을 더불어 살아가는 우리 사람에게는 함께 하고픈, 그러면 행복해지는 「그 사람」이 누구에게나 있지 않을까?

　2005421×××, 나의 교육대학원 학번이다.

　불혹(不惑)을 지난 나이에, 직장생활 18년차·교육업무경험 4년차에 문을 두드린 야간대학원, 지도교수는 권대봉(權大鳳) 교수님. 회사일로 수업에 늦어졌을 때, 항상 온화한 표정과 부드러운 목소리로 격려해주신 「그 사람」, 늦은 수업 후에도 시간을 내서서 S그룹 재직시 에피소드와 힘들었던 자신의 미국유학 이야기를 들려주시며 용기를 북돋아 주신 「그 사람」, 회사(Work)에선 실무책임을 지고 있었고, 집(Life)에선 질풍노도의 시간, 소위 '중2병'의 큰 아이, 초6학년의 작은 아이, 그런 중에 학업(Study)이라는 팔자에 없던 늦깎이 학생으로 아이러니하게도 WLB(Work & Life Balance)를 공부하던 저에게, 무엇보다 중요한 것이 생업(生業)이라고 말씀해주신 「그 사람」, 가까스로 석사과정을 마치고 박사과정 수료까지 학업을 이어가던 저에게 당신의 유학시절 경험을 말씀해주시며 박사논문은 매일매일 조금씩이라도 써나가야 한다며 논문작성을 독려해주시며 위로해신 「그 사람」, 그때 배우고 느끼고 깨달았던 것들이 13년이 지난 지금, 기업의 연수원장으로 30년 직장생활을 마무리 할 수 있게 한 원동력이었다는 것에 대해 감사를 드립니다.

50세가 되면 하늘의 뜻을 안다고 지천명(知天命)이라 하지만, 50세 중반이 지나도 아직 인생에 대해 많이 부족한 저에게 삶의 넓이와 깊이를 더해보도록 보살펴주신데 대해 감사를 드립니다.

2010년 박사과정 수료 후부터 지금까지의 지방근무로 인해 논문작성에 게으름을 피울 수 있게 되었지만, 더 큰 용기로 다시 도전하도록 마음의 길을 열어주시는 지도교수님께 감사를 드립니다.

오랜 지방근무에서 외로움(?)을 달래고, 사실 음치(音癡)·박치(拍癡)이기 때문에 이를 만회하고자 2011년 처음으로 배우기 시작한 색소폰 공부, 그런대로 재미를 붙여가던 중 색소폰도 "노래를 잘 불러야지, 잘하게 된다."는 음악학원 선생님의 충고에 왜 시작했을까라며 낙담하기도 했지만, 중도에 포기하지 않고 명맥을 유지해 온 데는 권대봉(權大鳳) 지도교수님께서 은퇴하실 때, 색소폰 한 곡을 연주해 드리고 싶다는 바람이 있었다. 만약 연주를 할 수 있다면 곡명은 「그 사람」.

"그 사람 잊을 수 없는데
그 사람 내 숨 같은 사람
그런 사람이 떠나가네요."

우리가 고향을 꿈엔들 잊을 수 없이 그리워 하듯이, 「그 사람」 권대봉 (權大鳳) 은사님은

"흙에서 자란 내마음
파아란 하늘빛이 그리워
함부로 쏜 화살을 찾으려
풀섶이슬에 함추름 휘적시던 곳,
그곳이 차마 꿈엔들 잊힐리야."

(정지용 시인의 「향수」에서)

그리운 고향에서 아이와 같은 순수하신 그 마음으로 우리를 기다리실 겁니다.

그리고 찾아뵙겠습니다. "은사님, 안녕하세요?"

자상한 웃음으로 "잘 있었는가, 반갑네!"라며 저희를 반겨주실거죠?

기억 "산山"

한지민(코웨이 과장)

나는 산을 매우 좋아한다. 사시사철 다양한 모습을 보여주는 산풍경과 정상까지 올라가본 사람만 느낄 수 있는 성취감 때문이다. 혹자는 내려올 길을 왜 올라가느냐고 말하기도 하지만 분명히 산은 다시 산을 찾게끔 만드는 매력이 있다. 하지만 실제로 산을 가는 것은 여러 가지 핑계로 잘 이뤄지지 않았다. 주말이 되면 피곤하다는 이유로 거실에서 멀리 보이는 산의 정산만을 바라보는 것이 대부분이었다. 그렇게 생활에 치이고 나를 다시 찾고 싶었던 어느 날 다시 산을 다니기 시작했다. 나에게 '권대봉 교수님과의 기억'은 산에서 경험하고 느꼈던 교훈과 산에서 뵈었던 교수님과의 일화로 시작한다.

나에게 대학원은 등산과 같았다. 가면 좋다는 것은 알고 있었지만 선뜻 가게 되지 않았고, 언제든지 마음만 먹으면 갈 수 있을 것 같았다. 그렇게 회사생활을 10년쯤 했을 때 여전히 머물러 있는 내 모습을 보며 지금 실행(實行)하지 않으면 불행(不幸)할 것 같아서 용기를 내었다. 하지만 그런 결심에도 2014년 겨울 '고려대학교 교육대학원 기업교육전공'은 나에게는 정복하기 힘든 악산(惡山)과 같았다. '내가 갈 수 있을까? 가더라도 수업을 따라갈 수 있을까? 회사생활과 병행할 수 있을까?'라는 어지러운 마음으로 고민할 때 이 길을 먼저 다녀온 회사 선배 분들이 일침을 던졌다. "지금 시작하지 않으면 권대봉 교수님을 뵙지 못해!" 권대봉 교수님이 2년 정도 후에 정년퇴임을 하시기 때문에 지금 시작하지 않으면 기업교육의 대가를 만날 수 없을 것이라고 했다. 기업체 교육팀 HRD담당자로 수

많은 책들과 정보를 접하면서 '저자특강', '유명인사와의 만남'은 놓치고 싶지 않은 기회였다. 그렇게 '기업교육전공' 산행을 시작하였다.

　처음 산행을 시작하는 사람들은 처음에는 호기롭게 시작하다가 숨이 턱턱 막히는 껄떡 고개에 다다르면 포기할까, 내려갈까, 내가 이걸 왜 시작했을까 등의 심리적 갈등을 하게 된다. 나에게도 대학원생활은 별반 다르지 않았다. 새로운 사람들과의 만남과 흥미로운 학문의 만남은 하루하루가 활기차고 즐거웠다. 하지만 3학기가 되면서 출석, 학업, 섬김이 활동, 회사업무, 가정생활에 과부하가 걸리면서 두 다리와 양 어깨가 무거워지기 시작했다. 포기하기에는 중간까지 올라왔는데 내려가기 아깝고, 계속 올라가기에는 엄두가 나지 않았다. 그러던 즈음 2016년 상반기 무의도에서 진행된 한마음 워크숍에서 권대봉 교수님을 다시 뵈었다. 그 전에도 많은 자리에서 자주 뵈었지만 그날에 뵌 권대봉 교수님의 모습과 말씀들은 지금도 생생히 기억이 난다. 끈끈한 기업교육인의 정(情)을 느끼게 되는 계기였기 때문이다.

　권대봉 교수님은 트래킹을 즐기신다. 방금 산을 다녀온 듯 흙이 묻은 트래킹화에 가벼운 복장을 즐기시는 모습이 여느 교수님의 모습과는 확연히 달랐다. 화합의 장에서 음주를 멀리하고 물을 드시는 모습에서 '건강을 챙기시는 분'이시구나 라는 것을 알았지만, 시간이 날 때마다 수시로 산에 가신다는 말씀에서 '건강한 분'이라는 것을 알 수 있었다. 산을 좋아하는 사람치고 나쁜 사람이 있을까? 라는 산악인들의 우스갯소리처럼, 산처럼 매력적인 분이셨다. 1박 2일 워크숍의 마지막 날 아침 소무의도 트래킹을 정용성 동기와 담당하게 되어 교수님과 선후배님들을 모시고 트래킹을 시작하였다. 그리고 그 곳에서 나는 수업은 교실에서만 진행되는 것이 아님을 알게 되었다. 트래킹 중간 중간 흥미로운 주제의 이야기를 이끌어 가시며 모두의 귀를 집중시켰고, 우리는 자연이 주는 경이로움과 함께 즐거운 이야기 산책을 할 수 있었다. 트래킹이 무르익었을 때 교수님이 걸음을 멈추고 모두에게 작은 강연을 시작하셨다. 진지하게 귀 담아 경청하는 교수님들과 선·후배님의 모습에서 배움은 끝이 없고, 권대봉 교수님의 가르침에 대한 철학과 애정을 느낄 수 있었다. 또한 그 순간 그 자리에 있을 수 있음이 매우 자랑스러웠다. 우리 모두가 같은 제자 구나 라는 뿌듯함에 벅차오르며 느리게 걷더라도 바르게만 걸으면 종국에는 다다를 수 있다는 깨달음을 주는 순간이었다.

　나는 혼자 산을 오른다고 생각했는데 산은 혼자 오르는 것이 아니었다. 그동안 산에서 사람들을 마주치면 처음 보는 사람인데도 반갑게 인사해 주고, 방향을 물어보면 모두가 친절히 답해 주었다. 산 속에서 갈림길이 나와 주춤거리고 있으면 그 길을 먼저 다녀온 사람들이 각 길의 끝에는 무엇이 있는지, 어느 길이 더 나에게 맞는지 알려주었다. 또한 끝없이 독려하고 응원해 주었다.

> "정상까지 얼마나 남았어요?"
> "다 왔어요. 한 30분정도 가시면 되요."
> "헉헉, 정상까지 얼마나 남았어요?"
> "거의 다 왔어요. 한 30분정도 가시면 되요."
> "헉헉헉, 정상까지 진짜 얼마나 남았나요?"
> "진짜 다 왔어요. 30분 안 걸려요. 힘내세요!"

　먼저 길을 다녀온 분들의 '다 왔어요!' 라는 말을 들으면서 거짓말이라는 생각을 가진 적도 있지만, 산의 정상을 찍고 내려오는 나에게 누가 얼마나 남았냐고 물어보면 나 역시 거의 다 왔으니 힘내시라고 이야기 한다. 나에게 권대봉 교수님은 산에서 만난 반가운 길잡이셨다.

　논문을 쓰기 시작하면서 모든 것이 혼란스러웠다. 주제잡기는 물론이고, 처음 접해본 논문형식에 앞이 깜깜하게도 느껴졌다. 하지만 그때마다 반가운 메일이 와있었다. 평생교육방법론 수업과 연구지도를 권대봉 교수님께 받는데, 교수님께서 관련 자료를 수시로 보내주셨다. 물론 같은 수업과 지도를 받는 모든 학생에게 보내주시는 통상적인 메일이었지만, 나에게는 제자로써 스승에게 관심 받고 있구나 라는 든든함을 느끼게 해 주었다. 그리고 그 메일들은 교수님의 연구실을 찾아갈 수 있는 용기를 주었다. 어렵고 멀게 느껴졌던 교수님과의 마음의 거리는 교수님의 연구실을 찾아가는 순간 순식간에 사라졌다. 먼저 연락을 드리고 방문하긴 했지만 편안히 맞이해주시는 모습에서 교수님을 어렵게 생각한 건 나의 기우(杞憂)였음을 알 수 있었다. 내가 교수님을 우상처럼 보고 섬기려 했을 뿐 교수님은 늘 그 자리에서 나를 같은 시선으로 지켜보고 계셨다. 교수님을 찾아뵈면서 아무것도 받지 않을 것을 알기에 두 손 가볍게, 마음은 무겁게 가면 배가 부르도록 음료수와 떡을 주셔서 함께 이야기 나누던 기억이 선명하다. 신부님께 고해성사를 하듯 인자하게 웃고 있는 권대봉과 교수님 앞에서는 무장해제가 되어 가식 없이 마음을 열고 마음을 나누고 마음이 채워질 수 있었다.

권대봉 교수님을 생각하면 고은시인의 '그 꽃'이라는 시가 떠오른다. '내려갈 때 보았네, 올라갈 때 보지 못한 그 꽃' 대학원 생활을 정신없이 하면서 논문을 쓰고 졸업을 위해 앞만 보고 땅만 보고 갈 때는 주변을 돌아보지 못했다. 얼마나 많은 교수님들과 선·후배님들이 나를 지켜봐주고 응원해 주고 계셨는지를 말이다. 하지만 이제 논문을 쓰고 졸업을 하고 30대의 학창시절을 돌아보면 그동안 내가 보지 못하고 놓쳤던 많은 순간들이 보인다. 그리고 더불어 감사한 순간들이 마음을 채워준다. 다시 돌아보아도 매 순간이 감사하다.

내 인생에 다시없을 대학원 5학기의 추억을 권대봉 교수님과 온전히 보낼 수 있어서 감사하고, 이렇게 교수님과의 기억과 마음을 온전히 전할 수 있는 기회를 얻음에 감사드리고, 산은 내려왔지만 산행은 끝나지 않음에 감사드린다. 힘들었기에 가치있고, 오랫동안 기억될 수 있는 추억을 얻을 수 있었다. 쉽지 않았기에 교수님이 손 내밀어 주실 때 망설이지 않고 잡을 수 있었다. 나에게 권대봉 교수님은 사시사철 다양한 풍경으로 반겨주고 오랜 시간이 지나도 그 자리에서 그 모습으로 기다려주는 든든한 산으로 기억될 것이다.

허선주(유원대학교 교수)

근래에 가장 많은 석사 신입생(3명)이 입학했던 학기로 즐겁고, 신나는 일도, 당황스럽고 혼란스러운 일들도 많았다. 그 중에서 가장 당황스럽고 혼란스러운 일은 수업 방식과 결과물에 대한 요구였다. 학부 때와는 차원이 다른 방대한 양의 자료와 고민한 내용에 대해서 연구물을 만들어 내야 하는 부담감이 아티클도 제대로 찾지 못하는 신입생에게는 엄두도 안 나는 일이었다. 특히, 설렘과 두려움을 가지고 교수님께 처음 듣는 '비교교육학' 과목은 석사과정생이 몇 안 되는 박사과정생 이상이 대부분인 수업이었고, 이는 부담감과 함께 잘 따라갈 수 있을까에 대한 우려가 첫 시간부터 드는 수업이었다. 이러한 우려는 곧 현실이 되었고 매 수업시간은 두려움을 느끼게 되는 길고 긴 시간이 되었다. 그러나 나와는 다르게 다른 분들은 고민하고 연구했던 내용들을 너무도 즐겁고 신나게 말씀하셨고, 그런 모습들을 보면서 내 차례가 오지 않았으면 좋겠다는 생각만 하게 되는 시간이었다.

두려워하는 모습을 보셨는지 교수님께서는 수업시간에 히로나카 헤이스케의 학문의 즐거움을 읽고 독후감을 작성해오는 과제를 내주셨고, 책을 읽으면서 학문에 대해서 다시 한 번 생각을 하게 되었다. 그 이후에는 시간 날 때마다 과정생 때 공부하셨던 노하우를 하나씩 말씀해주셨다. 그 중에 기억이 남는 것 중에 하나는 매 학기 연구방법 수업을 듣고 연구물을 만들어 내라고 하신 것이다. 전공에 대한 내용을 아는 것도 물론 중요하지만 자신의 생각을 연구물로 풀어내기 위한 노력이 무엇보다 중요하다고 하셨다. 지금 생각해보면 매 시간 고민을 하고 과제물을 작성했었지만 연구방법을 모르고 흉내만 냈으니 얼마나 어설펐을까 부끄러워지기만 한다. 고군분투했지만 어설펐던 첫 학기 수업의 결과는 B학점이었다. 여태까지 교수님께 B학점을 받은 사람은 없을 것이라며 주위 선배들에게 더욱 우려와 함께 잔소리를 들었던 것 같다. 그 결과를 통해 한 동안 충격에 휩싸여 대학원을 계속 다니는 것이 맞는 것인가에 대해서도 많은 고민을 하였다.

그러나 다행인지 불행인지 교수님께서는 한 학기를 마치자마자 캐나다로 1년 동안 연구년을 보내러 가셨고 논문 프로포절을 앞둔 시기에 돌아오셨다. 많은 사람들 앞에서 프로포절을 하는 것도 떨리는 일이었지만 무엇보다 교수님께서 오랜만에 지켜보고 계신다고 생각하니 더욱 부담되는 일이었다. 프로포절을 하는 도중 교수님께서 미소를 짓고 계신 모습을 보게 되었고, 다른 분들도 웃음을 짓고 계셨다. 이러한 모습에 자신감이 생겨 평소대로 떨지 않고 설명을 하고 마무리가 되었는데 알고 봤더니 심각한 오탈자가 있어서 모두 웃음을 참고 계셨던 것이었다. 끝나고 "선주가 장족의 발전을 했네. 고생했다."라며 교수님께서 악수를 청하시며 손을 꼭 잡아주셨는데 오탈자에 대한 실수는 생각나지 않고 그동안의 시간들이 주마등처럼 지나가면서 날아갈 듯한 기분이 되었다.

교수님께서 한 마디씩 해주셨던 말씀들은 박사를 마친 지금까지도 학문과 삶에 대한 태도를 다잡을 수 있도록 가슴 속에 새기고 있다. 그리고 지금까지 보여주신 학문과 삶에 대한 열정을 본받을 수 있도록, 지금까지의 여정에 누가 되지 않도록 감사하는 마음으로 끊임없이 노력해야겠다.

"선주가 장족의 발전을 했네. 고생했다."

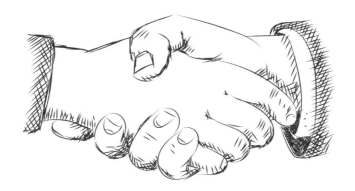

현영섭(경북대학교 교육학과 교수)

"안녕하세요. 우리는 피터팬조입니다. 피터팬조로 조명을 결정한 이유는 아이들에게 꿈과 희망을 주는 아이콘이기 때문입니다."

'한국의 교육' 발표시간이다. 한국의 다양한 교육현상과 문제 등을 조별로 조사하여 발표하는 활동을 하였고, 내가 속한 피터팬조는 운현초등학교의 열린교육(Open Education)을 조사하여 연극방법으로 발표를 하는 중이었다. 초등학생 교실을 상황으로 구성하고 열린교육이 진행되는 과정을 연극으로 보여준다.

늦가을 시간이었던 것으로 생각된다. 고려대학교 교육학과 92학번으로 입학한 나는 1학년 2학기에 권대봉 선생님이 개설하신 '한국의 교육'을 수강하였다. 당시 '한국의 교육'은 교육학 전공필수강의였고, 새롭게 부임하신 권대봉 선생님의 강의라서 다수의 학생들이 수강한 과목이었다. 이제 대학교 1학기를 마친 나는 새로운 방식의 강의에 호기심과 두려움을 동시에 갖고 시작한 과목이었다. 강의의 대부분이 조별로 조사한 내용을 발표하고 토론하는 것이었다. 더욱 흥미로운 것은 각각의 조별로 발표 방식을 원하는 방법으로 하라는 선생님의 말씀이셨다. 처음에는 당황하였으나, 우리 조는 서울 종로의 운현초등학교에 운영하는 열린교육을 발표 사례로 선정하고, 조별 토론, 운현초등학교 방문 및 수업 참관, 자료 정리와 발표 준비 등을 차근차근 준비하였다. 앞서 발표하는 조의 뛰어난 발표

방식과 내용의 참신성에 대하여 우리는 조금씩 걱정도 되고 주눅이 들기도 하였다. 그러나 강의에서 권대봉 선생님께서 주시는 피드백은 조별마다의 장점에 대한 긍정적 메시지와 위트였고, 이런 여유와 흥미 그리고 긍정메세지는 우리 조에게 다가온 불안감에 대한 처방전이 되었다.

"우리도 재미난 발표를 해보자."

생각 끝에 나온 것이 연극법이었다. 열린교육의 방식을 말이나 글로만 전달하는 것은 한계가 있고 또 영상물로 전달하는 것은 우리의 목소리가 반영되기 어려웠기 때문이었다. 그래서 연극대사처럼 발표내용을 준비하고 암기하고 리허설도 하였다. 이 과정에서 '한국의 교육'을 왜 발표방식으로 그리고 조별로 독특한 방식으로 준비하라고 하신 선생님의 의도를 어렴풋이나마 알 수 있었다. 준비하는 것 자체가 너무나 재미있었고 또 25년 이상 지난 지금도 하나하나 대사와 모습이 기억에 고스란히 남아있기 때문이다.

피터팬조뿐만 아니라 다른 조의 발표 역시 재미있고 알찬 내용으로 구성되면서 1992년 가을의 '한국의 교육'은 권대봉 선생님과 함께 했던 최고의 수업 중에 하나로 남게 되었다. 당시의 발표 자료는 책자로 만들어서 수강생과 선생님이 나눠가졌다. 아직도 권대봉 선생님 연구실 책장에는 '한국의 교육' 조별발표자료집이 꽂혀 있었고 가끔 선생님을 찾아뵈면 자료집을 꺼내시면서 늦가을의 수업이야기를 나누곤 하였다.

인생에서 끝까지 기억에 남고 회상할 수 있는 강의가 몇 개나 될 것인가? 지금까지 수많은 강의를 듣고 또 강의를 해왔지만 '한국의 교육'만큼 기억에 남고 또 따라가고 싶은 강의를 만나거나 하지 못하였다. '한국의 교육'은 자기주도적 팀학습과 코칭의 힘을 보여줬다. 개인이 혼자서 해내는 자기주도학습보다 팀을 구성하여 집단지성과 집단감성을 활용하는 것은 25년이 지난 지금도 여전히 중요한 학습요소가 되고 있다. 피터팬조는 서로의 의견을 나누는 것과 동시에 교육에 대한 대안으로서 열린교육에 대한 정서적 일체감과 열정을 갖게 되었다. 또한 선생님의 수업 코칭, 조별 활동을 하기 위한 면담에서 코칭, 발표 내용에 대한 코칭은 강의자로서의 역할을 넘어서 교육에 대한 고민을 안내하고 선도하는 스승이었다.

정년퇴임을 맞이하신 선생님에게 처음 선생님을 뵈었던 '한국의 교육'에서의 가르침을 여전히 마음속에 깊이 간직하고 또 따라가려는 사표로 삼고 있다는 말씀을 드리고 싶다. 25년 전 새로운 시작의 시간에 있었던 제자는 사회구성원으로서 역할을 하고 있지만, 여전히 선생님의 가르침으로 하루를 시작하고 있습니다. 선생님 감사합니다.

"안녕하세요.
우리는 피터팬조입니다"

월요일의
설렘

황미정(AK PLAZA 실장)

　2017년 8월 한여름의 태양 빛이 따가 울 무렵, 캠퍼스와 강의실을 오가며 졸업사진을 촬영하고 영광스러운 석사학위를 취득하였다. 학교와 회사생활을 병행하는 Saladent로서 지내온 시간들을 뒤돌아보며 이 순간을 얼마나 기다려왔던가? 설레는 마음과 함께 학구열을 일깨워 주신 분에 대한 고마움이 뇌리를 스쳤다.

　이상적인 인간은 인생을 스스로 만들고 개척 하듯이, 이 세상에 열정 없이 이루어지는 것은 아마 없을 것이다. 앞에 나타난 당장의 어려움과 고난을 치유한 후에야 고마운 사람을 찾는 것은 혼자만의 생각일까? 어디 그 뿐인가? 늦은 나이에 시작한 공부가 결실을 맺고, 삶에 새로운 희망을 주신 분의 고마움은 더욱 크게 나타났다. 그런 교수님은 나에게 바다와 같은 존재였다.

　한동안 눈에 보이는 발전도 없고 나이만 들어가니 배움에 대한 열정도 식어가고 있을 무렵 만학도인 나에게 행운의 여신이 찾아온 것이다. 소박하고 인자한 모습의 교수님을 처음 뵙게 된 것은 신입생 오리엔테이션 행사이다. 책에서 접했거나 말로만 전해 들었던 그분을 실제 현장에서 보게 된 것이다. 교수님은 당신 자신이 만학으로 공부한 사연과 그로인한 자긍심을 갖게 된 것에 대한 내용을 자상하게 말씀해 주셨다. 교수님께서 공부했던 시절의 환경과 주어진 조건을 생각하면 내 자신이 처한 환경은 비교할 수 없을 정도 많은 조건이 갖춰져 있음을 상기하며 학업에 정진할 수 있는 긍정적 동기부여가 되었다. 나는 교수님의 소탈하신 모습과 함께 강한 동질감을 가질 수 있었다.

평생교육을 전공하는 학습자로서 교수님과 같은 원로 학자의 강의를 수강할 수 있는 것은 행운임에 틀림없다. 강의시간 내내 교수님의 강의내용을 놓치지 않으려고 조바심과 함께 긴장감을 갖게 되었다. 강의 시간은 물 흐르는 듯 했으며 끝나면 뭔가 강렬한 여운이 뇌리에 남았다. 교수님께서는 당일에 배운 강의 내용을 그림으로 요약하여 이를 이미지로 기억시키면 장기간 기억되는 연상 작용 방식을 강조하셨다. 나는 지금도 교수님의 교수 방법을 적용하여 공부하면서 많은 효과를 얻고 있다.

회사생활 하면서 월요일은 힘들고 스트레스가 많은 요일이다. 그러나 학업을 병행하면서 교수님의 강의가 있는 월요일은 기대와 설렘이 공존하는 요일로 바뀌었다. 나에게 또 다른 학업에 정진하고 살아갈 수 있도록 길을 열어주신 교수님께 머리 숙여 감사드린다. 정년은 인생의 또 다른 시작을 위한 출발점이라고 생각한다. 젊은 시절 교수님이 직장인에서 학자로 성공적인 변모를 하신 것처럼 상공의 비행기가 활주로에 사뿐히 착지하는 성공적인 소프트 랜딩을 기원한다.

평생존경 권대봉 교수님
2017.08.24

은밀한 유혹

황정선(이미지공작소 대표)

    나는 기업교육학과 11기다. 기업교육학과에서 11기라 함은 2001년 3월부터 학교생활을 시작한 기수를 말한다. 그런 내가 교수님을 처음 만난 해에 학교생활이 시작되었다면 2000년부터였어야 한다. 그렇다고 해서 다른 선후배들처럼 입학해 놓고 바쁜 일정 등 일신상의 이유로 휴학한 후 1년 뒤 들어온 것이 아니라, 말 그대로 기업교육학과를 재수해서 들어왔던 것이다. 심지어 대학도 부모님과 주변의 간곡한 재수 권유에 불구하고, 어떠한 미련도 없이 거부했던 나였기에 당시 내가 무언가를 욕망한다는 건 그 자체만으로도 자타공인 놀라운 일이기도 했다.

    내게 있어 기업교육학과는 2000년 즈음 그동안 불려 졌던 프리랜서 강사라는 직함에 너무도 부족함을 느껴 직업을 바꿔야 할까? 아니면 공부를 해야 할까? 등을 고민하다 스스로 찾아 낸 학과였다. 지금 돌이켜 생각해 보면 당시 HR이 무슨 약자인지도 모를 정도로 아무런 정보도 없었건만, 대체 무슨 용기로 기업교육학과에 입학원서를 냈을까? 싶기도 하다. 필기시험도 있다고 하는데 뭘 준비해야 하는지도 모르겠고, 이 전공을 찾아가는 게 과연 맞는 건지 확신도 서지 않아서 시험 당일까지도 갈까? 말까?를 고민했었다. 시험 당일, 순수하게 참가에 의의를 두자는 마음으로 시험을 치고 나왔는데, 면접장에 들어서서 교수님을 처음 본 순간, 시험을 잘 준비하지 못한 게 커다란 아쉬움으로 남기 시작했다. 교수님의 울림 좋은 목소리에 온화한 미소, 연륜이 묻어나는 눈빛이 나를 설레게 했기 때문이다. 그렇게 면접을 마치고 나오면서 교수님을 또 보고,

계속 보고 싶다는 생각이 간절해졌다. 포기도 빠르고 결과에 순응하는 내가 꼭 1년 뒤 기업교육학과에 다시 지원하게 된 가장 큰 동기는 다름 아닌 교수님의 유혹(?)때문이었던 것이다.

로버트 그린(Robert Greene)의 <유혹의 기술>에 의하면 '사랑은 운명처럼 다가오는 것'이라고 믿는 사람들이 가장 유혹당하기 쉽다고 한다. 기업교육을, 그리고 교수님을 운명처럼 받아들여서 일까? 첫 번째 만남에서처럼 교수님께서는 분명 지나가는 말로 한마디 건넸을 뿐일텐데, 난 그 말에 늘 유혹 당했던 것 같다. 입학하고 나서 '이미지공작소'를 창업하게 된 것도, 고대에서 패션마케팅으로 박사를 시작하게 된 것도, 이렇게 박사논문까지 마무리 짓고 있는 것도 교수님의 응원의 한마디에 힘입어서였다.

"자네 참 창의적이야."
"그래, 잘 했어."

가만히 생각해 보니 이렇게 교수님에게 유혹당한 사람은 나만이 아니었을 것이다. 교수님은 우리 교우들 모두에게 유혹자이셨다. 세기의 유혹자 카사노바는 인간 자체가 매력적이었다고 한다. 매력적인 인간은 위대한 유혹자가 될 수 있다는 말이다. 나에게 있어, 아니 우리 모두에게 있어 기업교육학과라는 거대한 유혹은 교수님의 거대한 매력 없이는 불가능하지 않았을까?

나는 이미지 컨설턴트다. 직업의 특성상 어떤 남자보다 멋진 남자를 몹시 좋아한다. 세상에 잘생긴 남자는 많아도 멋진 남자를 만나는 일은 드물기 때문이다. 특히 일정한 나이를 넘어서면 갖고 태어난 우월한 유전자만으로는 멋진 남자라 불리기 어렵다. 나이 들어 멋진 남자는 살아온 행적이 켜켜이 쌓인 듯한 주름이 연륜과 지성으로 보이는 남자다. 그래서 오스카 와일드(Oscar Wilde)도 '남자의 얼굴은 그의 자서전과도 같은 것이다'라고 말하지 않던가? 직업적인 전문성을 발휘해서 말하지 않더라도 처음 봤을 때의 교수님보다 지금의 교수님이 훨씬 멋지다. 강렬한 눈빛을 약간

부드럽게 만들어 주는 눈가의 주름, 수많은 고뇌의 흔적이 남아 있는 희끗한 머리카락, 시간의 흐름에 자연스럽게 몸을 맡긴 모습에서 늘 여유로움이 느껴지는 교수님은 누가 보더라도 멋진 남자다. 이토록 매력적이고 멋진 교수님은 나만의 오마주가 아닐 테지만, 교수님과의 인연은 나에게 큰 성장을 가져다주었다. 남자의 얼굴은 지나온 시간을 온전히 책임지고 드러낸다는 면에서 보더라도 감히 교수님의 모습은 더욱 멋져지실 것이라 믿는다. 더욱 멋진 모습으로 나의 또 다른 성장을 바라시며 은밀하게 유혹한다면 난 분명 기쁜 마음으로 유혹당할 것이라는 것을 잘 안다.

International Talks

by Korea University Professor Dae Bong Kwon, Ph.D.

Track A Creative, Convergent Talent, and Education Innovation, Lifelong Learning, Trailblazer of the 4th Industrial Revolution, Moderator Dae Bong Kwon Professor, Department of Education, Korea University, Speaker Elizabeth King Senior Fellow, The Brookings Institution Speaker Ryuhei ishiiyama Associate Professor, Graduate school of Education, Tohoku University Discussants Yeo Kak Yun Professor, Graduate School of lifelong Education, Korea National Open University, Discussants Sung-Wook Wee Principal of National Chonbuk Mechanical Technical High School, Global HR Forum 2017(Oct 31-Nov.2) Grand Inter Continental Seoul Parnas, Korea.

Economic Development and Human Resource Development in Korea, Panel Speech at the Session VII, Future Education for Trade and Investment, Linking Trade and Development Regional Forum 2017: Linking Trade and Development For Inclusive and Sustainable Growth, organized by the International Institute for Trade and Development (2017.7.25.), Pullman King Power Hotel, Bangkok, Thailand.

Professional competencies of community based lifelong educator and corporation based lifelong educator for sustainable learning communities, INTERNATIONAL CONFERENCE OF EUROPEAN AND ASIAN RESEARCHERS AND EDUCATORS ON LIFELONG LEARNING FOR SUSTAINABLE DEVELOPMENT(I-CEARE 2017), Philippines Normal University with ASEM LLL HUB, May 12-14, 2017 Boracay

Island, Philippines.

Keynote Speech, Changing Trends in Work and Skills, KRIVET Asia Pacific TVET Experts Workshop, TVET for Sustainable Development and Youth Employ ability October 25-26, 2016, Yuseong Libera Hotel, Daejun, Korea.

Keynote Speech, Future Directions and Challenges of Career Education in the Era of the Fourth Industrial Revolution, Global Education Forum 2016 organized by Daegyo Foundation, August 18, 2016 Daegyo Tower, Seoul, Korea.

Track B Human Resources Management from Global Corporations Moderator Daebong Kwon Professor of Education and HRD, Korea University Creative Confidence: Designing an Engaging Workplace Speaker Diana Rhoten Associate Partner, IDEO, peaker Marc Lesser CEO, Search Inside Yourself Leadership Institute, lobal HR Forum 2015, "Diverse Talent, Changing Societies", November 1(Wed) ~ 3(Thu), 2015, Grand Inter Continental Seoul Parnas, Seoul, Korea.

Keynote Speech, "Global Change and Its Influence on HRD Practices", Professional Educators as Global Leaders, The 3rd International Conference on Educational Research and Practice organized by Universitiy Putra Malaysia Faculty of Educational Studies. August 25-26, 2015, Everly Hotel, Putrajaya, Malaysia.

Chair, 2015 KRIVET International Forum Technical Vocational Education and Training and Social Development. The 10th Anniversary of the Global HR Forum organized by KRIVET Ministry of Education The Korea Economic Daily, May 18, 2015, Songdo Convensia, Incheon, Korea.

"Programs to Develop an International Student Body and Faculty."

The 7th Annual Koret workshop The Internationalization of Korea Higher Education: Achievements, Challenges, and Future Directions organized by Stanford University Shorenstein APARC Feb. 27, 2015, Bechtel Conference Center, Enica Hall, Stanford University, USA.

Key note Speech. "Lessons for Corporate HRD from Public Leadership Programs", The 13th International Conference of the Asia Chapter of AHRD(Academy of Human Resource Development) Exploring Leadership from a Human Resource Development, Nov.12-14, 2014, Hotel Prima, Seoul, Korea.

Competency-based Society Where Challengers Can Succeed
Chair: Daebong Kwon Professor of Education and HRD, Korea University
Speakers: Halil Dundar Lead Education Specialist, The World Bank Sunggil Kim Chairman, Daesung Heavy Industries Co.,Ltd.
Discussants: Sangjoon Lee President & CEO, Hotel Prima, Wonshul Shim Dean & Professor, College of Business and Economics, Hanyang University, Xiaoyan Liang Senior Education Specialist, World Bank. Global HR Forum 2014, Theme: Human Resources for Trust and Integration, November 4(Tue) to 6(Thu), 2014, Sheraton Grande Walkerhill, Seoul, Korea.

"Building a demand driven skills development system: employers' involvement", South Asia Regional Conclave on Skills Development: Building a Demand-Driven Skills Development System organized by the World Bank, June 13-14, 2013, The Taj Mahal Hotel, New Delhi, India.

"Building a demand driven skills development system: Strategies to effective coordination and implementation", South Asia Regional Conclave on Skills Development: Building a Demand-Driven Skills Development System organized by the World Bank, June 13-14, 2013, The Taj Mahal

Hotel, New Delhi, India.

"The relationship among Principal leadership style, Teacher's organizational culture and School satisfaction." International Conference on Teachers and School Administrators: Demand-Supply and Monitoring Policies(InCoTSA), University of Malaya Consultancy Unit. June 10-12, 2013.

UNESCO Entrepreneurial Education Chair: Dae-Bong Kwon, Professor, Korea University
Role of Governments: Syahira Hamidon, Senior Principal Assistant Secretary, Research and Development Division, Ministry of Higher Education, Malaysia
Role of Education Institutions: Satyajit Majumdar, Tata Institute of Social Science and General Secretary of the Society of Entrepreneurship Educators, India
Role of International Organizations: Mae Chu Chang, Head, Human Development Sector, World Bank, Indonesia Co-organized by UNESCO Asia and Pacific Regional Bureau for Education, Bangkok, Thailand, Chinese National Commission for UNESCO, Zhejiang University, Zhejiang Technical Institute of Economic(ZJTIE) 27 March 2013 Zhejiang Hotel, Hangzhou, People's Republic of China

Discussant, Daebong Kwon, Professor of HR Development and Lifelong Education, Korea Univ. Special Session I - "The Social Challenge of Job Creation", [Moderator] Jongtae Choi, Chairman, Economic and Social Development Commission [Speakers] Takao Kato, Professor of Economics, Colgate Univ. Mmantsetsa Marope, Director, Division for Basic to Higher Education and Leaning, UNESCO, Jaewoo Ryoo, Professor of Economics, Kookmin Univ.

Discussant, Daebong Kwon, Professor of HR Development and Lifelong Education, Korea Univ. Global HR Forum 2012 BETTER

EDUCATION, THE BEST WELFARE, Oct.23-25, 2012 Lotte Hotel, Seoul, Korea.

Korean Government Policies on Entrepreneurship Education, UNESCO -APEID Meeting on Entrepreneurship Education. Co-organized by UNESCO ASIA PACIFIC and Zhejiang University, Zhejiang Narada Grand Hotel, Hangzhou, China (June 11-12, 2012).

The Education Hedge and Recovery from Crisis. Stanford University Center for International Development. Gunn Building, Stanford, USA (Dec. 6, 2011).

Workforce Development Strategies for International Cooperation and Joint Growth(Chair; speakers are Jee Peng Tan of the World Bank, Birgit Thomann of the German BIBB)in Track C Creating Jobs and Developing Vocational Skills) in Smart Education: Reinventing the future, the Global HR Forum 2011 co-organized by the Korean Ministry of Education Science & Technology, Korean Economic Daily Newspaper, and Korea Research Institute for Vocational Education and Training, Sheraton Grande Walkerhill, Seoul, Korea (Nov.1- 3, 2011).

Sharing Korea's Experience towards Capacity Building of Africa's TVET System. Chair, country reports, KRIVET-AFRICA Experts Workshop. Malawi(Yusuf Alide), Zambia(Patrick Nkanza), Botswana (Matthews Lebogang Phiri), D.R. Congo(Eddy Ekofo Djibanza), Namibia(Muvatera Ndjoze-Siririka). Shraton Grande Walkerhill, Seoul, Korea (October 31-November 3, 2011).

Future Skills Needs for Diffusion of Green Technology(Chair: Speakers are Wendi J. Howell of Ohio State U, Margarita Pavlova of Griffith University, Australia, Gyu-hee Hwang of KRIVET, Hong-Tak Lim of Jeju National University) GREEN KOREA 2011, Green Growth: Challange, Strategy, and Cooperation. Seoul Chamber of the Commerce

(Sep. 15, 2011.).

Skill and education to support innovation(Discussant), Conference on East Asian Development by The World Bank, Orchard hotel, Singapore (March 21-March 22, 2011.).

Preparing for the future: are today's policies anticipating the future of labor market demand? (with Peijun Liu, China; Sharda Prasad, India; Frederico Lamego de Teixeira Soares, Brazil; and Jee-Peng Tan, the World Bank), HDN(Human Development Network) FORUM, The World Bank, Washington D.C.,USA (Feb 28- March 2, 2011.).

TVET(Technical Vocational Education& Training) in Korea: A history of challenges and responses and the way forward, "Skills/TVET Community Learning Series Sponsored by Human Development Network -Education of The World Bank, Washington D.C., USA (Feb 24, 2011.).

Post-secondary vocational education and training in a changing and challenging policy landscape, Opening and closing remarks of the OECD-KRIVET (Korea Research Institute for Vocational Education and Training) joint research conference. OECD, Paris, France (Nov. 17, 2010.).

Open and ready for tomorrow, Opening remarks of the Global HR Forum 2009 co-organized by the Korean Ministry of Education Science & Technology, Korean Economic Daily Newspaper, and Korea Research Institute for Vocational Education and Training, Sheraton Grande Walkerhill, Seoul, Korea (Oct. 26~28, 2010.).

Direction of technical and vocational education and training for green growth, Keynote speech at the 14th UNESCO-APEID(Asia and Pacific Programme of Educational Innovation for Development) International Conference-Education for Human Resource Development, Imperial

Queen's Park Hotel, Bangkok, Thailand (Oct. 21-23, 2010.).

Mutual exchange of Indonesian and Korean experiences in vocational training, Opening remarks of the vocational training seminar co-organized by the KRIVET and Indonesian Ministry of Manpower and Transmigration. Ritz-Carlton Hotel, Jakarta, Indonesia (p.m. Oct. 14, 2010.).

Experience in vocational education and collaboration between Korea and Indonesia, Opening remarks of the Vocational Education Seminar co-organized by the KRIVET and Indonesian Ministry of Education. Ritz-Carlton Hotel, Jakarta, Indonesia (a.m. Oct. 14, 2010.).

Introduction to the KRIVET-OECD project: Post-secondary vocational education and training in OECD and Korea. At the 5th meeting of the group of national experts on VET organized by the German Federal Ministry of Education with OECD, Leipzig, Germany (Sep. 27-28, 2010.).

Creative education for all, Opening remarks of the Global HR Forum 2009 co-organized by the Korean Ministry of Education Science & Technology, Korean Economic Daily Newspaper, and Korea Research Institute for Vocational Education and Training, Sheraton Grande Walkerhill, Seoul, Korea (Nov.3-5, 2009.).

Sharing Korean experience with Vietnam in TVET and qualification system, "Focused on effects of TVET & qualification system to Korean economic development. Opening remarks of the Vocational Education and Training Workshop co-organized by the KRIVET and Vietnamese Ministry of Education and Training, Daewoo Hotel, Hanoi, Vietnam (Oct. 23, 2009.).

Economic Development and Vocational Training–Sharing experience and cooperation between Korea and Vietnam, Opening remarks of the Vocational Competency Development Forum co-organized by the Korea Research Institute and Vietnamese Ministry of Labor, Invalids, and Social affairs, National Convention Center, Hanoi, Vietnam (Oct. 22, 2009.).

Creative talents for global collaboration, Opening remarks of the Global HR Forum 2008 co-organized by the Korean Ministry of Education Science & Technology, Korean Economic Daily Newspaper, and Korea Research Institute for Vocational Education and Training, Grand Intercontinental, Seoul, Korea (Nov.4-6, 2008.).

Lifelong learning & HRD, The Asian Productivity Organization (APO) and The Thailand Productivity Institute(FTPI) Joint International Forum on "Global Views and Applications of Human Capital Development in Consistent with Sufficiency Economy Philosophy towards Sustainable Enterprises", Dusit Thani Hall, Dusit THani, Bangkok, Thailand. (Feb. 23~25, 2008.).

Whether or not higher education is currently an active participant in building the lifelong learning society in Korea? The Republic of Korea Ministry of Education and HRD. Global HR Forum 2007, Grand Intercontinental, Seoul, Korea (Oct 23~25, 2007.).

Issues and trends of corporate HRD in the Republic of Korea. The first CHET Seminar. Centre for Policy Studies in Higher Education and Training, The University of British Columbia, Vancouver, BC, Canada (Jan 25, 2007.).

Self-directed learning readiness and organizational commitment in Korea business settings, (Co-presented with Cho, D.Y & Kwon, S. H) Academy of Human Resource Development International Conference, Hilton Hotel, Minneapolis, MN, USA (Mar.1-2, 2003.).

Self-directed learning readiness and interpersonal skills within teamwork situation in a Korea life insurance company (co-presented with Cho, D.Y & Park, Y. H.) The Academy of Human Resource Develop International Conference, Hilton Hotel, Minneapolis, MN, USA (Mar.1-2, 2003.).

Globalization for Secondary Education in the Republic of Korea International Conference on Secondary Education: Issues and Reform, Nagoya National University, Nagoya, Japan (June 19-20, 2002.).

Toward an Effective Mentoring Program Planning by Using Needs Assessment: For New Elementary Teachers in Seoul, Korea (co-presented with Cho, D. Y.), American Educational Research Association Conference, New Orleans, Louisiana, USA (April 1-5, 2002.).

Transformation of Enterprises as Adult Learning Organizations: A Case Study of the Samsung Life Insurance Learning Management System in Korea. OECD-KRIVET International Conference on Adult Learning Policies. Seoul, Korea (December 5-7, 2001.).

"Training in Korea" at the "Training in Asia" Session, American Society for Training and Development, Atlanta, USA (May 22-30, 1999.).

Globalization Strategy toward the 21st Century for Korean Private Secondary Schools (20th Congress of PAPE, Seoul, Korea Oct. 13, 1998.).

● 정암(淨巖) 권대봉(權大鳳) 교수의 정년퇴임 기념강연

● 정암(淨巖) 권대봉(權大鳳) 교수 연보

1952	1971	1977	1978	1985	1986	1989	1990	1991	1993	1995	1997	1998

경북
안동
출생

국민대 교양과정부

고려대 교육학과 BA 1973-1976
육군 복무

고려대 사범대학
교직과장

고려대 사범대학교 교학부장

쌍용그룹
(서울, Amman,
Hong Kong)

미국 미시간주립대
대학원 성인계속교육
전공 MA 및 Ph.D
(Michigan Vocational
Education & Career
Education Resource
Center 조교)

Michigan State
University College of
Education 조교수
(Kellogg Leadership
& Local Government
Education Project
Evaluator)

Michigan State
University International
Studies & Programs
VIPP(Visiting
International
Professional Program)
Founding Director
서울대·고려대·연세대
출강

1999	2001	2002	2003	2004	2005	2006	2007	2008	2011	2013	2014	2017	2018

고려대 사범대학
교육학과장

캐나다
The University of
British Columbia
Centre for Policy
Studies in Higher
Education &
Training
Visiting Professor

UBC

한국인력개발학회 창립회장

고려대 교육대학원 평생교육전공
창설주임교수

국무총리실
경제인문사회연구회
한국직업능력개발원
제5대 원장

고려대 사회교육원 제5대 원장

한국교육학회 창립50주년기념
국제학술대회 조직위원장

한국지역인적
자원개발학회
제2대 회장

노동부 직업능력개발전문위원회 위원

세계은행
Sri Lanka Skills
Development
Project
컨설턴트

서울평생교육연합 창립회장

교육인적자원부
주요업무평가위원회 위원장

한국평생교육학회
제23대 회장

대한민국
인재상
중앙심사
위원회
위원장

고려대 교육대학원 제19대 원장

제주특별자치도
추진 자문역
(2007 제주 명예도민)

Jeju

Bangladesh Skills
for Employment
Investment
Program
정책국제자문역

고려대 사범대학
제14대 학장

고려대 교육대학원 기업교육전공 창설주임교수

고려대 사범대학

안암골의 줄탁동시(啐啄同時) 이야기

초판발행	2018년 2월 23일
엮은이	현영섭
펴낸이	안상준
편 집	김효선
기획/마케팅	이선경
표지디자인	김연서
제 작	우인도 · 고철민
펴낸곳	㈜피와이메이트
	서울특별시 마포구 월드컵북로 400, 5층 2호(상암동, 문화콘텐츠센터)
	등록 2014. 2. 12. 제2015-000165호
전 화	02)733-6771
f a x	02)736-4818
e-mail	pys@pybook.co.kr
homepage	www.pybook.co.kr
ISBN	979-11-89005-00-9 03040

정 가   16,000원

박영스토리는 박영사와 함께 하는 브랜드입니다.